世界の言語シリーズ **16**

トルコ語
〔改訂版〕

宮下 遼

大阪大学出版会

序

　トルコ語は、トルコ共和国（1923-）の公用語であり、同時に東はシベリア
から西は中央ヨーロッパに至るまでのユーラシア全域で話されるテュルク諸語
に属します。テュルク諸語にはお隣の中華人民共和国で話されるウイグル語や、
中央アジアのカザフ語、ウズベク語、キルギス語、ロシア連邦共和国内の自治
共和国で話されるタタール語（カザン・タタール語）やバシュキール語、チュ
ヴァシュ語、カラカルパク語など、30 ほどの言語が含まれていて、国境線を越
えてユーラシア大陸に帯状に広がるテュルク世界（Türk Dünyası）を形成して
います。トルコ語は、これらの中で最大の話者人口を誇る約 8300 万人によって
用いられるのみならず、トルコ共和国が人口、経済力、軍事力においてテュル
ク諸国の中で随一の規模を誇り、また小説や映像作品、服飾などの多分野にお
いて文化輸出国の地位にあることも相俟って、テュルク世界では大きな文化的、
政治的影響力を持っています。

　極東の弧状列島でのみ用いられてきた孤立語の世界に暮らす私たち日本人か
らすれば、トルコ語が広がる時空間はまさに広大無辺です。日本史になぞらえ
れば、弥生時代中期に中国の史書に登場し、古墳時代には中国語、ギリシア語
双方の史料にテュルクと思しき人々が記録されたのを嚆矢とし、ユーラシアの
あらゆる主要言語によって彼らの存在が記されていきます。そして、9 世紀頃
よりイスラーム世界へ進出し、セルジューク朝、ルーム・セルジューク朝、ティ
ムール朝、オスマン帝国などの長命かつ巨大な帝国を築くに至るのです。細か
いお話は本書の折々に差し挟まれるコラムで触れられることもありましょうか
ら、ここではトルコ語という言語が用いられてきた「文字」の歴史を通じて、
皆さんが学ぶトルコ語の背景にあるテュルクの時空間を俯瞰してみましょう。

☾

　テュルクの民は、遅くとも紀元前 3 世紀頃には現在のモンゴル共和国の北方、
バイカル湖周辺に居住していたことが確実視されていますが、彼らが自らその

i

事績を記録するようになるのは随分と下って6世紀の突厥の時代です。ちょうど日本でも銅鏡などに漢字で日本語が刻まれはじめたこの時期、テュルクはアジアでも最古の文字の一つである突厥文字を考案し、自らの歴史を石碑に彫り込みました。この突厥文字は8世紀には廃れますが、キリスト教化以前のマジャール人（ハンガリー人）が用いたロヴァーシュ文字などの遠い子孫を生み出します。

　一方、オアシス地帯のテュルクたちはアラム文字を基としたソグド文字を用いました。アラム語はイエス・キリストの母語としても知られる古代オリエントの共通語です。ただ、テュルク語を音写するのには問題点が多かったので、これを改良したウイグル文字が考案され、天山ウイグル王国（856-13世紀）などのオアシス国家で用いられました。中央ユーラシアにおけるウイグル文字の影響力は絶大で、のちのモンゴル帝国で用いられたモンゴル文字や、清朝の満州文字へと派生しました。

　他方、同じ9世紀には、マー・ワラー・アンナフル地域（ソグディアナやトランスオクシアナとも）を挟んでイスラーム文化圏と境を接していたテュルクたちが徐々にイスラームへ改宗し、天山ウイグル王国から分裂、独立していきます。これ以降、テュルク系言語の多くは、アラビア文字によって記されるようになります。まとまった書物としてはカラハン朝（9世紀-1212年）で書かれた『幸福のための智慧』（1069/1070）が最初とされ、同時期にはバグダードでもアラビア語・トルコ語大辞典である『トルコ語集成』が著されています。

　このあと、アラビア文字で書かれるテュルク語には二つの大きな書記言語、平たく言えば文語が発展しました。先行したのは、いまのウズベキスタンのサマルカンドや、アフガニスタンのヘラートを本拠としたティムール朝（1370-1507）の人々が用いたチャガタイ・トルコ語です。これはのちにインドのムガル帝国（1526-1858）を建国した始祖バーブルのしたためた『バーブル・ナーマ』のような優れた芸術作品を生み、20世紀に至るまで中央アジア東部で文化的影響力を保持しました。

　チャガタイ語にやや遅れて登場するのが、イスラーム文化圏において最後の世界帝国となったオスマン帝国（1299-1922）で用いられた「オスマン・トルコ語」です。こちらはキリスト教圏とイスラーム圏の結節点に位置する帝都イスタンブール（トルコ語ではイスタンブルと発音します）を中心に発展し、行政文書、詩歌、史書、論考、物語等々、とにかくあらゆる書きものに用いられ

て、アラビア語、ペルシア語に並ぶ一大言語圏を築きます。また近代に入ると、和製漢語が近代の東アジアへ輸出されたのに似て、「オスマン製アラビア語」がイスラーム文化圏へ伝播しました。このオスマン語が現代トルコ語の直接のご先祖にあたります。

　20世紀に入ると、テュルク語世界に文字改革の時代が訪れます。イランやアラブ諸国のテュルク諸語は変わらずアラビア文字で書かれ続けましたが、ロシア帝国、ついでソヴィエト社会主義連邦共和国の支配下に入った中央アジアやバルカン半島のテュルク諸語はキリル文字で書かれるようになっていきます。

　一方トルコでも帝国末期からトルコ共和国（1923-）初期にかけてアラビア文字に代わる新しい文字が模索されました。アラビア文字を改良した新文字が考案されたり、突厥文字の復活が議論されたりしましたが、最終的には国父ムスタファ・ケマルの号令一下、1928年にラテン文字（いわゆるアルファベット）を改良した新トルコ文字、通称「アルファベ」が整備されます。こうして、世界でも珍しいアルファベットを用いるムスリムの国が誕生するのです。

　以上のようにトルコ語は、それを話す人々の空間的移動とともに世界中の文字を乗り継いできた稀有な言語です。そして、文字を乗り換えるということは、文化圏を跨ぐということでもありますから、そのたびにトルコ語は各地の宗教や言語、そして文化を取り込んで発展してきたとも言えるわけです。

☾

　ところで、本書を手に取った方の中には「トルコ語は日本人にとって簡単である」という話を耳にしたことがある向きも少なくないのではないでしょうか。のっけから否定してしまうことになりますが、トルコ語はあまり簡単ではありません。なぜなら、少なくとも語彙に関しては、トルコ語初習者は第一課の劈頭から未知の語彙の奔流に晒されることでしょう。トルコ語本来の語彙はもちろん——日本人が知っているトルコ語といえば、ヨウルト（ヨーグルト）とキョシュク（キオスク）ぐらいのものでしょう——外来語の多くは、西欧諸語や中国語ではなく、アラビア語、ペルシア語という日本では馴染みの薄い言語から取られているためです。文法についても、語順などは一見すれば、日本語とまったく同じにさえ見えるのですが、深く学べば学ぶほどに、所有形や動名詞の多用など、大きな差異があることもわかってくるでしょう。

iii

それでもなお、トルコ語が日本人にとって簡単であると唱えられ続けるのには、相応の理由があります。トルコ語の文字と発音、文法が、いずれもとても規則的であるからです。まずもって文字改革のおかげでトルコ語のアルファベはほぼ完璧に言文一致を実現しています。書かれた通りに読み、聞いた通りに書けば、それが正しいトルコ語になるわけです。発音についても、八つある母音をはっきりと区別できるようになれば、子音字の発音はさほど難しくありません。はじめのうちは、母音調和を筆頭とする「音韻変化」の規則に驚かされるでしょうし、それら一つ一つの「細則」を覚えるのはひどく骨が折れるはずです。ですが、音韻変化とはつまるところ「母語話者が話しやすい／発音しやすい」ように言語を運用する過程で生じた癖のようなものであって、統語の根幹にかかわる問題ではありません。ですから、コツさえつかめば自然と口をついて出るようになります。そして、音韻変化という表面上の変化の下に横たわるトルコ語の仕組みは、たしかに驚くべき規則性を湛えています。換言すれば、なぜそういう活用をするのか意味不明だ、という非合理的な例外が極端に少ない言語なのです。このあたりに瞬く間にユーラシアに広まったテュルク諸語拡大の秘密があるのかもしれません。そんなトルコ語を、文法を基点としつつ、発音、読解、会話などを着実に学ぶべく編まれたのが本書です。では次に本書の学習進度について簡単に俯瞰しておきましょう。

☾

　語学学習はよく登山に譬えられます。私たちの場合、登頂目標はテュルクチェ^トルコ語山ということになります。さっそく本書を片手に踏み出しましょう。まず鼻歌まじりに、しかし軽く汗ばむくらいの速度で裾野を歩くのが５課まで。ここでは文字の読み方や発音、文章の語順や否定文、疑問文の作り方など、トルコ語の骨子を学びます。またこの５課までは、多くの例文に発音が付されていますのでCDを聞きながら、トルコ語の文章のイントネーションにも慣れ親しんでください。

　6-11課では勾配がきつくなり、山林に分けいります。主要な動詞の時制活用や、日本語の助詞とよく似た格接尾辞を中心に、その活用、つまりは音韻変化規則を学んでいきます。前の課に学んだことが次の課でもすぐに用いられるので、気の抜けない道行となることでしょう。もし越えがたい葎にぶつかったな

ら、躊躇せず前の課に戻り、改めてくっきりとした轍を刻んでおきましょう。

　12、13課では所有の表現を学びますが、この区間はこれまでに身に付けた——ここで身に付いていないと遭難します——格接尾辞や音韻変化規則を総動員しての急登を余儀なくされることでしょう。トルコ語の所有表現は特殊で、しかもこの言語の全体構造に関わりますから。

　苦しい13課を越えれば、尾根に出ます。この時点で、トルコへ行っても短期の旅行程度であれば難なく過ごせるくらいに鍛えられているはずです。14課から続く尾根は23課まで続きます。途中で19、20課（中立形、可能接尾辞）のような、やや歩きにくいガレ場はあるものの、この尾根では講読に当てられた課やコラムによって周りの景色を楽しみながら、野の花を摘むようにして時制や表現の幅を広げていくことになります。下手でも構いませんから、自分でも文章を作って話してみましょう。

　24課からは動名詞、分詞、形動詞、想定の表現という最後の急斜面が山巓まで続きます。ですが、ここまで着実に歩んできたあなたであれば、もう迷うこともないでしょう。そして、最後の30課までを踏破した暁には登頂完了、本書はもう不要です。実際にトルコへ足を運んでも困ることはないでしょうし、辞書さえあれば小説であれ、新聞であれ、論説であれ、だいたいの文章を読解し、日本語に訳すことができるはずです。

　本書の役割はここまでなのですが、辞書の話が出ましたのでこの点にも触れておきましょう。本書は各課、各項目に細かく語彙欄を付していますので、学習に際して辞書を用意する必要はありません。ですが、テュルクチェ山の山頂から見渡した先にどこまでも広がるトルコ語の豊饒な森を渉猟するためには、いずれ辞書が要りようとなるはずです。

- 竹内和夫『トルコ語辞典ポケット版』大学書林，1989.
- Sir James Redhouse, *Turkish/Ottoman-English Redhouse Dictionary*, İstanbul, SEV Eğitim ve Ticaret A. Ş., 2013.（1. ed., 1997.）

　はじめの辞書は、著者の先生の名前を取って「竹内辞書」と通称されるトルコ語・日本語辞書です。刊行から三十年余を経てなお、他を寄せ付けない語彙数と、なにより丁寧な語彙解説を誇ります。また、巻末に日本語・トルコ語辞書と接尾辞一覧が付されており、まず座右に置いて間違えのない傑作辞書です。

　ついで通称「レッドハウス」。帝国末期の1890年にイギリス人レッドハウス卿が出版した大判のオスマン語・英語辞書です。あまりにも優れた辞書なので、

これを基にしたハンドサイズ版（el sözlüğü）や英語・トルコ語版、アラビア文字引き版など、さまざまなヴァージョンがいくつかの出版社から出版され、いまなお広く用いられています。ここでは竹内辞書に漏れる語彙や表現を補うことを念頭に、ラテン文字引きのトルコ語／オスマン語・英語辞書を挙げましたが、自分の用途に合った「レッドハウス」を見つけてみてください。日本語でアクセス可能なオンラインショップで容易に入手が可能です。

☾

　終わりに本書の来歴と謝辞について記したく思います。本書は大阪大学外国語学部トルコ語専攻におけるトルコ語の授業で用いたプリントを基に編まれました。断片的なプリントを一書に仕立てるに臨み、日本とトルコで出版された語学書に広く当たりましたが、わけても勝田茂『トルコ語文法読本』（大学書林、1986）、林徹『トルコ語文法ハンドブック』（白水社、2013）、*Yeni Hitit*（Vols. 1-3, Ankara, TÖMER Yayınalrı, 2015）、そして菅原睦先生が中心となって編まれた『トルコ語：文法の基礎』（改訂版，東京外国語大学トルコ語専攻（編），2001）を大いに参考といたしました。スキットを多く含む *Yeni Hitit* を除けば、いずれも日本人向けの文法解説に重点を置く伝統的な語学書です。それは本書の目的が「正しい文法と語彙に則り、独力でトルコ語の文章を理解し、日本語に置き換える」ための力、換言すれば異文化理解に必須の翻訳の能力を養うことであるからです。

　そもそも筆者は、言語学者でもなければ言語教育学の専門でもなく、トルコ文学とイスタンブール都市史を専門としていますので、本書執筆に際してさまざまな方に助言を仰ぎました。とくに同僚の藤家洋昭先生、オカン・ハルク・アクバイ先生、セバル・ディリック先生にはさまざまにご助力いただきました。ここに深くお礼申し上げます。また大阪大学外国語学部トルコ語専攻の学生の皆さんや真殿琴子先生にも並ならぬ感謝を呈さねばなりません。授業の折、鋭い質問によってミスを見つけてくれたのは彼らでした。出来上がった初校を緻密な校正によって教科書へと仕立て直してくださった相馬さやかさんと、刊行はまた来年でもよいのでは、という弱気の虫が騒ぐにつけ激励してくださり、大変な編集作業を涼しい顔でこなして下さった大阪大学出版会の川上展代さんに心よりお礼申し上げます。皆さま、ありがとうございました。

本書を、大阪外国語大学、および大阪大学外国語学部のトルコ語専攻創立に尽力なさり、同専攻において長くトルコ語教育に従事なさった勝田茂先生と、研究の道半ばで夭逝した敬愛する同僚藤家洋昭先生に捧げたいと思います。

☾

　広大な時空間において使用されてきたテュルク諸語の世界にあってその西端を究め、東洋と西洋の境とされ、ヨーロッパと中東、中央ユーラシアの交錯する大地に根付いたトルコ語は、驚くほど豊かで独特な奥深い文化を生み出してきました。本書がトルコ語で紡がれた豊かな世界へ踏み出す皆さんの一助となることを心から願います。

　令和 3 年 2 月 14 日　疫禍の大阪にて

宮下　遼

読書案内

　鈴木董『文字と組織の世界史：新しい比較文明史のスケッチ』山川出版社，2018.
　大村幸弘，永田雄三，内藤正典（編著）『トルコを知るための 53 章』明石書店，2012.

目　次

序　　i

第 1 課　文字と発音 ————————————————— 2

1.1　文字　2

1.2　発音　3

1.3　数字　12

第 2 課　母音調和 ————————————————— 18

2.1　母音調和とは　18

2.2　2 母音活用型の接尾辞　19

2.3　4 母音活用型の接尾辞　21

単語　家族、人間関係　24

第 3 課　平叙文 1 ————————————————— 26

3.1　3 人称単数の名詞が主語の平叙文　26

3.2　名詞の数と形容詞　30

単語　職業　36

第 4 課　平叙文 2
　　　　人称代名詞と人称接尾辞 ———————————— 38

4.1　人称代名詞と人称接尾辞　38

4.2　ben「私」、biz「私たち」の活用における注意点　40

4.3　人称接尾辞を伴う平叙文の否定と疑問　42

単語　身体　45

第 5 課　動詞現在形 ———————————————— 46

5.1　現在形 -iyor（-iyor/-üyor/-ıyor/-uyor）　46

5.2　現在形と人称接尾辞　48

5.3　istemek　「～が欲しいです」、「～がしたいです」　51

5.4　頻用動詞表　54

単語　暦、月、曜日　57

第6課　格接尾辞
　　　方向格、位置格 ————————————————————— 58

　　6.1　格接尾辞　58
　　6.2　方向格接尾辞 -(y)e(-e/-a/-ye/-ya)　59
　　6.3　位置格接尾辞 -de(-de/-da/-te/-ta)　65
　　単語　住まい　70

第7課　存在、所在、所有 —————————————————————— 72

　　7.1　存在文　72
　　7.2　所在文　74
　　7.3　所有文　78
　　単語　学校、文房具　82

第8課　動詞過去形、過去の付属語、起点格接尾辞 ————— 84

　　8.1　動詞過去形 -di(-di/-dü/-dı/-du/-ti/-tü/-tı/-tu)　84
　　8.2　過去付属語 -(y)di(-di/-dü/-dı/-du/-ti/-tü/-tı/-tu/-ydi/-ydü/
　　　　 -ydı/-ydu)　90
　　8.3　起点格接尾辞 -den(-den/-dan/-ten/-tan)　93
　　単語　接続詞・接続の表現　97

第9課　講読 1
　　　家に忘れてきたのさ ———————————————————— 98

　　9.1　不定、全体の表現　102
　　9.2　強調の後置詞 de/da　104
　　9.3　副詞を作る接尾辞 -ce/-ca/-çe/-ça　104
　　9.4　直接話法文と後置詞 diye　106
　　単語　副詞　107

第10課　動詞未来形 ——————————————————————— 108

　　10.1　動詞未来形 -(y)ecek(-ecek/-acak/-yecek/-yacak)　108
　　10.2　平叙文の未来時制　113
　　10.3　未来完了形　114
　　単語　色彩　116

ix

第 11 課　動詞伝聞・推量形、伝聞・推量の付属語、対象格接尾辞
——————————————————————————————— 118

11.1　動詞伝聞・推量形 -miş(-miş/-müş/-mış/-muş)　118

11.2　過去完了時制 -mişti(-mişti/-müştü/-mıştı/-muştu)　121

11.3　伝聞・推量の付属語 -(y)miş(-miş/-müş/-mış/-muş/-ymiş/
-ymüş/-ymış/-ymuş)　122

11.4　対象格接尾辞 -i(-i/-ü/-ı/-u/-yi/-yü/-yı/-yu)　124

単語　街、地形　128

第 12 課　所有 1
所有形、共同・手段格接尾辞 ——————————————— 130

12.1　所有形と所有接尾辞　130

12.2　共同・手段格 -(y)le(-le/-la/-yle/-yla)　136

単語　生物　139

第 13 課　所有 2
複合名詞、所有接尾辞と格接尾辞、疑問詞 ——————— 140

13.1　複合名詞接尾辞 -i(-i/-ü/-ı/-u/-si/-sü/-sı/-su)　140

13.2　所有接尾辞、複合名詞接尾辞と格助詞接尾辞の併用　143

13.3　限定の -(s)i　146

13.4　疑問詞　147

単語　季節・天候　149

第 14 課　後置詞、後置詞的表現 ————————————————— 150

単語　食物　160

第 15 課　所在の付属語 -ki ————————————————————— 162

15.1　所在の付属語 -ki　162

15.2　-ki のそのほかの用法　166

単語　植物、野菜、果物　167

第16課　講読2
　　　　珈琲小史 ————————————————————— 170

　　16.1　kendi「自身」、「それ自体」　174
　　16.2　birbir-「お互いに」　175
　　16.3　bâzı「ある」、「いくつかの」と bâzen「時折」　175

第17課　動詞義務形 ————————————————————— 178

　　17.1　義務形 -meli(-meli/-malı)　178
　　17.2　断定の付属語 -dir(-dir/-dür/-dır/-dur/-tir/tür/-tır/-tur)　180
　　単語　感情　183

第18課　動詞命令形、願望形、提案形 ————————————— 184

　　18.1　命令形　184
　　18.2　願望形 -sin(-sin/-sün/-sın/-sun)　188
　　18.3　提案形 -(y)eyim(-eyim/-ayım/-yeyim/-yayım/-elim/-alım/
　　　　　　-yelim/-yalım)　189
　　単語　服　193

第19課　動詞中立形 ————————————————————— 196

　　19.1　中立形の活用　196
　　19.2　人称活用　198
　　19.3　中立形の意味　200
　　単語　国、政治　205

第20課　動詞語根接尾辞 1
　　　　可能接尾辞 ————————————————————— 206

　　20.1　可能接尾辞の活用　206
　　20.2　可能動詞語根と中立形　208
　　20.3　許可疑問　211
　　単語　遊び　212

xi

第21課 動詞語根接尾辞2
　　　　受身接尾辞、使役接尾辞 ——————————— 214

21.1 主な動詞語根接尾辞　214

21.2 受身接尾辞 -il(-n, -in/-ün/-ın/-un, -il/-ül/ -ıl/-ul)　215

21.3 再帰的接尾辞 -in/-ün/-ın/-un　218

21.4 使役接尾辞 -dir(-dir/-dür/-dır/-dur/-tir/-tür/-tır/-tur, -er/-ar,
　　　-ir/-ür/-ır/-ur, -t)　219

　単語 乗り物　222

第22課 副動詞
　　　　副動詞、副動詞的表現 ——————————— 224

22.1 -(y)ip(-ip/-üp/-ıp/-üp/-yip/-yüp/-yıp/-yup)「〜をして」　224

22.2 -(y)erek(-erek/-arak/-yerek/-yarak)「〜しながら」　225

22.3 -meden(-meden/-madan)「〜をせずに」　226

22.4 -(y)ince(-ince/-ünce/-ınca/-unca/-yince/-yünce/-yınca/-yunca)
　　　「〜をすると」　227

22.5 -meden önce(-meden/-madan)「〜する前に」　229

22.6 -dikten sonra(-dikten/-dükten/-dıktan/-duktan/-tikten/-tükten/
　　　-tıktan/-tuktan)「〜したあとで」　230

22.7 -(y)ken「〜するとき」　231

22.8 -(y)e -(y)e「〜を幾度も行いながら」　233

22.9 反復動作の慣用表現　233

22.10 -dikçe(-dikçe/-dükçe/-dıkça/-dukça/-tikçe/-tükçe/-tıkça/
　　　-tukça)「〜するにつれてますます」　233

　単語 病　235

第23課 講読3
　　　　チャイの水面 ——————————————— 238

23.1 時間の表現　243

23.2 並列・羅列の前置詞的表現　245

第 24 課　動名詞 1
　　　　　動名詞一般形と動名詞活用形 ———————————— 248

　　24.1　動名詞　　248

　　24.2　動名詞と格接尾辞　　253

　　24.3　先行語の省略 1　　255

第 25 課　動名詞 2
　　　　　動名詞を用いた諸表現 ———————————————— 258

　　25.1　動名詞と後置詞の併用 1　　258

　　25.2　先行語の省略 2　　260

　　25.3　動名詞と後置詞の併用 2　　260

　　25.4　動名詞と間接話法⇔直接話法の書き換え　　263

　　25.5　疑問詞を含む動名詞節　　265

第 26 課　分詞 ————————————————————————— 268

　　26.1　分詞　　268

　　26.2　分詞の複合時制　現在進行時制と過去完了時制　　275

　　26.3　分詞の名詞化　　276

　　26.4　分詞的に用いられる動詞　　277

第 27 課　形動詞 1
　　　　　形動詞とその時制 ——————————————————— 278

　　27.1　形動詞の概要　　278

　　27.2　形動詞節と格接尾辞　　286

　　27.3　形動詞疑問節　　287

第 28 課　形動詞 2
　　　　　形動詞の諸表現 ———————————————————— 290

　　28.1　形動詞と後置詞の併用　　290

xiii

第29課　想定の表現
　　　　　仮定形と条件形 ———————————————— 296

　　29.1　仮定形と仮定接尾辞 -se(-se/-sa)　　297

　　29.2　条件付属語 -(y)se(-se/-sa/-yse/-ysa)　　298

第30課　講読4
　　　　　「民族の調べ」、「母語への敬慕」———————— 304

付　録　　310

コラム

1 「トルコ人」か「テュルク」か：Türk の多義性　　　　16

2 トルコ人の身振り手振り　　　　25

3 Pazar へ行けば何でもそろう　　　　37

4 トルコの地方と気候　　　　70

5 トルコ史の時代区分と主な出来事　　　　129

6 大帝国の公用語：オスマン語　　　　161

7 伝統とはなにか：トルコ文化とイスラーム文化　　　　168

8 トルコ庶民文化の花：影絵芝居カラギョズ　　　　177

9 舌が記憶するクルドの文化　　　　195

10 アゼルバイジャン語：
　　同族語はトルコ語と「互換」できるか？　　　　236

11 トルコ古典詩素描：
　　マンスール・アーゲヒーと船乗りの言葉　　　　257

12 エルトゥールル号事件：日土関係の出発点　　　　266

13 日本をイスラーム世界に紹介した「韃靼の志士」：
　　アブデュルレシト・イブラヒム　　　　267

14 トルコの吟遊詩人：アーシュク・ヴェイセル　　　　295

15 東洋か西洋か、アジアかヨーロッパか：
　　イスタンブール文化圏　　　　303

音声を聞くには

🔊の付いた箇所は音声を聞くことができます。
初版と改訂版の音声データの内容は同じです。

① ウェブブラウザ上で聞く

　　　　　　　音声再生用 URL

　　http://el.minoh.osaka-u.ac.jp/books/SekainogengoShiriizu16_Torukogo/

② ダウンロードして聞く

　　ウェブブラウザ上以外で音声ファイルを再生したい場合は、
　　下記の URL から音声ファイルをダウンロードしてください。

　　　　　　　ダウンロード用 URL

　http://el.minoh.osaka-u.ac.jp/books/SekainogengoShiriizu16_Torukogo/zey27v2jpp4y5dp6

世界の言語シリーズ　16

トルコ語〔改訂版〕

① 文字と発音

1.1 文字

トルコ語のアルファベ（Alfabe）は 29 文字あり、8 つの母音、8 つの無声子音、13 の有声子音によって構成される。

Alfabe　全 29 字

大文字	小文字	発音	発音方法
A	a	アー	日本語より広く唇を開けて「アー」
B	b	ベー	
C	c	ジェー	舌先を上の歯の後ろに付けずに「ジェー」
Ç	ç	チェー	
D	d	デー	
E	e	エー	唇の両端を横に広げて「エー」
F	f	フェー	
G	g	ゲー	
Ğ	ğ	ユムシャク・ゲー	
H	h	ヘー	
I	ı	ウー	i の唇の形を保持したまま「ウー」
İ	i	イー	唇の両端をめいっぱい横に広げて「イー」
J	j	ジェー	舌先を上の歯の後ろに付けながら「ジェー」
K	k	ケー	
L	l	レー	舌先を上の歯の後ろに付けながら「レー」
M	m	メー	
N	n	ネー	

O	o	オー	日本語より広く唇を開けて「オー」
Ö	ö	オゥー	日本語より広く唇を開けた「オー」の形のまま「ウー」
P	p	ペー	
R	r	レー	舌の腹を口蓋に付けて「レー」
S	s	セー	
Ş	ş	シェー	
T	t	テー	
U	u	ウー	唇をすぼめて強く「ウー」
Ü	ü	ユゥー	唇をすぼめて強く「ユー」。「イュー」に近い。
V	v	ヴェー	
Y	y	イェー	
Z	z	ゼー	

母音と無声子音の覚え方

あとで学ぶ音韻変化に係るので、母音と無声子音は必ず下記の順番で覚えること。

母音8字　　　　　エ　イ　オゥ　イュ　　ア　ウッ　オー　ウー
　　　　　　　　 e　i　ö　ü　　a　ı　o　u

無声子音8字　　破裂音　チェ　ケ　ペ　テ　　摩擦音　フェ　ヘ　セ　シェ
　　　　　　　　　　　ç　k　p　t　　　　　　　　　f　h　s　ş

有声子音13字　　ベー　ジェー　デー　ゲー　ユムシャク・ゲー　ジェー　レー　メー　ネー　レー　ヴェー　イェー　ゼー
　　　　　　　　 b　c　d　g　ğ　　j　l　m　n　r　v　y　z

1.2　発音

1.2.1　字母の発音とアクセント

　トルコ語はアルファベで書かれた通りに発音をする。子音には日本語話者にとっての難読字母はない反面、母音は8つあり発音に注意を要する。これらの母音はほとんどの場合はっきりと発音される。従って日本語を発語するときよりも、大きく、広く唇を動かして発音するよう心掛ける。冬場のアナトリアは

3

乾燥しているので、リップクリーム（dudak kremi）を忘れずに。
ドゥダク クレミ

　トルコ語のアクセントは語彙によって異なるが、大半の単語では最後の音節に置かれる。

anne（アンネ）母　　baba（ババ）父　　　çocuk（チョジュク）子供

hoca（ホジャ）先生　　kalem（カレム）ペン　　masa（マサ）机、卓

　しかし、語末以外にアクセントのある語彙も少なくない。これらはその都度、覚えること。

memur（メームル）役人　　　　　merhaba（メルハバ）こんにちは

Türkiye（テュルキイェ）トルコ　　Türkçe（テュルクチェ）トルコ語

radyo（ラドゥヨ）ラジオ　　　　　postane（ポスターネ）郵便局

Japonya（ジャポンヤ）日本　　　　Japonca（ジャポンジャ）日本語

Mehmet（メフメト）男性名　　　　Fatma（ファトマ）女性名

Ankara（アンカラ）都市名　　　　İstanbul（イスタンブル）都市名

2 🔊 （1.2.2）　**アクセントの移動**

　トルコ語の単語は絶対アクセントを持たず、アクセント移動を起こす。たとえば以下のように、単語の末尾にさまざまな意味を表す「接尾辞」や「付属語」が付属するとアクセントは後方へと移っていく。

oda（オダ）　　　　　　　　　部屋

4

odalár（オダラル）　　　　部屋（複数）

odadá（オダダ）　　　　　部屋において

odalardá（オダラルダ）　　部屋（複数）において

(1.2.3) **母音の発音**　　　　　　　　　　　　　　　　　　2

　トルコ語の母音は8つあり日本語より多い。そのため、おのおのの母音をはっきりと発音し分ける必要がある。以下、発音の際の注意を前舌母音^{まえじた}、後舌母音^{うしろじた}の順に記す。

前舌母音：舌が口内前方に置かれる

Ee^{エー}　口角をしっかり広げて「エー」と発音

　　　beş 5^{ベシ}　　eser 作品^{エセル}　　Ege エーゲ（海、地方の名称）^{エゲ}　　el 手^{エル}　　meze 酒の肴^{メゼ}

İi^{イー}　口角を限界まで広げて「イー」と発音

　　　iki 2^{イキ}　　iş 仕事、労働^{イシ}　　iyi 良い^{イイ}　　ipek 絹^{イペキ}　　yeni 新しい^{イェニ}　　eski 古い^{エスキ}

Öö^{オゥー}　口先をとがらせて「オー」と言うときの口型のまま「うー」。「お」と「う」の狭間の音に聞こえる。

　　　ön 前^{オン}　　özel 特別な^{オゼル}　　söz 言葉^{ソズ}　　kök 根っこ^{キョク}　　gök 空^{ギョク}

Üü^{ユゥー}　はじめに i の口型を作り、口先をすぼめながら「ユー」と発音

　　　ülke 国^{イュルケ}　　üye 構成員^{イユイェ}　　kültür 文化^{キュルテュル}　　Türkiye トルコ^{テュルキイェ}

5

後舌母音：舌が口内後方に置かれる

Aa　口を大きく開けて「アー」
_{アー}

　　　ama しかし　anne 母　baba 父　bal 蜂蜜
　　　_{アマ}　　　_{アンネ}　　_{ババ}　　_{バル}

Iı　i の口型を維持したまま強く「ウッ」と発音
_{ウー}

　　　ışık 明かり　Irak イラク　altı 6　kısa 短い　rakı ラク酒
　　　_{ウシュク}　　_{ウラク}　　_{アルトゥ}　_{クサ}　　_{ラクゥ}

Oo　口先をとがらせて強く「オー」と発音
_{オー}

　　　okul 学校　ordu 軍隊　on 10　Osmanlı オスマン人
　　　_{オクル}　　_{オルドゥ}　　_{オン}　　_{オスマンル}

　　　o 彼、彼女、あれ　onlar 彼ら、彼女ら
　　　_{オー}　　　　　　　_{オンラル}

Uu　口先をすぼめてかなり強く「ウー」と発音
_{ウー}

　　　uzun 長い　şu それ　su 水　dokuz 9　tuz 塩
　　　_{ウズン}　　_{シュ}　　_ス　　_{ドクズ}　　_{トゥズ}

2 🔊 **1.2.4**　子音の発音

Bb　バ行の音。be bi bö bü　ba bı bo bu
_{ベー}　　　　　_{ベ ビ ボォ ビュ}　_{バ ブゥ ボ ブ}

　　　bu これ、この〜　bebek 赤子　baba 父　büyük 大きい　ben 私
　　　_ブ　　　　　　　_{ベベキ}　　　_{ババ}　　_{ビュユク}　　_{ベン}

　　　biz 私たち　bol いっぱいの　bülbül 小夜啼鳥
　　　_{ビズ}　　　_{ボル}　　　　　_{ビュルビュル}

6

^{ジェー}
Cc　ジャ行の音。^{ジェ ジ ジョ ジュ ジャ ジゥ ジョ ジゥ} ce ci cö cü ca cı co cu

^{ジェケト} ceket 上着　^{アジュ} acı 痛み　^{ジェブ} cep ポケット　^{ジャーミ} câmi* モスク　^{ジャン} can 心

^{チェー}
Çç　チャ行の音。^{チェ チ チョ チュ チャ チゥ チォ チゥ} çe çi çö çü ça çı ço çu

^{チチェキ} çiçek 花　^{サチ} saç 髪　^{チャクマク} çakmak ライター　^{カチ} kaç いくつ？　^{アチュク} açık 開いた

^{デー}
Dd　ダ行の音。^{デ ディ ドォ デュ ダ ドゥ ド ドゥ} de di dö dü da dı do du

^{デニズ} deniz 海　^{デ デ} dede 祖父　^{デヴ} dev 巨人、巨大な　^{アドゥ} adı 名前　^{ドゥダク} dudak 唇

^{フェー}
Ff　ファ行の音。^{フェ フィ フォ フュ ファ フゥ フォ フゥ} fe fi fö fü fa fi fo fu

^{フィヤト} fiyat 値段　^{ハフィフ} hafif 軽い　^{フェリボト} feribot フェリー　^{ファイダ} fayda 利益　^{フルン} fırın かまど

^{ゲー}
Gg　ガ行ないしギャ行の音。^{ゲ ギ ギョ ギュ ガ,ギャ グ ゴ グゥ} ge gi gö gü ga gı go gu

^{ギョズ} göz 眼　^{ギリシ} giriş 入口　^{ギュル} gül 薔薇　^{ウイガル} uygar 文明　^{ギュン} gün 日

^{リュズギャール} rüzgâr 風　^{レンギャーレンク} rengârenk 色とりどりの

^{ユムシャク・ゲー}
Ğğ　語頭には立たない。母音に挟まれている場合はほとんど読まない。母音の後に続き、後に子音が来るか、何も文字が来ない場合は前の母音を伸ばす。

^{ア ア ベイ} ağabey 兄　^{オ エ} öğe 要素　^{アウト} ağıt 挽歌　^{アウズ} ağız 口　^{デイル} değil 〜ではない

^{ダー} dağ 山　^{ヤー ム ル} yağmur 雨

Hh ハ行の音。he hi hö hü　ha hı ho hu

hava 空気　hafta 週　halı 絨毯　hâl 状態　helva ヘルヴァ　zehir 毒

Jj ジャ行の音。c に比べ強く息を吐き出す。現在、c と j はさほど厳密に区別して発音されない。je ji jö jü　ja jı jo ju

Japonya 日本　Japon 日本人　jet ジェット機　jandarma 憲兵隊

müjde 吉報

Kk カ行、ないしキャ行の音。ke ki kö kü　ka kı ko ku

kalem ペン　kitap 本　kusur 欠点　kar 雪　köpek 犬

küpe イヤリング　kedi 猫　kağıt 紙　kâr 利益　bekâr 独身者

Ll 舌先を前歯の後ろにしっかりと当てて発音されるラ行の音。

le li lö lü　la lı lo lu

Allâh 神　lâle チューリップ　güzel 美しい、素晴らしい

devlet 政府、王朝　dil 舌、言語

Mm　マ行の音。me mi mö mü　ma mı mo mu

mum 蝋燭　mısır とうもろこし　mutlu 幸せな　tamam 完全な、O.K.

düğme ボタン

Nn　ナ行の音。ne ni nö nü　na nı no nu

ne 何？　kenar 隅、端　kan 血　numara 数字　nükleer 原子核の

Pp　パ行の音。pe pi pö pü　pa pı po pu

portakal オレンジ　kapı 門、戸　papağan オウム　mürekkep インク

ketçap ケチャップ

Rr　口蓋に舌を近づけて発するラ行の音。いわゆる巻き舌音に近いが、それ

よりも弱い。re ri rö rü　ra rı ro ru

radyo ラジオ　renk 色　karşık 乱れた、混じった　arsız 恥知らずな

önder 指導者　keder 悲哀　nazar 邪視

Ss　サ行の音。se si sö sü　sa sı so su

su 水　süt 牛乳　ses 声　sen 君、お前　siz あなた、あなたたち

sert 硬い

Şş シャ行の音。şe şi şö şü　şa şı şo şu

şu それ、その〜　şaka 冗談　iş 仕事　şiş 串　kaşık スプーン

Tt タ行の音。te ti tö tü　ta tı to tu

tek 唯一の　Türkiye トルコ　tören 儀式　berbat 最悪な　tatlı 甘い

tırtıl イモムシ

Vv ヴァ行の音。ときにワ行を表すこともある。ve vi vö vü　va vı vo vu

var 〜がある　ova 丘　manav 八百屋　vatan 祖国　av 狩り

Yy ヤ行の音。ye yi yö yü　ya yı yo yu

yok 〜がない　yurt 国、寮　yoğurt ヨーグルト　kayık 舟

yumuşak 柔らかい　iyi 良い　Süleymaniye スュレイマニイェ（モスク名）

Zz ザ行の音。ze zi zö zü　za zı zo zu

zeki 賢明な　zaman 時間　omuz 肩　az 少ない　biraz ちょっと、少し

＊ 長母音 â, î, û について

　本来、トルコ語は長母音を持たない。しかし、長母音 â, î, û（アー、イー、ウー）を有する言語（アラビア語、ペルシア語等）からの借用語が多数、存在する。これらは前記の通り a, i, u の上に曲折アクセント記号（＾）を乗せることで表される。トルコ語では şapkalı「帽子をかぶった」文字とも言われる。この帽子は現在では表記されないことが多いが、たとえば kar（カル「雪」）と kâr（キャール「利益」）にように長母音記号がないと紛らわしい語彙

や、islâm（イスラーム「イスラーム」）のように読み間違えを回避する必要のある語彙に付される。本書では、主だったものについて「語彙」の欄内で長母音記号を付すこととする。

例）

一般的な表記	実際の発音に即して長母音を付した表記	
lazım	lâzım (ラーズム)	必要な、必須の
iktisadi	iktisâdî (イクティサーディー)	経済的な
makbul	makbûl (マクブール)	受け入れられた、気に入られた
alaka	alâka (アラーカ)	関係、関心
pastane	pastâne (パスターネ)	甘味処、菓子店

練習1） 発音しながら日用表現を記憶せよ。

Evet	はい
Hayır	いいえ
Merhaba	こんにちは
Günaydın	おはよう
İyi günler	こんにちは
İyi akşamlar	こんばんは
İyi geceler	おやすみ
Hoşça kalın	さようなら
Görüşürüz	またね
Görüşmek üzere	またね
Güle güle	さようなら（送る側）
Allaha ısmarladık	さようなら（去る側）
Kendine iyi bak	じゃあね
Teşekkür ederim	ありがとうございます
Teşekkürler	ありがとう
Sağ olun	ありがとうございます
Sağ ol	ありがとう

Kusura bakmayın	ごめんなさい
Özür dilerim	申し訳ございません
Tamam	大丈夫です
Tamam mı?	大丈夫ですか？
Güzel	素晴らしい
Çok güzel!	とても素晴らしい！
Ne güzel!	なんて素晴らしいんだ！
Lütfen	お願いします
Buyurun	どうぞ
Problem değil	問題ありません
Alo?	もしもし？
Pardon	失礼
Affedersiniz	すみません、お許しあれ
Efendim?	失礼？（聞き返し等）
Bakar mısınız?	すみません（店員等への呼びかけ）

1.3　数字

1.3.1　数字の概要

トルコ語の数字は以下の通りである。1万、10万はそれぞれ「10 × 1000」、「100 × 1000」の形で表される。序数詞は「階」や「学年」、「世紀」などと共に用いられる。数字、序数詞共にアクセントはいずれも語末に置かれる。

数字

bir	1
iki	2
üç	3
dört	4
beş	5
altı	6

序数詞

birinci	1番目の
ikinci	2番目の
üçüncü	3番目の
dördüncü	4番目の
beşinci	5番目の
altıncı	6番目の

yedi	7	yedinci	7 番目の
sekiz	8	sekizinci	8 番目の
dokuz	9	dokuzuncu	9 番目の
on	10	onuncu	10 番目の
on bir	11	on birinci	11 番目の
on iki	12	on ikinci	12 番目の
on üç	13	on üçüncü	13 番目の
on dört	14	on dördüncü	14 番目の
on beş	15	on beşinci	15 番目の
on altı	16	on altıncı	16 番目の
on yedi	17	on yedinci	17 番目の
on sekiz	18	on sekizinci	18 番目の
on dokuz	19	on dokuzuncu	19 番目の
yirmi	20	yirminci	20 番目の
otuz	30	otuzuncu	30 番目の
kırk	40	kırkıncı	40 番目の
elli	50	ellinci	50 番目の
altmış	60	altmışıncı	60 番目の
yetmiş	70	yetmişinci	70 番目の
seksen	80	sekseninci	80 番目の
doksan	90	dokusanıncı	90 番目の
yüz	100	yüzüncü	100 番目の
bin	1000	bininci	1000 番目の
on bin	1万	on bininci	1万番目の
yüz bin	10万	yüz bininci	10万番目の
milyon	100万	milyonuncu	100万番目の
milyar	10億	milyarıncı	10億番目の
trilyon	1兆	trilyonuncu	1兆番目の

4 ◀◁ (1.3.2) **数字の作り方**

2桁以上の数字の作り方は非常に明快で、以下のように各桁の数字に分解して構成する。平たく言えば、日本語とほぼ同様の作り方である。

27	=	20		+		7
		yirmi				yedi
	=	**yirmi yedi**				

896	=	8 × 100		+	90	+	6
		sekiz yüz			doksan		altı
	=	**sekiz yüz doksan altı**					

4395	=	4 × 1000	+	3 × 100	+	90	+	5
		dört bin		üç yüz		doksan		beş
	=	**dört bin üç yüz doksan beş**						

23673	=	23 × 1000	+	6 × 100	+	70	+	3
		yirmi üç bin		altı yüz		yetmiş		üç
	=	**yirmi üç bin altı yüz yetmiş üç**						

874502	=	874 × 1000	+	5 × 100	+	2
		sekiz yüs yetmiş dört bin		beş yüz		iki
	=	**sekiz yüz yetmiş dört bin beş yüz iki**				

なお、一番大きな位が「1」の場合（155、1981 など）には、bir「1」が不要である点も日本語と同様である。

155	=	100	+	50	+	5
		yüz		elli		beş
	=	**yüz elli beş**				

14

1981	=	1000	+	9	×	100	+	80	+	1
		bin		dokuz		yüz		seksen		bir

= **bin dokuz yüz seksen bir**

練習2）　以下の数字をアルファベで記せ。

123
552
932
1071
1299
1453
1839
1923
1980
1999
2001
12345
678912
3456789

練習3）　以下は簡単な自己紹介や挨拶の表現である。文法事項についてはひとまずおき、下記の文章に自らの氏名を当てはめつつ発音せよ。

1．親しい間柄での簡単な自己紹介
　-Merhaba, ben Mehmet. Sen?
　-Merhaba, Mehmet. Ben Fatma. Memnun oldum!
　-Ben de memnun oldum!

2．友人との挨拶
　-Merhaba, Özge. Nasılsın?

-Merhaba, Serkan. Sağ ol, ben iyiyim. Sen nasılsın?
-Ben de iyiyim, sağ ol!

3．丁寧な挨拶
-Merhaba, Gürkan Bey, nasılsınız?
-Merhaba Elif Hanım. Sağ olun, iyiyim. Siz nasılsınız?
-Sağ olun, ben de çok iyiyim.

語彙：Mehmet メフメト（男性名）　Özge オズゲ（女性名）
Serkan セルカン（男性名）　Gürkan ギュルカン（男性名）
Bey ～さん（男性）　Elif エリフ（女性名）　Hanım ～さん（女性）

コラム 1

「トルコ人」か「テュルク」か：Türk の多義性

宮下　遼

現代トルコ語の Türk という言葉には 2 つの意味があります。1 つはトルコ共和国の「トルコ人」です。勿論、共和国にはクルド系、ギリシア系、アルメニア系、ザザ系、ラズ系、アラブ系等の少数民族も暮らしていますから、彼らも含めて「トルコ国民」というわけです。

　2 つ目は「テュルク」。上の地図にある地域に住むアゼルバイジャン人（アゼリー人）、テュルクメン人、ウズベク人、カザフ人、タタール人、ウイグル人、ヤクート人等々の「テュルク諸語を話す人」という意味です。ウイグルやウズベク、カザフなどは古い氏族、部族名、アゼルバイジャンは居住地の古名から取られていますから、「トルコ人」以外の「テュルク」は、「テュルク」という大きなまとまりとは別に固有の民族名も持っているのです。

　トルコ人は部族系統でいえばアゼルバイジャン人などと共通のオグズ族。10 世紀頃にイランへ進出しセルジューク朝を立てますが、このときはテュルク語を話しながらもモンゴロイドの風貌ではなくコーカソイドの風貌を持つことから、「トルコ人に似た者」を意味するトゥルクマーンと呼ばれました。11 世紀末にアナトリアへ進出した彼らはテュルク・イスラーム世界がキリスト教世界という異文化圏と境を接するアナトリア、バルカンに定着し、やがて自他ともに認める「トルコ人」となっていくのです。

　現代トルコ語でも両者をしっかり区別する際には、「トルコ人」のことを Türkler や Türkiye Türkleri、テュルクを Türk Halkları や Türk Milletleri と呼び分けています。一方、日本でも Türk を「トルコ」と「テュルク」と書き分けて区別しています。もっとも、歴史学、文学の分野では「テュルク」、言語学の分野では「チュルク」という表記が別々に定着していて、紛らわしさは残っています。

読書案内

　小松久男（編著）『テュルクを知るための 61 章』明石書店，2016.
　フィンドリー，カーター・V『テュルクの歴史：古代から近現代まで』小松久男（監訳），佐々木紳（訳），明石書店，2017.

② 母音調和

2.1 母音調和とは

　トルコ語は動詞活用や人称表示に際してさまざまな「接尾辞」（単語の後に接続するのでこう呼ばれる）を用いる。トルコ語文法を学ぶのは接尾辞とその活用を学ぶこととほぼ同義とも言える。そして、これらの接尾辞の多くは、それが付属する単語の最後の母音に応じて音韻変化を起こす。これが「母音調和」であり、テュルク諸語の大きな特徴である。

　すでに見たように8つあるトルコ語の母音は前舌母音グループe, i, ö, üと後舌母音グループa, ı, o, uの2種に峻別される。母音調和は、接尾辞が付属する語の最後の母音が前舌母音、後舌母音のいずれであるかに応じて、後に付属する接尾辞が同じ母音グループの母音へと変化する。母音調和の原則は、以下の2つである。

①母音調和の基準となるのは、前の単語の最後の母音である。

　　araba　　Türkiye　　arkadaş　　sınıf　　kız　　ev

②接尾辞には「2母音型（e/a型）」と、「4母音型（i/ü/ı/u型）」の2種類が存在する。

母音調和対応表

	前の単語の最後の母音	2母音型活用 （e/a 型）	4母音型活用 （i/ü/ı/u 型）
前舌母音	e	e	i
	i		
	ö		ü
	ü		
後舌母音	a	a	ı
	ı		
	o		u
	u		

2.2　2母音活用型の接尾辞

複数形 -ler（-ler/-lar）

トルコ語の複数形 -ler は、-ler/-lar という2母音活用をする。トルコ語には -ler 以外に複数形はなく、生物、無生物による使い分けなどは行わない。

öğrenci	+	-ler/-lar	=	öğreciler	学生たち
Türk	+	-ler/-lar	=	Türkler	トルコ人たち
doktor	+	-ler/-lar	=	doktorlar	医者たち
sınıf	+	-ler/-lar	=	sınıflar	教室群

kedi	猫	kediler
köpek	犬	köpekler
ev	家	evler
Japon	日本人	Japonlar
Türk	トルコ人	Türkler
Amerikalı	アメリカ人	Amerikalılar
insan	人間	insanlar

6

araba	車	arabalar

練習1）　複数形にしなさい。

telefon	電話
televizyon	テレビ
radyo	ラジオ
kapı	門、扉
melek	天使
şeytan	悪魔
insan	人間
hayvan	動物
cin	精霊
Japon	日本人
Türk	トルコ人
Arap	アラブ人
Amerikalı	アメリカ人
bebek	赤ん坊
oda	部屋
pencere	窓
masa	机
defter	ノート
kalem	ペン
mektup	手紙
mesaj	メール
sanatçı	芸術家
futbolcu	サッカー選手
yabancı	外国人
ülke	国
el	手
yemek	食物

hava	天気

練習2） 下線部に複数形を入れて日用表現を完成させよ。　　　　　　**6**

İyi gün_____.	こんにちは。
İyi akşam_____.	こんばんは。
İyi gece_____.	おやすみなさい。
İyi çalışma_____.	良いお仕事を。
İyi yolculuk_____.	良い旅を。
Teşekkür_____.	ありがとう。

(2.3)　4母音活用型の接尾辞

(2.3.1)　形容詞化接尾辞 -li（-li/-lü/-lı/-lu）　　　**7**

　-li は名詞に付属して「～な」、「～付の」、「～入りの」といった意味の形容詞にする接尾辞である。また、国名や地名に付属した場合は「～出身者」という名詞となることも多い。ただし、あらゆる名詞に対して使われるわけでもなければ、あらゆる民族名が -li で表されるわけでない。これに関しては付録を参照せよ。

renk	色	renkli	色付きの、華やかな
çocuk	子供	çocuklu	子供のいる
masa	机	masalı	机付きの、机を備えた
güneş	太陽	güneşli	日光の差す
yağmur	雨	yağmurlu	雨降りの
bulut	雲	bulutlu	曇りの
para	お金	paralı	有料の
Tokyo	東京	Tokyolu	東京人
Osaka	大阪	Osakalı	大阪人
Ankara	アンカラ	Ankaralı	アンカラ人

İstanbul	イスタンブル	İstanbullu	イスタンブル人
Çanakkale	チャナッカレ	Çanakkaleli	チャナッカレ人
Amerika	アメリカ	Amerikalı	アメリカ人
Polonya	ポーランド	Polonyalı	ポーランド人

練習3）　形容詞化接尾辞 -li を付属させよ。

şeker	砂糖
tuz	塩
et	肉
balık	魚
sebze	野菜
domates	トマト
patates	じゃがいも
biber	ピーマン

練習4）　以下をトルコ語にせよ。

イズミル人たち
ウルファ人たち
スィヴァス人たち
ドゥバヤズト人たち
イラン人たち
カナダ人たち
イラク人たち
シリア人たち

語彙：İzmir イズミル　Urfa ウルファ　Sivas スィヴァス
Doğubayazıt ドゥバヤズト　İran イラン　Kanada カナダ　Irak イラク
Suriye シリア

2.3.2　疑問の付属語 mi（mi/mü/mı/mu）

　疑問の付属語 mi は 4 母音活用し、日本語の「〜ですか？」と類似の意味を表す。疑問の mi は前の単語と接続せずに離して書かれるが、母音調和はする。なお、アクセントは mi の直前の音節に置かれる。

İyi mi?	良いですか？
Kötü mü?	悪いですか？
Ahmet mi?	アフメトですか？
Oda mı?	部屋ですか？
Köpek mi?	犬ですか？
At mı?	馬ですか？
Japon mu?	日本人ですか？
Türk mü?	トルコ人ですか？

練習 5）　疑問の付属語 mi を付して疑問文にせよ。

arkadaş	友人
anne	母
baba	父
oğul	息子
kız	娘
güzel	美しい、美しく
iyi	良い、うまく
kötü	悪い、悪く
doğru	正しい、正しく
yanlış	誤った、誤って
büyük	大きい
küçük	小さい
açık	開いた
kapalı	閉じた
zor	難しい

kolay	易しい		
geniş	広い		
dar	狭い		
uzun	長い		
kısa	短い		
ağır	重い		
hafif	軽い		
pahalı	高価な		
ucuz	安価な		

単語　家族、人間関係

aile	家族	dede	祖父
akraba	親戚	büyük anne	祖母（nîneとも）
ev	家	amca	父方のおじ
memleket	故郷	dayı	母方のおじ
anne	母	hala	父方のおば
baba	父	teyze	母方のおば
oğul	息子（oğl- + 母音）	küçük erkek kardeşi	弟
erkek	男の子	küçük kız kardeşi	妹
kız	娘、女の子	genç	若者、若い
adam	男	yaşlı	老人、年老いた
kadın	女	arkadaş	友人（dostとも）
bay	男性、紳士	düşman	敵
bayan	女性、淑女	sevgili	恋人
kardeş	兄弟・姉妹	yabancı	外国人
ağabey	兄	vatandaş	同胞、市民
abla	姉		

コラム2 トルコ人の身振り手振り

宮下 遼

　トルコには日常的に用いられるジェスチャーが幾つもあります。主なものを見てみましょう。

【頷きながら相手の目を見て強く瞬きを一回行う】 同意を示すジェスチャー。相手の目を見て「そうだよね」、「そのとおり」という気持ちを込めて瞬きしましょう。

【舌打ちしながら顎を上に持ち上げる】 トルコに行って最初に驚くのがこのジェスチャーです。否定を表します。最近では舌打ちは行わず、顎のみ上げる人の方が多数を占めます。

【人差し指から小指までを窄め、その先端に親指をあてがって腕自体を上下に振る】「素晴らしい！」、「いいね！」を意味するジェスチャーです。この動作と一緒に"Çok güzel!"と言えばよいわけです。

【抱擁を交わし、互いの頬に軽くキス】 親愛の情を込めた挨拶です。ホームステイ先のご家族などにこれから仲良くなろうね、という意志を込めて行うと喜ばれるでしょう。

【人差し指を立てた手を持ち上げる】「挙手」にあたるジェスチャー。会議で挙手するとき、タクシーを止めるときなど使用機会は多いと思います。

【「チッチッチッ……」と舌打ちを繰り返す】「私は苛立っているぞ」、「なんてひどい！」という意思表示です。バスやフェリーが大きく揺れたとき、ニュースや映画で惨いシーンに出くわしたとき、隣のトルコ人から「チッチッチッ……」という舌打ちが聞こえることでしょう。

【心臓に右の手の平を当てる】 イスラーム文化圏に共通の感謝の表現です。こちらはイスラーム的な表現ですので、好む人とそうでない人がいます。

【相手の手の甲を持ち、唇、ついで額を押しつける】 相手に敬意と忠誠を示すジェスチャーです。友人の実家にお邪魔したときなどに最長老のお爺様、お婆様にすると喜ばれるでしょう。

　「この駱駝に草食ませるべきか、この国より出でるべきか」（Yâ bu deveyi gütmeli, yâ bu diyârdan gitmeli. 郷に入りては郷に従え）と言います。トルコ語を話すのと合わせて、ジェスチャーも使いこなしてみましょう。

読書案内

　磯部加代子（著），北島志織（イラスト）『旅の指さし会話18：トルコ』情報センター出版局，2006.

3 平叙文1

3.1 3人称単数の名詞が主語の平叙文

　トルコ語では名詞が主格（～は、～が）を兼ねる。そのため主語が3人称単数の場合に限っては、名詞と名詞、あるいは名詞と形容詞を並べれば主語述語文が形成される。

8 肯 定

A　　　 B.
A は　　 B です。

Mehmet öğrenci.	メフメトは学生です。
Ayşe öğretmen.	アイシェは教師です。
Serkan gazeteci.	セルカンは新聞記者です。
Tuğba doktor.	トゥーバは医者です。
İstanbul büyük.	イスタンブルは大きいです。
Türkiye güzel.	トルコは美しいです。
Kitap kalın.	本は厚いです。
Baba doğru.	父は正しいです。
Fatma nazik.	ファトマは親切です。
Tren hızlı.	電車は速いです。
Elma küçük.	林檎は小さいです。

語彙：Mehmet メフメト（男性名）　öğrenci 学生　Ayşe アイシェ（女性名）
öğretmen 教師　Serkan セルカン（男性名）　gazeteci 新聞記者

Tuğba トゥーバ（女性名）　doktor 医者　şehir 都市　büyük 大きい
güzel 美しい　kitap 本　kalın 厚い　doğru 正しい、まっすぐな
Fatma ファトマ（女性名）　nazik 親切な　tren 電車　hızlı 速い
elma 林檎　küçük 小さい

指示代名詞

トルコ語の指示代名詞は「これ」、「あれ」、「それ」の3種類である。単数形は名詞と形容詞の意味も兼ね備えている点が特徴的である。また şu は、「ほら、その」という提示的な意味合いが強い。

指示代名詞・形容詞　単数	指示代名詞　複数	場所指示代名詞
bu　これ 　　この〜	bunlar　これら	burası　ここ
o　あれ 　あの〜	onlar　あれら	orası　あそこ
şu　それ 　その〜	şunlar　それら	şurası　そこ

Bu araba.　　　　　これは車です。
O okul.　　　　　　あれは学校です。
Şu cami.　　　　　それはモスクです。
Kitap bu.　　　　　本はこれです。
Sözlük o.　　　　　辞書はあれです。
Sandalye şu.　　　椅子はそれです。

語彙：okul 学校　câmi モスク　sözlük 辞書　sandalye 椅子

トルコ語では、主語が複数形である文章の述語を複数形にする必要はない。主語を見た時点で複数であるのが明確であるからである。

Bunlar kalem.　　　これらはペンです。
Onlar defter.　　　あれらはノートです。

Şunlar masa.	それらは机です。
Bu adam Korkut.	この男性はコルクトです。
O kadın Elif.	あの女性はエリフです。
Şu kız Ayşe.	その娘はアイシェです。
Bu kediler sevimli.	この猫たちは愛らしい。
O halılar sahte.	あの絨毯は偽物です。
Şu evler temiz.	その家々は清潔です。
Burası köy.	ここは村です。
Orası istasyon.	あそこは駅です。
Şurası durak.	そこが停留所です。

語彙：kalem 筆、ペン　defter ノート　masa 机　adam 男性　kadın 女性
kız 娘　sevimli 愛らしい　halı 絨毯　sahte 偽の　temiz 清潔な
köy 村　istasyon 駅　durak 停留所

8 📢 否　定

　平叙文の否定は「～ではない」を意味する後置詞 değil を文末に置く。後置
詞は母音調和をしない。

A　　　B　　　değil.
A は　　B　　　ではありません。

Mehmet öğrenci değil.	メフメトは学生ではありません。
Türkiye küçük değil.	トルコは小さくありません。
Bu araba değil.	これは車ではありません。（「この車では ない」とも取れる）
O uçak değil.	あれは飛行機ではありません。
Şu kayık değil.	それは舟ではありません。
Bu araba güzel değil.	この車は美しくありません。
O uçak yeni değil.	あの飛行機は新しくありません。

Şu otobüs eski değil.	そのバスは古くありません。
Bu köpekler hasta değil, sağlıklı.	この犬たちは病気ではありません、健康です。
O cami değil, bu cami.	あれはモスクではない、これがモスクだ。

語彙：uçak 飛行機　yeni 新しい　otobüs バス　eski 古い　hasta 病人　sağlıklı 健康な

疑　問

　平叙文の疑問文は、日本語の「～ですか？」に相当する疑問の付属語 mi を、尋ねたい単語の直後に置く。（付録６も参照のこと）

| A | B | mi/mü/mı/mu? |
| A は | B | ですか？ |

Mehmet öğrenci mi?	メフメトは学生ですか？
Türkiye büyük mü?	トルコは大きいですか？
Fatma çocuk mu?	ファトマは子供ですか？
Bu araba mı?	これは車ですか？（この車ですか？）
Bu araba iyi mi?	この車はいいですか？
O dükkanlar bakkal mı?	あの店々は雑貨商ですか？
-Şu binalar üniversite mi, belediye mi?	その建物は大学ですか、市役所ですか？
-Şu binalar hastane.	その建物は病院ですよ。
-Özge öğrenci mi?	オズゲは学生ですか？
-Evet, Özge öğrenci.	はい、オズゲは学生です。
-Hayır, Özge öğrenci değil.	いいえ、オズゲが学生ではありません。
-Bu oda yeni mi?	この部屋は新しいですか？
-Evet, bu oda yeni.	はい、この部屋は新しいです。
-Hayır, bu oda yeni değil.	いいえ、この部屋は新しくありません。

なお ne「何？」や nasıl「どのように？／どのような～？」などの疑問詞が文中にある場合はそれだけで疑問文が形作られる、疑問の付属語 mi は用いられない。

-Bu ne?　-Bu tabanca.	これは何ですか？　これは拳銃です。
-O ne?　-O bomba.	あれは何ですか？　あれは爆弾です。
-Bilgisayar nasıl?	そのパソコンはどうですか？
-Bilgisayar çok iyi.	そのパソコンはとてもいいです。
-Bilgisayar çok iyi değil.	そのパソコンはあんまり良くないです。

語彙：çocuk　子供　dükkan　店　bakkal　雑貨商、雑貨店　binâ　建物
üniversite　大学　belediye　市役所　hastâne　病院　Özge　オズゲ（女性名）
oda　部屋　ne　何？ 疑　tabanca　拳銃　bomba　爆弾　bilgisayar　パソコン

(3.2)　名詞の数と形容詞

(3.2.1)　名詞の単数・不定と複数

　トルコ語の名詞の単数・不定、および複数は下記のように、名詞の前に数詞を置いて作る。単数 bir「1、1つの」を帯びた名詞は、単数「1つの～」、および不定「ある～」のいずれの意味にもなるので、文脈に応じて判断する必要がある。ただし、「新しい（1人の）教師は若い」のように、一見して対象が単数と分かる、あるいは推測がつく場合は、わざわざ数詞を付さない場合が多い。トルコ語は、話者の感じ方や判断（モダリティ）がとても重んじられる言語なのである。以下では、öğrenci「学生」と çiçek「花」、gün「日」を例に取ろう。

öğrenci	学生（「学生」という存在そのものに言及する際に用いる）
bir öğrenci	1人の学生／ある学生
öğrenciler	学生たち
iki öğrenci	2人の学生

çiçek	花
bir çiçek	1輪の花／ある花
çiçekler	花々
üç çiçek	3輪の花

gün	日
bir gün	1日／ある日
günler	日々
dört gün	4日

　上記のように、名詞の数が実際に複数あったとしても、数詞を伴う場合には複数形 -ler を用いない。日本語で「5人の学生」、「5人の学生たち」と言った場合、後者がやや回りくどく感じられる現象を想起すれば分かり易かろう。

　では、平叙文を例に bir を冠する場合と、そうでない場合の文章の意味を比べてみよう。

Bu kitap.	これは本です。(この世にある「本」という存在全般に漠然と言及している)
Bu bir kitap.	これは1冊の本です。(目の前にある「1冊の本」にのみ言及している)
Bunlar kitap.	これらは本です。

　たとえば机の上にある1冊の本を指しながら、「これは本です」、「これは1冊の本です」と発語した場合を比較すると、後者は「単数であること」を強調する印象がある。そのため、日常的には前者の表現の方がより自然である。ただし、いずれの場合も明確に誤りというわけではない。こうした表現の肌合いについては、学習を進めるなかでより多くの例文に接しながら慣れていけばよい。

(3.2.2) 名詞が形容詞と数詞を伴う場合
　「美しい1輪の花」のように、名詞が形容詞と数詞によって修飾されるとき

は、形容詞、数詞、名詞の順で並べられる。ただし、この場合も(3.2.1)で述べたように数詞を伴わないことはよくある。

形容詞　　数詞　　　名詞
～な　　　～つの　　～

güzel bir çiçek	美しい1輪の花／美しい花／ある美しい花
güzel çiçekler	美しい花々
akıllı bir öğrenci	賢い1人の学生／賢い学生／ある賢い学生
akıllı öğrenciler	賢い学生たち
akılsız iki arkadaş	愚かな2人の友人
nazik üç Türk	親切な3人のトルコ人

9

Bu çok güzel bir resim.	これはとても美しい絵です。
O öğrenciler Japon.	あの学生たちは日本人です。
Eski camiler az değil.	古いモスクは少なくない。
Yeni öğretmen genç.	新しい教師は若い。
Şu adamlar polis.	その男たちは警官だ。

語彙：resim 絵、写真、画像　az 少ない　genç 若い　adam 男
polis 警察、警官

(3.2.3)　**数詞を伴わない名詞**

　トルコ語には可算名詞と不可算名詞の区別は存在しない。しかし、数えにくかったり、金銭や粉状、液状の物質のように数えるために特定の単位を必要とする名詞が、単数で言及されることは少ない。以下では2つの形容詞çok「たくさんの」とaz「少ない」を用いて例示しよう。

para		お金
○	çok para	たくさんのお金

○	az para	少ないお金
△	bir para	1つのお金／あるお金

	su	水
○	bir bardak su	1杯の水
○	bir şişe su	1瓶の水
△	bir su	1つの水／ある水

Çok para gerek.	大金が必要だ。
Az para gerek.	ちょっとのお金が必要だ。
Bir şişe su lütfen.	ペットボトルの水を1本お願いします。
Bir bardak su buyurun.	お水を1杯、どうぞ。

9

語彙：çok たくさんの、とても　bardak コップ　şişe 瓶、ペットボトル
gerek 必要な

(3.2.4)　分量を示す表現

個数、人数等

tane	〜個	
kez/defa	〜回	数詞と用いれば「〜回」、序数詞と用いれば「〜回目」
kat	〜階	序数詞と共に用いられる
bardak	〜杯	su, çay
şişe	〜瓶	PB、酒瓶など
fincan	〜杯	珈琲にのみ用いる
kişi	〜人	

金銭

Türk Lirası	トルコ・リラ
lira	リラ（＝トルコ・リラ）
kuruş	クルシュ　100 kuruş ＝ 1 lira

avro <ruby>アヴロ</ruby>	ユーロ（「ユロ」と発音する者もいる）
dolar	ドル
Japon Yeni	日本円

単位

ağırlık	重さ、重量
mesâfe	距離
genişlik	広さ
büyüklük	大きさ
yükseklik	高さ、高度
kilo	kg
kilometre	km
santimetre	cm
litre	ℓ
metrekare	m^2
metreküp	m^3
hektar	ヘクタール、1000 m^2
dönüm	ドニュム、919 m^2
dekar	10分の1ヘクタール、10アール

練習1）　トルコ語にせよ。

1．これはなんですか？　これは教会です。これはとても大きな1棟の教会です。
2．あれはなんですか？　あれですか？　あれは教師たちです。
3．ジェンギズ（Cengiz）は学生ではありません、教師です。
4．ソンギュル（Songül）は男性ですか？　いいえ、ソンギュルは男性ではありません。彼女は美しい1人の少女です。
5．広い1軒の家は値段が高い。
6．狭い1間のアパルトマンは安い。
7．ファーティフ（Fatih）は賢い1人の学生ではない。
8．ハサンは愚かな1人の子供です。

9．メフメトは背の高い 1 人の男性です。

10．アイシェは背の低い 1 人の女性ではありません。

11．あの小さな動物たちはなんですか？

12．あの男前な男たちはアメリカ人だ。

語彙：kilise 教会　Cengiz ジェンギズ（男性名）
Songül ソンギュル（女性名）　erkek 男、男の子　o 彼女　kız 娘、少女
geniş 広い　dar 狭い　apartman アパルトマン　ucuz 安価な
Fâtih ファーティフ（男性名）　çocuk 子供　Mehmet メフメト（男性名）
uzun 長い　boylu 背丈の　Ayşe アイシェ（女性名）　kısa 短い
hayvan 動物　yakışıklı ハンサムな　Amerikalı アメリカ人

練習2）　和訳せよ。　**10**

"Bu ne?"

Ercan 　　: Merhaba Takako Hanım, hoş geldiniz!

Takako 　: Hoş bulduk, Ercan Bey!

Ercan 　　: Buyurun, otel bu taraf.

Takako 　: Ercan Bey. Bu ne?

Ercan 　　: Bu medrese, yani eski okul.

Takako 　: Peki, o zaman o bina ne?

Ercan 　　: Hangi bina? O büyük bina mı?

Takako 　: Evet, o kırmızı renkli bina.

Ercan 　　: O bina Ayasofya. Dünyaca meşhur bir bina.

Takako 　: Yani? Nasıl bir bina?

Ercan 　　: Tarihi bir eser. Eski kilise ve cami...

Takako 　: Kilise, cami... Peki kilise mi yoksa cami mi?

Ercan 　　: Hım, çok iyi bir soru. Şu anda kilise de cami de değil, bir müze.

Takako 　: Tamam, sağ olun Ercan Bey. O zaman bu bina ne?

Ercan 　　: Hangi bina? Şu mu?

Takako 　: Hayır, bu bu! Bu küçük ve biraz eski bina.

Ercan　　：Burası otel. Buyurun, Takako Hanım!

語彙：〜 Hanım　〜さん（女性）　hoş geldiniz　ようこそいらっしゃいました
hoş bulduk　お邪魔いたします　〜 Bey　〜さん（男性）　buyurun　どうぞ
otel　ホテル　taraf　側、方面　medrese　メドレセ　zaman　時　o zaman　それなら
hangi 〜　どの〜？疑　kocaman　巨大な　kırmzı　赤、赤い　〜 renkli　〜色の
Ayasofya　アヤソフィア　dünyaca　世界的に　meşhur　有名な　târihî　歴史的な
eser　作品　soru　質問　de/da　〜も　müze　博物館　biraz　少し、少しの
ve　そして、〜と　burası　ここ

単語　職業			
meslek	職業	şoför	運転手
asker	軍人	ressâm	画家
çiftçi	農民	kasap	肉屋
ziraatçı	農業従事者	kuaför	美容師
tercüman	通訳	berber	床屋
müteahhit	土建業者	ekmekçi	パン職人
mühendis	エンジニア	fırın	パン屋、かまど
siyasetçi	政治家	şarkıcı	歌手
memur	公務員	yatırımcı	投資家
hekim	内科医	terzi	仕立て人
garson	ギャルソン	sanatçı	芸術家
aşçı	料理人	yazar	作家
işadamı	ビジネスマン、実業家	şâir	詩人
eleman	サラリーマン	gazeteci	新聞記者

コラム 3

Pazar へ行けば何でもそろう

鈴木　郁子

　トルコでは、pazar（パザル）という市場が各地で開かれます。パザルは露天商からなる市場で、都市部、郊外を問わず、決まった曜日と場所での開催が基本です。開くには許可が必要で、例えばイスタンブールでは、イスタンブール小売商業管理組合が管理を行い、何曜日にどこで何件のパザルが開催されているか把握しています。

　パザルでは、野菜や果物など生鮮食料品、豆類・香辛料・米類など乾物、オリーブ、油類、チーズ・ヨーグルトなど乳製品、卵、小麦粉の加工品、調理器具、靴・カバンなども含む衣料品、タオル・テーブルクロス・カーテンなど布類、アクセサリー・化粧品・おもちゃも含む生活雑貨類、絨毯など、日常生活に関わるあらゆるものが売られています。肉類は衛生上、冷蔵庫が必要なため出店せず、魚介類は冬に限って売られます。

　都市部ではスーパーマーケットを見つけるのにも困りませんが、パザルとは品物の種類と量、鮮度が違います。特に野菜などは、パザルで一週間分をまとめ買いする人も多く見られます。トルコ人はショッピングモール好きですが、ウインドーショッピングとフードコートの利用が主で、安く気兼ねなく買い物をするならパザルを選びます。衣料品などの有名ブランドはありませんが、日常使いには十分と、それなりの売れ行きを見せます。

　近郊の露天商が多いので、その土地らしさが見られるのもパザルのよいところ。買い物せずとも一巡りするだけでよい社会見学になりますよ。

パザルの様子　　©suzuki ikuko

読書案内

澁澤幸子『だから，イスタンブールはおもしろい：歴史的多民族都市の実感的考察』藤原書店，2009.
高橋由佳利『トルコで私も考えた』集英社，2015.

平叙文2
人称代名詞と人称接尾辞

4.1 人称代名詞と人称接尾辞

　トルコ語は ben「私」、sen「君」、o「彼、彼女、あれ」、biz「我々」、siz「あなた、あなたたち」、onlar「彼ら、彼女ら」という6つの人称代名詞を有する。2人称複数 siz が、「あなた」という2人称単数の敬体と、「あなたたち」、「君たち」、「お前ら」のような2人称複数を兼ねるのが特徴である。この点に関しては sen =「君」、siz =「あなた、あなたたち」と覚えるとよい。

　そして、トルコ語の人称代名詞はおのおの人称接尾辞を有する。簡単な文章で例を示そう。

　　Ben Japonum.　　私は日本人です。
　　Sen Japonsun.　　君は日本人です。

　上記の網掛け部が人称接尾辞である。人称接尾辞とは、用言や述部の末尾に付属し、それ単独で「主語／動作主体」の人称を示す。人称代名詞が主語である場合（口語的な表現（第1課の練習3など）を除けば）必ず人称接尾辞が付属する。そのため上記の2つの文章は、

　　Japonum.　　　　日本人です（私は）。
　　Japonsun.　　　　日本人です（君は）。

のように、人称代名詞を省略しても主語が何者かが明示される。このような主語の省略はトルコ語では頻繁に見られる。逆に言えば、下記のように人称接尾辞を伴わないのは誤りである。

×　Ben Japon.

×　Sen Japon.

この人称接尾辞は以降、平叙文のみならず動詞文でも共通して用いられる。

人称接尾辞の活用

人称代名詞		人称接尾辞	
ben	私	有声子音・無声子音末尾	-im/-üm/-ım/-um
		母音末尾	-yim/-yüm/-yım/-yum
sen	君	-sin/sün/sın/sun	
o	彼、彼女	―	
biz	私たち	有声子音・無声子音末尾	-iz/-üz/-ız/-uz
		母音末尾	-yiz/-yüz/-yız/-yuz
siz	あなた、あなたたち	-siniz/-sünüz/-sınız/-sunuz	
onlar	彼ら、彼女ら	(-ler)/(-lar)	

肯　定

Ben	öğretmenim.	私は教師です。
Sen	öğretmensin.	君は教師です。
O	öğretmen.	彼／彼女は教師です。
Biz	öğretmeniz.	私たちは教師です。
Siz	öğretmensiniz.	あなた／あなたたちは教師です。
Onlar	öğretmenler.	彼ら／彼女らは教師です。

Ben	insanım.	私は人間です。
Sen	insansın.	君は人間です。
O	insan.	彼／彼女／あれは人間です。
Biz	insanız.	私たちは人間です。
Siz	insansınız.	あなた／あなたたちは人間です。
Onlar	insanlar.	彼ら／彼女らは人間です。

4.2 ben「私」、biz「私たち」の活用における注意点

4.2.1 人称接尾辞における母音連続の回避と繋字の y

　トルコ語は母音の連続を嫌う言語である。母音連続を回避するため y, s, n 等の子音が繋字として用いられる。ここで学習している人称接尾辞に関しても、1人称の ben、biz が主語の文章において母音連続回避が起こる。具体的には、母音末尾の単語に1人称単数の人称接尾辞 -im（-im/-üm/-ım/-um）、1人称複数の人称接尾辞 -iz（-iz/-üz/-ız/-uz）が付属する場合に、母音連続を回避するため y が挟まれるのである。

Ben öğrenci + im　=　Ben öğrenciyim
Biz　öğrenci + iz　=　Biz öğrenciyiz

Ben Amerikalıyım.　　　　私はアメリカ人です。
Ben Fatma'yım.　　　　　私はファトマです。
Biz Endonezyalıyız.　　　私たちはインドネシア人です。
Biz Polonyalıyız.　　　　私たちはポーランド人です。

4.2.2 ç, k, p, t 末尾の単語における無声子音の有声化

単語の末尾		
ç	+ 語頭が母音の接尾辞、付属語	→ c
k		→ ğ
p		→ b
t		→ d

　無声子音 ç, k, p, t 末尾の単語に1人称単数 ben、1人称複数 biz の人称接尾辞が付属する場合、単語末尾の無声子音が ç → c、k → ğ、p → b、t → d と有声化する。この現象は、あとに学習する方向格接尾辞 -(y)e など、母音ではじまる接尾辞全てに共通する大原則である。

ağaç 樹木	Ben ağacım.	私は木です。
çakmak ライター	Biz çakmağız.	私たちはライターです。
kitap 本	Ben kitabım.	私は本です。
palamut 鰹	Biz palamuduz.	私たちは鰹です。

ただし、無声子音 ç, k, p, t 末尾の語彙であっても、以下のように固有名詞の場合には有声化しない。

Ben Ahmet'im. 私はアフメトです。
Biz Türküz. 私たちはトルコ人です。

練習1） トルコ語にせよ。
1．私は医者です。
2．君は技師です。
3．彼女は作家です。
4．私たちは詩人です。
5．お前らは兵士だ。
6．彼らはギャルソンです。
7．私たちは政治家です。
8．君は売人です。
9．彼は料理人です。
10．私たちは店舗商人です。
11．あなたは親方です。
12．彼らはアメリカ人です。
13．私は親切です。
14．私たちは恥ずかしがりやです。

語彙：doktor 医者、博士　mühendis 技師　yazar 作家　şâir 詩人
asker 兵士　garson ギャルソン　siyasetçi 政治家　satcı 売人　aşçı 料理人
dükkancı 店舗商人　usta 親方　Amerikalı アメリカ人　utangaç 恥ずかしがりや

41

4.3　人称接尾辞を伴う平叙文の否定と疑問

否定

前課で学んだ後置詞 değil「～ではない」に人称接尾辞を付属させる。

13

Ben	hayvan	değilim.	私は獣ではありません。
Sen	hayvan	değilsin.	君は獣ではありません。
O	hayvan	değil.	彼／彼女は獣ではありません。
Biz	hayvan	değiliz.	私たちは獣ではありません。
Siz	hayvan	değilsiniz.	あなた／あなたたちは獣ではありません。
Onlar	hayvan	değil(ler).	彼ら／彼女らは獣ではありません。

Ben	köpek	değilim.	私は犬ではありません。
Sen	köpek	değilsin.	君は犬ではありません。
O	köpek	değil.	彼／彼女は犬ではありません。
Biz	köpek	değiliz.	私たちは犬ではありません。
Siz	köpek	değilsiniz.	あなた／あなたたちは犬ではありません。
Onlar	köpek	değil(ler).	彼ら／彼女らは犬ではありません。

疑問

前課で学んだ疑問の付属語 mi（mi/mü/mı/mu）に人称の接尾辞を付属させる。なお、疑問の mi は母音末尾であるため 1 人称（ben, biz）の人称接尾辞（-im, -iz）が付属する場合は y を介在させる必要がある。

また、3 人称複数を主語とする文においては、複数形 -ler は疑問の mi に決して付属しない点に注意。

13

Ben	cin	miyim?	私は精霊ですか？
Sen	cin	misin?	君は精霊ですか？
O	cin	mi?	彼／彼女は精霊ですか？
Biz	cin	miyiz?	私たちは精霊ですか？

Siz cin misiniz?	あなた／あなたたちは精霊ですか？
Onlar cin mi?	彼ら／彼女らは精霊ですか？
（Onlar cinler mi?）	彼ら／彼女らは精霊たちですか？
Ben akıllı mıyım?	私は賢明ですか？
Sen akıllı mısın?	君は賢明ですか？
O akıllı mı?	彼／彼女は賢明ですか？
Biz akıllı mıyız?	私たちは賢明ですか？
Siz akıllı mısınız?	あなた／あなた方は賢明ですか？
Onlar akıllı mı?	彼ら／彼女らは賢明ですか？
（Onlar akıllılar mı?）	同上

練習2） トルコ語にしなさい。

1．お母さん、僕って賢い？　いいえ、お前は賢くないわね。
2．君は犬ですか？　いいえ、私は犬ではありません。
3．彼女は美しくありません、しかし優しいです。
4．私たちは健康だろうか？　あるいは病気だろうか？
5．あなた方はお若いんですか？　いやいや、私たちはもう年寄りですよ。
6．彼らはアゼルバイジャン人ですか、それともタタール人ですか？　いいえ、
　　テュルク（トルコ系民族）ではありません、イラン人ですね。

語彙：yoksa あるいは、もしかしたら　yaşlı 年老いた、年寄り　yok ない、いや
artık すでに　Azerbaycanlı アゼルバイジャン人　Tatar タタール人
İranlı イラン人

練習3）　和訳せよ。

14

"Dersler zor mu, kolay mı?"

Korkut : Merhaba Ayşe Hanım, nasılsınız?

Ayşe : Merhaba Korkut. İyiyim, sağ ol. Sen nasılsın?

Korkut : Teşekkür ederim. Ben de iyiyim.

Ayşe : Peki, üniversite nasıl?

Korkut : Üniversite çok eğlenceli, şimdi ben çok mutluyum.

Ayşe : Öyle mi? Dersler zor mu, kolay mı?

Korkut : Çok zor değil ama kolay da değil...

Ayşe : Özellikle hangi ders zor?

Korkut : İngilizce, Fransızca, Almanca, Arapça, Farsça... Yani yabancı diller bayağı zor. Tabii ki tarih, edebiyat gibi dersler de kolay değil...

Ayşe : Yani bütün dersler zor. Kolay gelsin!

語彙：nasıl どんな？ 疑　sağ olun ありがとう　de/da ～も、～もまた
peki よし、それなら　üniversite 大学　eğlenceli 楽しい　mutlu 幸せな
öyle そのような、そのように　öyle mi? そうなの？、本当に？ 慣　ders 授業
zor 難しい　kolay 易しい　özellikle とくに　hangi どの～？ 疑
yani すなわち、つまり　yabancı 外国の、外国人　dil 舌、言語
bayağı すごく、相当に　tabii ki もちろん　târih 歴史　edebiyat 文学
gibi ～のような、～のように　bütün すべての
kolay gelsin うまくいきますように、頑張れ 慣

単語　身体

vücut	身体	boğaz	喉
baş	頭	bıyık	口ひげ
yüz	顔	sakal	顎ひげ
alın	額（aln- + 母音)*	omuz	肩（omz + 母音）
saç	髪の毛	arka	背中、後ろ、後方
kulak	耳	ense	うなじ
göz	目	kol	腕
burun	鼻（burn- + 母音）	el	手
dudak	唇	parmak	指
ağız	口（ağz- + 母音）	göbek	へそ
dil	舌	karın	腹（karn + 母音）
diş	歯	bel	腰、ウェスト
çene	顎	göt	尻
yanak	頬	bacak	脚
boyun	首（boyn + 母音）	ayak	足
boy	背丈	kucak	腕の中、膝の上

⑤ 動詞現在形

5.1 現在形 -iyor（-iyor/-üyor/-ıyor/-uyor）

動詞現在形の作り方

	子音末尾 （無声子音であっても有声化はしない）	+ -iyor/-üyor/-ıyor/-uyor
動詞語根 + （動名詞から -mek/-mak を 削除した形）	母音末尾 ↓ 語根末尾の母音を削除 ←	残った母音に応じて + -iyor/-üyor/-ıyor/-uyor

　トルコ語の動詞現在形 -iyor は「～する」、「～している」という現在時制における動作を示す。活用に際してはトルコ語の動詞原型にあたる動名詞形 -mek/-mak の形から、mek/mak を除いた「動詞語根」を取り出し、そこに現在形活用接尾辞 -iyor を付属させる。動詞現在形 -iyor は 4 母音活用をするが、-iyor の i の部分のみが母音調和を起こし -iyor/-üyor/-ıyor/-uyor という 4 種に変化する。以下に実例を示そう。

5.1.1 動詞語根が子音末尾の場合

動名詞形	yazmak	書くこと	
動詞語根	yaz-	書く～	
	yaz-	+	-iyor/-üyor/-ıyor/-uyor
=	yaz-	+	-ıyor
=	**yazıyor**	（彼／彼女は）書きます	

15

vermek	与えること	→	veriyor	与える
yapmak	行うこと	→	yapıyor	行う

46

takmak	身につけること	→	takıyor	身につける
kesmek	切ること	→	kesiyor	切る

(5.1.2) 動詞語根が母音末尾の場合

動詞語根が母音で終わる場合は、まず末尾の母音を除き、しかるのち残った母音と母音調和させる。

動名詞形	istemek	欲すること
動詞語根	iste-	欲する〜
→	iste̸-	動詞語根末尾の母音を除く
=	ist-	+ -iyor/-üyor/-ıyor/-üyor
=	ist-	+ -iyor
=	**istiyor**	（彼／彼女は）欲する

aramak	探すこと	→	arıyor	探す
hazırlamak	準備すること	→	hazırlıyor	準備する
gülümsemek	微笑むこと	→	gülümsüyor	微笑む

(5.1.3) 例外活用をする4つの動詞　etmek　gitmek　yemek　demek

この4つの動詞は音韻上、やや例外的な活用をする。まず、etmek「すること」、gitmek「行くこと」は、-iyor のように母音ではじまる活用形が付属すると語根末尾の t が有声化して d になる。(cf. (5.1.1))

etmek	すること	ediyor	する
gitmek	行くこと	gidiyor	行く、向かう

yemek「食べる」、demek「言う」は、-iyor のように母音ではじまる活用形が付属すると語根末尾の母音が消失して、以下のような形になる。

yemek	食べること	yiyor	食べる
demek	言うこと	diyor	言う

練習1）　以下の動詞を現在形活用せよ。

vermek	与えること
anlamak	理解すること
okumak	読むこと
almak	取ること、買うこと
satmak	売ること
vurmak	打つこと、撃つこと
gelmek	来ること
konuşmak	話すこと
yapmak	すること、行うこと、作ること
başlamak	はじまること
söylemek	述べること、言うこと
gitmek	行くこと
etmek	すること
yemek	食べること
demek	言うこと

⬭5.2⬯　現在形と人称接尾辞

現在形＋人称接尾辞

人称代名詞		肯定	否定	疑問
ben	動詞語根＋	-iyorum	-miyorum	-iyor muyum？
sen		-iyorsun	-miyorsun	-iyor musun？
o		-iyor	-miyor	-iyor mu？
biz		-iyoruz	-miyoruz	-iyor muyuz？
siz		-iyorsunuz	-miyorsunuz	-iyor musunuz？
onlar		-iyor（lar）	-miyor（lar）	-iyor（lar）mu？（mı?）
例外動詞	etmek　→　ediyor　　gitmek　→　gidiyor yemek　→　yiyor　　demek　→　diyor			

＊網掛けされたiのみが4母音活用する

動詞文の主語が人称代名詞である場合は、現在形活用の末尾に既習の人称接尾辞を付属させる。以下に現在形活用の場合の人称接尾辞を例示しよう。

| 肯　定 |

　現在形活用の後に、既習の人称接尾辞を付属させる。

gelmek「来る」

Ben	geliyorum.	私は来ます。
Sen	geliyorsun.	君は来ます。
O	geliyor.	彼／彼女は来ます。
Biz	geliyoruz.	私たちは来ます。
Siz	geliyorsunuz.	あなた／あなた方は来ます。
Onlar	geliyor(lar).	彼ら／彼女らは来ます。

almak「買う、取る、奪う」

Ben	alıyorum.	私は買います。
Sen	alıyorsun.	君は買います。
O	alıyor.	彼／彼女／あれは買います。
Biz	alıyouz.	私たちは買います。
Siz	alıyorsunuz.	あなた／あなた方は買います。
Onlar	alıyor(lar).	彼ら／彼女らは買います。

| 否　定 |

　動詞語根に -miyor/-müyor/-mıyor/-muyor を付し、その後に人称接尾辞を付属させる*。アクセントは mi の前の母音に置かれる。

Ben	gelmiyorum.	私は来ません。
Sen	gelmiyorsun.	君は来ません。
O	gelmiyor.	彼／彼女は来ません。
Biz	gelmiyoruz.	私たちは来ません。

Siz	gelmiyorsunuz.	あなた／あなた方は来ません。
Onlar	gelmiyor（lar）.	彼ら／彼女らは来ません。

bakmak「見る、眺める」

Ben	bakmıyorum.	私は見ません。
Sen	bakmıyorsun.	君は見ません。
O	bakmıyor.	彼／彼女は見ません。
Biz	bakmıyoruz.	私たちは見ません。
Siz	bakmıyorsunuz.	あなた／あなた方は見ません。
Onlar	bakmıyor（lar）.	彼ら／彼女らは見ません。

＊トルコ語の動詞活用否定は、動詞語根と動詞活用形（-iyor など）の間に否定の接尾辞
-me/-ma を投じて形成される。現在形 -iyor の場合は、-me/-ma ＋ -iyor の形が縮約した結
果として -miyor の形となった。このような音便化が見られるのは現在形のみであり、他の
動詞活用形の否定形ではすべて -me/-ma が用いられる。

疑　問

　平叙文の場合と同様に、疑問の mi に人称接尾辞を付属させる。ただし、-iyor
の o は無変化であるため、実質的に現在形疑問文では mu のみが用いられる。
アクセントは mi（mu）の前の母音に置かれる。

Ben	geliyor muyum?	私は来ますか？
Sen	geliyor musun?	君は来ますか？
O	geliyor mu?	彼／彼女／あれは来ますか？
Biz	geliyor muyuz?	私たちは来ますか？
Siz	geliyor musunuz?	あなた／あなた方は来ますか？
Onlar	geliyor（lar）mu?（mı?）	彼ら／彼女ら／あれらは来ますか？

çıkmak「出る、出発する」

Ben	çıkıyor muyum?	私は出発しますか？
Sen	çıkıyor musun?	君は出発しますか？

O	çıkıyor mu?	彼／彼女は出発しますか？
Biz	çıkıyor muyuz?	私たちは出発しますか？
Siz	çıkıyor musunuz?	あなた／あなた方は出発しますか？
Onlar	çıkıyor（lar）mu?（mı?）	彼ら／彼女ら／あれらは出発しますか？

練習2）　括弧内の意味となるようにトルコ語にしなさい。

bakmak　（私は眺めます）

görmek　（君は見ます）

söylemek　（彼は述べます）

demek　（私たちは言います）

konuşmak　（あなたたちは話します）

anlamak　（彼らは理解します）

takmak　（私は被りません）

tasarlamak　（君は企みません）

tüketmek　（私たちは費やさない）

unutmak　（お前たちは忘れない）

utanmak　（彼女たちは恥ずかしがりません）

varmak　（私は着いていますか？）

söylemek　（君は言いますか？）

sezmek　（彼女は感じますか？）

satmak　（私たちは売りますか？）

yemek　（君たちは食べますか？）

yazmak　（あいつらは書くのか？）

5.3　istemek　「〜が欲しいです」、「〜がしたいです」

　自らの要望を伝える頻用動詞に istemek「欲する」がある。istemek を用いれば、「〜が欲しい」という事物を欲している場合や、「〜がしたい」というなんらかの行為を欲する表現を作ることができる。

17 (5.3.1)　事物が欲しい場合

欲する事物をそのまま istemek の直前に置く。

Ben kitap istiyorum.
私は本が欲しい。
Biz şeker istemiyoruz.
私たちは砂糖はいりません。
Siz giysi istiyor musunuz?
あなたは服が欲しいですか？

語彙：şeker 砂糖　giysi 衣服

(5.3.2)　動作を行いたい場合

欲する行為を示す動名詞（-mek/-mak の付属した形）を istemek の直前に置く。

17 Ben gitmek istiyorum.
私は行きたいです。
Biz koşmak istemiyoruz.
私たちは走りたくありません。
Sen konuşmak istiyor musun?
君は話したいかい？

　そして、以上の2つを組み合わせれば、「私は～を～したい」という表現も作ることができる。トルコ社会では黙っていても何もしてもらえない。積極的に自らの欲求を相手に伝えること。

17 Ben gazete almak istiyorum.
私は新聞を買いたいです。

52

-Siz yemek yemek istiyor musunuz?

-Hayır, yemek yemek istemiyorum ama içecek içmek istiyorum.

あなたは食べ物を食べたいですか？

いいえ、食べ物は食べたくありませんが、飲み物を飲みたいです。

Çocuklar kitap okumak istemiyorlar, futbol oynamak istiyorlar.

子供たちは本を読みたがっていません、サッカーをしたがっています。

-O şarkıcı olmak istiyor, sen ne olmak istiyorsun?

-Ben müzisyen olmak istemiyorum, hım memur olmak istiyorum.

彼女は歌手になりたがっている、君は何になりたい？

私はミュージシャンにはなりたくないな、ふうむ、公務員になりたいな。

語彙：koşmak 走ること　konuşmak 喋ること、話すこと　gazete 新聞
almak 買うこと　yemek 食べ物　içecek 飲み物　içmek 飲むこと
çocuk 子供　futbol サッカー　oynamak 遊ぶこと、プレイすること
şarkıcı 歌手　müzisyen ミュージシャン　memur 公僕、公務員
olmak なること

練習3）　和訳しなさい。

1．-Ben sevgi istiyorum, para istemiyoruz.　-Ha! Sen yalan söylüyorsun.

2．-Hoş geldiniz, siz ne istiyorsunuz?　-Ben bir kalem ve iki defter, bir makas almak istiyorum.

3．-Siz müzik dinlemek istiyor musunuz?　Yoksa televizyon seyretmek istiyor musunuz?

-İkisi de istemiyorum.

4．Biz bilet ve dergi almak istiyoruz.

語彙：sevgi 愛　yalan 嘘　makas 鋏　müzik 音楽　dinlemek 聴くこと
seyretmek 視聴すること　ikisi de どちらも　bilet チケット、切符
dergi 雑誌

5.4 頻用動詞表

5.4.1 頻用動詞

　以下に日常でよく使われる動詞をまとめた。折に触れて復習し、覚えること。なお、併用される格助詞が特殊な場合などは括弧内に記したので、第12課を終えすべての格助詞を学習したのちに参照せよ。

almak	取ること、買うこと
anlamak	理解すること
anlatmak	説明すること、語ること
atmak	投げること、捨てること
başlamak	はじまること（-e　〜をはじめる）
bakmak	見ること、眺めること（-e　〜を）
bırakmak	置いていくこと
bulmak	見つけること
buluşmak	会うこと、落ち合うこと
beğenmek	好むこと（-i -den　〜を〜より好む）
bağırmak	怒鳴ること
çalmak	鳴ること、盗むこと
çekmek	引くこと
çalışmak	働くこと、勉強すること
çıkmak	出ること、出発すること、上ること
çıkarmak	取り出すこと
çağırmak	呼ぶこと
danışmak	相談すること
demek	言うこと
dokunmak	触ること、触れること
düşünmek	考えること
gelmek	来ること
gitmek	行くこと
getirmek	持ってくること

götürmek	持っていくこと
giymek	着ること
gizlemek	隠れること
görmek	見ること、会うこと（-i ～を）
görüşmek	会うこと、見えること
hatırlamak	覚えること、覚えていること
istemek	欲すること
iğrenmek	嫌うこと
kandırmak	騙すこと
kazanmak	勝つこと、獲得すること、稼ぐこと
konuşmak	話すこと、喋ること
koşmak	走ること
kullanmak	使用すること
kalkmak	立ち上がること
onaylamak	同意すること（-i ～に）
oynamak	遊ぶこと
okumak	読むこと、学ぶこと
oturmak	座ること、住むこと（-e ～に座る -de ～に住む）
öğrenmek	学習すること、習得すること
öğretmek	教えること
övmek	褒めること
övünmek	誇りに思うこと
olmak	～になること、～であること
planlamak	計画すること
paylaşmak	分かち合うこと、共有すること
saklamak	隠すこと、預けること、仕舞うこと
satmak	売ること
sezmek	感じること
söylemek	述べること
şaşırmak	驚くこと
yalan söylemek	嘘をつくこと

şarkı söylemek	歌を歌うこと
takmak	被ること、履くこと、取り付けること
tanımak	（人を）知ること、知り合いになること
tasarlamak	企図すること、企むこと
tüketmek	費やすこと
ulaşmak	到達すること
unutmak	忘れること
utanmak	恥ずかしがること
varmak	着く
varolmak	存在すること
vermek	与えること
yemek	食べること
yapılmak	行われること、催されること
yazmak	書くこと
yürümek	歩くこと
yüzmek	泳ぐこと

名詞を伴う動詞 1

etmek	すること、行うこと
dâvet etmek	招待すること
emretmek	命じること
fark etmek	気が付くこと
reddetmek	拒否すること
teklif etmek	提案すること
telefon etmek	電話をかけること
yardım etmek	助けること、手助けすること

名詞を伴う動詞 2

yapmak	すること、やること、行うこと、作ること
kahvaltı yapmak	朝食を摂ること
spor yapmak	スポーツをすること

単語　暦、月、曜日

târih	歴史、日付	salı	火曜日
güneş	太陽	çarşamba	水曜日
ay	月	perşembe	木曜日
takvim	暦、カレンダー	cuma	金曜日
mîlâdî	西暦	cumartesi	土曜日
hicrî	ヒジュラ暦	Ocak	1 月
gün	日	Şubat	2 月
sabâh	朝	Mart	3 月
öğle	正午	Nisan	4 月
akşam	宵、夕方	Mayıs	5 月
gece	夜	Haziran	6 月
gece yarısı	真夜中	Temmuz	7 月
hafta	週	Ağustos	8 月
ay	月	Eylül	9 月
yıl	年	Ekim	10 月
sene	年	Kasım	11 月
dönem	時期、期間、セメスター	Aralık	12 月

yüzyıl　世紀（asır とも。いずれも序数詞と共に用いられる）

bugün　今日

dün　昨日

yarın　明日

önce　～前に（iki hafta önce「2週間前に」）

sonra　～後に（üç ay sonra「3か月後に」）

pazar　日曜日

pazartesi　月曜日

19 Mayıs 1919
　1919 年 5 月 19 日（「サムスン上陸」の日。現在は「アタテュルク回顧と青少年、スポーツの日」）

30 Ağustos 1922
　1922 年 8 月 30 日（「大攻勢」開始の日。現在は「戦勝記念日」）

29 Ekim 1923
　1923 年 10 月 29 日（「共和国独立宣言」の日。現在は「共和国祭」）

格接尾辞
方向格、位置格

6.1 格接尾辞

　トルコ語には日本語の助詞ととてもよく似た働きをする合計 6 つの格接尾辞が存在する*。ここでは「〜へ」を意味する方向格接尾辞、「〜において」、「〜で」を意味する位置格接尾辞について学ぶ。なお、トルコ語の格接尾辞は意味的には日本語とも共通点が多く理解しやすい反面、活用に際しては、y の介在や、無声子音の有声化など、音韻に関連する複雑な規則を有するので注意すること。

　まず、参考までにトルコ語の格接尾辞の全体像を下記に示しておこう。

トルコ語の格接尾辞

格接尾辞名称	形	意味
主格接尾辞	— （名詞そのものが主格を兼ねる）	〜は、〜が
位置格接尾辞	-de/-da/-te/-ta	〜において、〜で
方向格接尾辞	-e/-a/-ye/-ya	〜へ
起点格接尾辞	-den/-dan/-ten/-tan	〜から
対象格接尾辞	-i/-ü/-ı/-u/-yi/-yü/-yı/-yu	〜を
共同・手段格接尾辞	-le/-la/-yle/-yla	〜と共に／〜を用いて

*格助詞とも呼ばれる。厳密に言えば、第 12 課で学ぶ共同・手段格 -(y)le/-la は後置詞 ile の変化形であるため、格接尾辞ではなく付属語に分類するのが適切である。本書では学習の簡便さを優先し、格接尾辞として提示している。

6.2 方向格接尾辞 -(y)e (-e/-a/-ye/-ya)

方向格接尾辞 -(y)e は、「～へ」、「～に向かって」、「～に対して」のように
動作の方向を示す2母音変化型の格接尾辞である。付属する単語の末尾が有声
子音であるか無声子音であるかによって音韻変化が生ずる。

6.2.1 方向格接尾辞の活用

	前の単語の語末	方向格接尾辞		
①	有声子音 無声子音 f, h, s, ş	-e/-a		
②	無声子音 ç, k, p, t	ç → c k → ğ p → b t → d	-e/-a	
③	母音	-ye/-ya		

①前の語の末尾が有声子音、および無声子音 f, h, s, ş の場合には -e/-a が付属 **18**
する。

tepe	tepeye	丘へ
ev	ev	家へ
dağ	dağa	山へ
sağ	sağa	右へ
sol	sola	左へ

②前の語の末尾が無声子音 ç, k, p, t の場合は、語末の無声子音が有声化する。 **18**

有声化	ç + 母音 = c	k + 母音 = ğ	p + 母音 = b	t + 母音 = d
例	ç + e = ce	k + a = ğe	p + a = ba	t + a = da

oruç	oruca	断食へ
kayık	kayığa	舟へ
kitap	kitaba	本へ

| tat | tada | 味へ |

18 ③前の語の末尾が母音の場合には y を介在して -ye/-ya が付属する。

araba	arabaya	車へ
kasaba	kasabaya	街へ
ara	araya	間へ
salata	salataya	サラダへ

(6.2.2) 例外的な音韻変化

　トルコ語文法にはさほど例外事項は多くないが、音韻変化に関しては以下のようにいくつもの例外が存在する。主だった例について記しておく。

①固有名詞

　固有名詞に格接尾辞が付属する場合は'（kesme）を打つ。また固有名詞の場合は、語末が無声子音 ç, k, p, t であってもは有声化しない。

İstanbul	İstanbul'a	イスタンブルへ	
Hatice	Hatice'ye	ハティジェへ	
Mehmet	Mehmet'e	メフメトへ	（Mehmed'e とはならない）
Tokat	Tokat'a	トカトへ	（Tokat'a とはならない）

18 ②無声子音無変化語彙

　語末が無声子音で終わるが、音韻変化を起さない語彙も存在する。

süt	süte	牛乳へ
çöp	çöpe	ゴミへ
saç	saça	毛髪へ
iç	içe	中へ
kaç	kaça	いくつへ、いくらへ（いくらで）
et	ete	肉へ
at	ata	馬へ

③母音欠落語彙   18

　語頭が母音の接尾辞が付属すると、単語内の最後の母音が欠落する語がある。

şehir	şehre	都市へ
ağız	ağza	口へ
omuz	omza	肩へ
köpür	köpre	橋へ

6

　　例）　ağız 口　alın 額　beyin 脳　boyu 首　göğüs 胸　gönül 心
　　karın 腹　koyun 懐　omuz 肩　akıl 知性　ayıp 恥　devir 時代
　　emir 命令　fikir 考え　isim 名前、名詞　izin 許可　resim 絵、画像
　　metin テクスト　ömür 生涯、寿命　şekil 形、方法　vakit 時間

④末尾子音2重化語彙   18

　母音ではじまる接尾辞が付属すると、単語末尾の子音が2重になる語がある。

sır	sırra	秘密へ
hak	hakka	権利へ
hac	hacca	巡礼へ

　　例）　hat 線　his 感覚　tıp 医学（tıbba）　zıt 反対、対称（zıdda）

⑤非母音調和単語等

　以下のように -at、-l で終わる単語の中には母音調和しないものもある。

seyahat	seyahate	旅行へ	18
saat	saate	時計へ、時間へ	18
hal	hale	状態へ	18
nasihat	nasihate	助言へ	
Kemal	Kemal'e	ケマルへ	
kontrol	kontrole	検査へ	
rol	role	役割へ	

61

例）　alkol アルコール　dikkat 注意　gol ゴール　hakîkat 真実
hayal 想像、幻想　ihmal 無視、無関心　ihtimal 可能性　iptal キャンセル
ithal 輸入　kabahat 過失　kabul 受け入れ、承認　meçhul 明らかでない
meşgul 忙しい　menfaat 利益　moral 士気、やる気　orijinal オリジナル
petrol 石油　sosyal 社会的な　usul 方式

18 🔊 Siz istasyona gidiyorusunuz ve trene biniyorsunuz.
あなたは駅へ行きます、そして電車に乗ります。

18 🔊 Ben Ankara'ya gidiyorum.
私はアンカラへ行きます

18 🔊 Ahmet bebeğe bir oyuncak veriyor.
アフメトは赤ちゃんに１つのおもちゃをあげます。

18 🔊 Biz üniversiteye girmek istiyoruz.
私たちは大学へ入りたいです。
-Pardon, bu dergi ne kadar？　-Biz 65 liraya satıyoruz.
すみません、この雑誌はいくらですか？　私どもは65リラで売っています。

語彙：binmek 乗ること　bebek 赤ちゃん　oyuncak おもちゃ
girmek 入ること　ne kadar いくらですか？ 疑
-e satmak 〜円・リラで売ること　lira リラ（トルコ・リラ）

練習1）　方向格接尾辞を付せ。

anne　　　　　　母
baba　　　　　　父
dede　　　　　　祖父
büyük anne　　　祖母
kız　　　　　　　娘、女の子
erkek　　　　　　男の子
adam　　　　　　男
kadın　　　　　　女

62

kardeş	兄弟、姉妹
ağabey	兄
abla	姉
dayı	おじ（母方）
amca	おじ（父方）
teyze	おば（母方）
hala	おば（父方）
yeğen	おい、めい

練習2） トルコ語にせよ。

1. 私は駅へ向かっています。
2. お前は1人の子供に対して怒っている。
3. 彼女はホテルへ入らない。
4. 私たちは珈琲店へ立ち寄ります。
5. あなたたちはこの本に興味を示しているのですか？
6. 彼らはあの辞書に大金を払う。
7. 私たちは大きな都市へ行きたいのです。
8. 同胞たちは戦没者たちを悼んでいる。
9. 我々がこのアパルトマンを所有しています。
10. 小さな不注意が事故の原因となる。
11. 私は兄に似ているが姉には似ていない。
12. 私はスルタンアフメト（地区）へ向かって歩いています。

語彙：-e kızmak 〜に対して腹を立てること　kahvehâne 珈琲店
uğramak 立ち寄ること　-e ilgi göstermek 〜に興味を示すこと
çok para 大枚、大金　ödemek 払うこと　vatandaş 同胞、市民　şehit 戦死者
-e acımak 〜を惜しむこと、憐れむこと　apartman アパルトマン　sahip 所有者
-e sahip olmak 〜を所有すること　dikkat 注意　dikkatsizlik 不注意
kazâ 事故　neden 理由　-e neden olmak 〜の原因となること
-e benzemek 〜に似ること、似ていること　Sultanahmet スルタンアフメト（地区名）

-e doğru ～に向かって

(6.2.3) 人称代名詞・指示代名詞と方向格接尾辞

人称代名詞、および指示代名詞や場所指示代名詞に方向格接尾辞が付属する場合は、以下のような音韻変化が起きる。

18 ◀€

人称代名詞・指示代名詞＋方向格

人称代名詞＋方向格		指示代名詞＋方向格		場所指示代名詞および疑問詞＋方向格	
bana	私へ	buna	これへ	buraya	ここへ
sana	君へ	ona	あれへ	oraya	あそこへ
ona	彼へ、彼女へ	şuna	それへ	şuraya	そこへ
bize	私たちへ	bunlara	これらへ	neye	何へ？
size	あなたへ、あなたたちへ	onlara	あれらへ	nereye	どこへ？
onlara	彼らへ、彼女らへ	şunlara	それらへ	kime	誰へ？

18 ◀€
Amca bana bir hediye veriyor.
おじは私にプレゼントをくれます。

18 ◀€
O sana bakıyor.
彼があんたを見つめてるわよ。

18 ◀€
Ben oraya gitmek istiyorum.
私はあそこへ行ってみたい。

18 ◀€
Haydar'a göre bu makale doğru, ama Elif'e göre yanlış.
ハイダルによればこの記事は正しいが、エリフによれば間違えている。

Siz bana söylüyor musunuz, yoksa ona söylüyor musunuz?
あなたは私に言っているんですか、それとも彼に言っているんですか？

Hasan kime konuşuyor?
ハサンは誰に向かって話してるんだ？

Siz nereye gitmek istiyorsunuz?
あなたはどちらへ行かれたいですか？

語彙：amca おじ hediye 贈り物 -e bakmak 〜を見ること
Haydar ハイダル（男性名） Elif エリフ（女性名）
-e göre 〜によれば、〜に照らすと doğru 正しい yanlış 誤った

練習3) トルコ語にせよ。
1．私は彼に手紙を書いています、しかしまだ書き終わっていません。
2．メフメトさんがあなたを見つめています。
3．ファトマさんは私を信じていません。
4．あんたさっぱり彼女に話しかけないわね。彼女に腹立ててるの？
5．トルコ人の友人たちは私たちにたくさんの贈り物をくれます。
6．私たちはどこへ行きたいのだろう？
7．君はあそこへ行くんですか？
8．あなたはこれに何と言いますか？（これをどう思いますか、の意）

語彙：mektup 手紙 hâlâ いまだに bitirmek 終わらせること
-e inanmak 〜を信じること hiç 全く〜ない vermek 与える demek 言う

6.3 位置格接尾辞 -de（-de/-da/-te/-ta）

位置格接尾辞 -de は「〜で」、「〜において」という意味を表し、場所・時間いずれにも用いられ、2母音活用型の格接尾辞である。また、前の単語の末尾が無声子音 ç, k, p, t, f, h, s, ş の場合は -te/-ta と音韻変化を来す。

6.3.1 位置格接尾辞の活用

	前の単語の語末	接尾辞
①	有声子音 母音	-de/-da
②	無声子音 ç, k, p, t, f, h, s, ş	-te/-ta

①前の語の末尾が有声子音や母音の場合は -de/-da が付属する。

okul	okulda	学校で
şehir	şehirde	都市で
araba	arabada	車で
sandalye	sandalyede	椅子で、椅子に
duvar	duvarda	壁に
Türkiye	Türkiye'de	トルコで

19 ②前の語の末尾が無声子音 ç, k, p, t, f, h, s, ş の場合には -te/-ta が付属する。

oruç	oruçta	断食で（断食中に、断食という行為にあって）
sokak	sokakta	通りで
kitap	kitapta	本に（本の中に）
kağıt	kağıtta	紙に（紙の上や中に）
teklif	teklifte	提案で（提案の最中や、その内容において）
padişah	padişahta	皇帝陛下に
giriş	girişte	入り口で
çıkış	çıkışta	出口で
ses	seste	声に、声で
Korkut	Korkut'ta	コルクト（男性名）には

19 ③非母音調和単語

6.2.2 ⑤において学んだように末尾が -at や後舌母音 + -l で終わる語の中には、以下のように母音調和が起こらず、常に前舌母音が付属する語彙がある。

saat	saatte	時計で、時間で
rol	rolde	役割で
hal	halde	状態で
Kemal	Kemal'de	ケマルに
orijinal	orijinalde	オリジナルでは

練習4) 位置格接尾辞を付せ。

arkadaş　　　　友人

66

düşman	敵
sevgili	恋人
yabancı	外国人
vatandaş	同胞、市民
kapı	門、扉
ev	家
konak	お屋敷
yalı	避暑別荘
toprak	大地
gök	空
hava	空気、天気、気温
dükkan	店
bulvar	幹線道路
cadde	大通り
sokak	通り
şehir	都市
mahalle	地区、区
kasaba	町
köy	村

6.3.2　場所指示代名詞と位置格接尾辞

「ここ」や「あそこ」のような場所指示代名詞に位置格が付属すると、以下のような形を取る。複数形に付属する場合は「〜のあたりで」いう漠然とした空間を表す表現となる。

場所指示代名詞＋位置格		複数	
burada	ここで、ここに	buralarda	このあたりで
orada	あそこに、あそこで	oralarda	あのあたりで
şurada	そこに、そこで	şuralarda	そのあたりで

19 Ben burada yaşamak istemiyorum.

私はここで暮らしたくありません。

19 Siz Türkiye'de İstanbul'da Beşiktaş'ta oturyor musunuz?

あなたはトルコのイスタンブルのベシクタシュ（地区名）にお住まいなのですか？

-Orada kim oturuyor? -Orada bir doktor oturuyor ve şurada bir hemşire oturuyor.

あそこにはどなたがお住まいですか？　あそこには医者が１人住んでいます。そして、そこには看護婦が１人住んでいますよ。

İstanbul nerede?

イスタンブルはどこですか？

Eczane nerelerde?

薬局はどのあたりですか？

語彙：yaşamak 生活すること、生きること、体験すること　hemşire 看護師　kim 誰？疑　nerede どこ？疑　nerelerde どのあたり？疑

練習5）　トルコ語にせよ。

1．大学では学生たちが毎日、トルコ語を学習しています。
2．教室では女の子たちが笑っています。
3．私は最近、9時に起きて11時に眠っています。
4．私たちはこの仕事に誇りを見いだしています。
5．君たちはどこでサッカーしてるの？

語彙：her gün 毎日　öğrenmek 学ぶこと　gülmek 笑うこと　saat dokuz 9時　bugünlerde 最近　kalkmak 起きること　uyumak 眠ること　onur 誇り　bulmak 見つけること

練習6) 和訳せよ。　　　　　　　　　　　　　　　　　　　　　　　20

Serkan　：Günaydın Mineaki. Nereye gidiyorsun?

Mineaki：Günaydın, Serkan Ağabey. Bugün üniversiteye gidiyorum. Yani derse gidiyorum.

Serkan　：Öyle mi? Ama sen çok erken kalkıyorsun. Henüz saat dört değil! Bugün ilk derse gidiyorsun, değil mi?

Mineaki：Evet, doğru söylüyorsunuz. Bugün ilk ders. Onun için derse geç kalmak istemiyorum.

Serkan　：Anlıyorum ama. Peki üniversite nerede? Uzak mı?

Mineaki：Hayır, üniversite uzak değil ama yakın da değil.

Serkan　：Peki nerede?

Mineaki：Beşiktaş'ta.

Serkan　：Karşı yakada! Şu anda herhalde feribot çalışmıyor. Yoksa yürüyerek mi gidiyorsun?（付録6を見よ）

Mineaki：Evet, yürüyerek gidiyorum. Bugün hava açık, rüzgar da güzel esiyor, gül, lâle kokuyor...

Serkan　：Tam şair gibisin ya! Hadi iyi çalışmalar, iyi yürüyüşler!

Mineaki：Sağ olun, hayırlı işler!

語彙：ders 授業　öyle あのように　Öyle mi?「本当に？」　erken 早く
henüz まだ　ilk 最初の　onun için だから、そのため　geç 遅い、遅く
kalmak 留まること　-e geç kalmak ～に遅刻すること
karşı 対向する、相対する　yaka 岸　herhalde おそらく　de/da ～もまた
bile ～でさえも　yürüyerek 歩いて　açık 開いた、晴れた　esmek 吹くこと
gül 薔薇　lale チューリップ　kokmak 香る、匂うこと　tam ちょうど
şair 詩人　gibi ～のような、～のように　hadi さあ、さて　yürüyüş 散歩、行進
hayırlı işler 誉れある仕事を！

単語　住まい

ev	家（evli 既婚の）	perde	カーテン
konak	邸宅	pencere	窓
saray	宮殿	tavan	天井
köşk	離れ、館、離宮	taban	床
yalı	避暑用別荘	duvar	壁
apartman	アパルトマン	zemin	床、地階、大地
kirâ	家賃	sofra	食卓
emlâkçı	不動産業者	yatak	ベッド
idâre	フラット	halı	絨毯
oda	部屋	raf	棚
anahtar	鍵	dolap	箪笥
salon	居間	buzdolabı	冷蔵庫
misafir odası	客間	çekmece	引き出し、クローゼット
mutfak	台所	sehpa	ネストテーブル
banyo	浴室	klima	エアコン
hamam	公衆浴場	soba	ストーヴ
kurna	蛇口	elektrik	電気
duş	シャワー	doğal gaz	天然ガス（都市ガス）

コラム 4　トルコの地方と気候

宮下　遼

　トルコの国土面積は日本の約２倍の約78万平方キロメートル、人口は8300万人（2020）、人口密度は日本の約四分の一です。広大な国土はヨーロッパとアジアに跨っており、国土の３％ほどを占めるヨーロッパ側のトラキア（ルメリとも）と、残りの97％に当たるアナトリアに大別され、81の県、7つの地方から成ります。

　黒海、エーゲ海、地中海沿岸は地中海性気候から温暖湿潤気候に属し、全般に夏はか

らっとして過ごしやすく冬は寒冷で、イスタンブールのように雨と雪が多く降る地域もあります。対してアナトリア内陸部は大陸性気候や、一部の高地には亜寒帯に属する地域もあり、一般に夏冬と昼夜の寒暖差が激しいことで知られます。

マルマラ地方：同国随一の都市イスタンブールや帝国期の旧都エディルネ、ブルサなどの古都を擁し、もっとも富裕な地域です。
エーゲ海地方：第三の都市であり最大の港湾都市イズミルを擁し、ウシャク織やキュタフヤ陶器などの伝統工芸も盛んな地域です。
地中海地方：地中海有数のビーチリゾートであるアンタルヤや、綿花栽培の盛んな後背地を持つ大都市アダナなどが所在します。
南東アナトリア地方：歴史的にクルド系、アラブ系の国民が多く暮らし、城塞都市ディヤルバクルや世界最古の祭祀遺跡ギョベクリ・テペなどの史跡にも恵まれた地方です。
東アナトリア地方：イラン、イラク、アルメニアと国境を接し、歴史的にコーカサス地方とつながりが深く、トルコ最高峰のアール山（アララト山）を擁します。
黒海地方：黒海沿岸で最大の港湾都市サムスンや、雨の多い温暖湿潤な気候に支えられたチャイの一大生産地であるリゼなどが位置します。
中央アナトリア地方：古くはヒッタイト帝国が栄えたことでも知られ、いまは首都アンカラや、往時のアナトリアの中心都市であった古都コンヤ、そしてカッパドキア地方などが所在します。

トルコの気候

読書案内

ダウトオウル，アフメト『文明の交差点の地政学：トルコ革新外交のグランドプラン』内藤正典（解説），中田考（監訳），書肆心水，2020．

7 存在、所在、所有

本課では「〜が〜にある／ない」を言い表す存在文、「〜が〜にいる／いない」を言い表す所在文、そして「〜が〜を持っている」を言い表す所有文について学ぶ。

21 🔊 (7.1) **存在文**

「〜がある」、「〜がない」という事物や生物の有無を述べる際には、前課で学んだ位置格 -de と、var「ある」、yok「ない」という存在の後置詞を用いる。

A	+ -de/-da/-te/-ta	B	var/yok.
A	に	B が	あります。／ありません。

Kalem var.	ペンがある。
Defter yok.	ノートがない。
Çölde ağaç yok.	荒野には木が生えていない。
Kitapta çok bilgi var.	本にはたくさんの知識がある。

語彙：çöl 荒野、砂漠　ağaç 樹木　bilgi 知識

| 疑　問 |

存在文を疑問文にする際にも、平叙文や現在時制文と同様に疑問の mi を用いる。

Okulda bahçe var mı?　　学校に校庭はありますか？

Evet, okulda bahçe var.	はい、学校に校庭があります。
Hayır, okulda bahçe yok.	いいえ、学校に校庭はありません。
Bu odada klima yok mu?	この部屋にはエアコンはないのですか？
Evet, bu odada klima yok.	はい、この部屋にはエアコンがありません。
Hayır, bu odada klima var.	いいえ、この部屋にはエアコンがあります。

語彙：bahçe 庭　klima エアコン

練習1）　トルコ語にせよ。

1. 家に車はありますか？　いいえ、家に車はありません。でも自転車はありますよ。
2. あの住所はもう存在しない。
3. この世界には多種多様な生き物が存在しています。
4. この店に珈琲はありますか？　はい、珈琲はありますよ。でもインスタントコーヒーはありません。
5. 食卓にパンとチーズ、そしてチャイはあるのですが、オリーヴと新鮮なトマトがないのです。
6. 日本にお茶や珈琲はありますか？　はい、2つともありますよ。
7. この家には大きな窓がないんですか？　はい、大きな窓はありません、小さな窓しかありません。
8. この地区には大きな家がたくさんある。
9. 市役所にはエレベーターはなく、階段しかない。
10. 世界には裕福な人間と貧しい人間が存在し、いずれも幸福ではない。

語彙：araba 車　bisiklet 自転車　adres 住所　artık もう、已　dünya 世界
çeşitli さまざまな　kahve トルコ珈琲
neskafe インスタントコーヒー（filtre kahvesi とも）　sofra 食卓　ekmek パン（エクメッキ）
peynir チーズ　çay チャイ（トルコ式紅茶）　zeytin オリーヴ　taze 新鮮な
domates トマト　ikisi de 2つとも、両方　pencere 窓　sâdece ただ〜のみ、
〜しか　mahalle 地区　çok たくさんの、たくさん　asansör エレベーター

merdiven 階段　zengin 裕福な　yoksul 貧しい　mutlu 幸せな

7.2　所在文

　ヒトやモノが「～にある」、「～にいる」というその所在を示す場合は、所在地を示す言葉に位置格接尾辞を付属させる。所在文では後置詞 var、yok は用いず、位置格接尾辞を述語として用いる。存在文では存在そのものが話題となるのに対して、所在文では既知の存在がいずこに所在しているのかが話題となることが多い。

| 肯　定 |

A　　　　　**B**　　　　＋ **-de/-da/-te/-ta**　　（＋人称接尾辞）.
A は　　　**B**　　　にいる。

22 Öğrenci sınıfta.
学生は教室にいます。

22 Öğretmenler kantinde.
教師たちは食堂にいます。

22 İyi adam cennette, kötü adam cehennemde.
善人は天国におり、悪人は地獄にいる。

22 Doktor hastanede, ölü mezarda.
医者は病院に、死者は墓にいる。

22 O üniversite Japonya'da.
あの大学は日本に所在する。

22 İzmir Anadolu'da, İstanbul Trakya'da.
イズミルはアナトリアに、イスタンブルはトラキアに所在する。

　また、人称代名詞が主語となる文章では位置格のあとに人称接尾辞を付属させる。

Ben okuldayım.　　　　　　　　　　　　　　　　22

私は学校にいます。

Sen üniversitedesin.　　　　　　　　　　　　　22

君は大学にいます。

O hastanede.　　　　　　　　　　　　　　　　22

彼／彼女は病院にいます。

Biz postanedeyiz.　　　　　　　　　　　　　　22

我々は郵便局にいます。

Siz otobüstesiniz.　　　　　　　　　　　　　　22

あなた／あなたたちはバスにいます。

Onlar okuldalar.　　　　　　　　　　　　　　　22

彼ら／彼女らは学校にいます。

Ben on sekiz yaşındayım.

私は 18 歳です。

-Aydın Bey nerede? -Almanya'da.

アイドゥンさんはどこにいますか？　ドイツにいます。

（telefonda）-Neredesin? -Buradayım, odadayım.

（電話にて）あんたどこにいるの？　ここだよ、部屋にいるんだよ。

語彙：sınıf 教室　kantin 食堂　cennet 天国　cehennem 地獄　ölü 死人

mezar 墓地　Anadolu アナトリア　Trakya トラキア　hastâne 病院

〜 yaşında 〜歳である　Almanya ドイツ　telefon 電話

| 否　定 |

「〜は〜にいない」という所在文の否定には、yok ではなく değil を用いる。

A	B + -de/-da/-te/-ta	değil	（＋人称接尾辞）.
A は	B　に		いない。

22 Hasan ofiste değil.
ハサンはオフィスにいない。

22 O öğretmen okulda değil.
あの教師は学校にいない。

22 Ben şimdi odada değilim, üniversitedeyim.
私はいま部屋にいない、大学にいます。

Biz şimdi evde değiliz.
私たちはいま家にいません。

Onlar şimdi istasyonda değiller.
彼らはいま駅にはいません。

Siz henüz 20 yaşında değilsiniz.
あなたはまだ20歳ではありません。

語彙：şimdi いま　henüz まだ

| 疑　問 |

所在文の疑問には疑問の mi を用いる。

A	B + -de/-da/-te/-ta	mi/mü/mı/mu	（＋人称接尾辞）？
A は	B に		いますか？

22 Mahmut bahçede mi?
マフムトは庭にいるのかしら？

22 Anneler cenazede mi?
母さんたちは葬式に出てるのかな？

22 （telefonda）Sen evde misin, okulda mısın, neredesin ya?
（電話にて）あなた家にいるの、学校にいるの、どこにいるのよ？

Siz şimdi ofiste misiniz?
あなたはいまオフィスにいらっしゃいますか？

76

Sen artık 30 yaşında mısın?
君はもう 30 歳なのかい？

語彙：Mamut マフムト（男性名）　cenâze お葬式　ofis オフィス

練習２）　トルコ語にせよ。

1．ハサンはこの部屋にいない、ほらそこの広場にいる。
2．ヤセミン先生は教室にはいません。彼女は図書館にいます。
3．（電話にて）私はトルコにいます。あなたたちはいまどちらに？　私たちも
　　トルコにいますよ！
4．君はいま家にいますか？　いや、家にはいません、通りにいます。
5．あなたは夕方は、この会社にいますか？　いいえ、夕方はこの会社にいま
　　せん、たいていは飲み屋にいます。
6．彼らはいま大学にいない、公園にいる。
7．大統領はいまアンカラにいます。
8．私は 45 歳で、ケマルは 66 歳です。

語彙：meydan 広場　Yasemin ヤセミン（女性名）　hoca 先生
kütüphane 図書館　sokak 通り、表　akşam 夕方、夕方に　şirket 会社
çoğu zaman たいていは　meyhâne 居酒屋　cumhurbaşkanı 大統領

位置を表す表現

sağ	右
sol	左（sağa sola あちこちへ）
ön	前、先
arka	後ろ、背中
yan	横、脇
üst	上、上部
alt	下、下部
yukarı	上方

aşağı	下方（aşağı yukarı「おおよそ」）	
üzeri	表面	
orta	真ん中	
ara	間（arada bir「ときどき、たまに」）	
iç	中	
dış	外	
içeri	内部、内側で、内側へ	
dışarı	外部、外で、外へ	
kenar	隅、端	
köşe	角、コーナー	
kuzey	北	
güney	南	
doğu	東	
batı	西	

7.3　所有文

　トルコ語にはロマンス諸語における avoir や avere、ゲルマン諸語における have や haben、日本語における「持つ」に相当する動詞が存在しない。（「摑む、保持すること」tutmak や「～の所有者となること」-e sahip olmak 等の動詞、表現は存在する）。そのため事物の所有を言い表す際には、「ハサンに１本のペンがある」のように、存在文と同じ形が用いられる。これを所有文と呼ぶ。

23　Hasan'da bir kalem var.
　　　ハサンは１本のペンを持っている。

23　Duygu'da yeni bir çanta var.
　　　ドゥイグは新しい鞄を持っています。

23　O doktorda az para var.
　　　あの医者はたいしてお金を持っていない。

Bu arkadaşta araba var ama şu arkadaşta araba yok.
この友人は車を持っていますが、その友人は車を持っていません。
Ahmet'te iki ev var, ikisi de çok geniş.
アフメトは２軒の家を持っている、両方ともとても広い。

語彙：Duygu ドゥイグ（女性名）　çanta 鞄、バッグ　geniş 広い

人称代名詞・指示代名詞と位置格接尾辞

位置格接尾辞を人称代名詞、および指示代名詞に付すと以下のようになる。

人称代名詞＋位置格		指示代名詞＋位置格	
bende	私に	bunda	これに
sende	君に	onda	あれに
onda	彼に、彼女に	şunda	それに
bizde	私たちに	bunlarda	これらに
sizde	あなたに、あなたたちに	onlarda	あれらに
onlarda	彼らに、彼女らに	şunlarda	それらに

Şimdi bende bozuk para yok.
いま私は小銭を持っていません。
Sende çakmak var mı?　Bende yok.
君、ライターを持ってるかい？　僕は持ってないよ。
Onda yeni bir cep telefonu var.
彼女は新しい携帯電話を持っている。
Cepte ne var?
ポケットに何を持ってるんだ？
Bizde saat yok, cüzdan yok, sadece vücut var.
俺達には時計もなければ財布もない、ただ身体があるだけだ。
-Sizde bilet yok mu?　-Evet, bende bilet yok.
あなたはチケットをお持ちでないんですか？　はい、私はチケットを持っ

ていません。

　語彙：bozuk　壊れた　bozuk para　小銭　çakmak　ライター
cep telefonu　携帯電話　cep　ポケット　saat　時計　cüzdan　財布
vücut　肉体　bilet　チケット

練習3）　トルコ語にせよ。
１．私は運転免許証を持っていますが、身分証は持っていません。
２．私たちはスマートフォンを持っていません。
３．彼女たちに恋人はいますか？
４．彼は大きな一軒の家を持っている。
５．雨が降っている。君は傘を持っているかい？　残念ながら持ってないよ。
　　彼女が持ってるよ。
６．この博物館はたくさんの陶磁器を所蔵している。

語彙：ehliyet　運転免許証　kimlik　身分証　akıllı telefon　スマートフォン
sevgili　恋人　yağmur　雨　yağmak　降ること　maalesef　残念ながら
şemsiye　傘　müze　博物館　çok sayıda　大量の　çini　陶磁器

24　練習4）　和訳せよ。
(Mineaki bir Japon. Alışveriş için bir bakkala geliyor. Bugün Hasan Ağabey
dükkanda.)
Mineaki　: Merhaba, Hasan Ağabey. Nasılsınız?
Hasan　　: Eyvallah Allah'a şükür, çok iyiyim. Sen nasılsın, iyi misin, Mine?
Mineaki　: Evet, iyiyim. Ama biraz yorgunum, tatlı bir şey yemek istiyorum.
　　　　　　 Sizde tatlı var mı?
Hasan　　: Tabii ki! Hangi tatlı yemek istiyorsun?
Mineaki　: Peki sizde çikolata var mı?
Hasan　　: Tabii var, her türlü çikolata var bizde. Bir saniye. Sana en güzel
　　　　　　 çikolata veriyorum.... (Hasan Ağabey çekmecede çikolata arıyor)

	... Buyur delikanlı!
Mineaki	: Teşekkürler ağabey.
Hasan	: Rica ederim. ...Mine, o ne?
Mineaki	: Hangisi?
Hasan	: Kağıtlar cepte. Belge filan mı?
Mineaki	: Haa bu mu? Yok ağabey, bunlar mektup.
Hasan	: Maşallah! Bugünlerde gençler sadece cep telefonu, akıllı telefon filan kullanıyorlar. Düğmeye basıyor, kızlara mesaj yazıyorlar fakat hiç mektup yazmıyor. Mektup artık eski kültür oluyor, tarihe karışıyor!
Mineaki	: Haklısınız, Japonlar da aynı durumdalar. Bu arada yakında postane var mı acaba?
Hasan	: Postane mi? Maalesef yakında yok. Postane biraz uzakta, buralarda yok. Mektup kime yazıyorsun?
Mineaki	: Tokyo'da bir Japon arkadaş oturuyor, ona gönderiyorum.... Peki ağabey, çikolata ne kadar?
Hasan	: Aslında üç lira ama sana iki liraya satıyorum.
Mineaki	: Çok sağ olun, Hasan Ağabey. İyi günler!
Hasan	: İyi günler, görüşmek üzere!

語彙：alışveriş 買い物　için 〜のために　bakkal 雑貨商　dükkan 店舗、お店
eyvallah ありがとう　Allah'a şükür 神様に感謝を　biraz ちょっと、少し
yorgun 疲れた、疲労した　tatlı 甘い、甘味　tabii（ki）もちろん
çikolata チョコレート　her あらゆる　türlü 種類の
bir saniye 一秒、ちょっと待って　çekmece 引き出し
aramak 探す、電話をかけること　buyur はいよ（cf. buyurun どうぞ）
delikanlı 若人　ricâ ederim どういたしまして
hangisi どれ？ どれですか？ 疑　cep ポケット　kâğıt 紙　belge 書類
filan 〜など、〜とか　mektup 手紙　maşallah 素晴らしい　sâdece ただ
cep telefonu 携帯電話　akıllı telefon スマートフォン　düğme ボタン

basmak 踏むこと、押すこと、印刷すること　mesaj メッセージ
hiç + 否定 決して〜ない　artık もはや、すでに　kültür 文化　târih 歴史
karışmak 混ざること、関わること、出くわすこと
târihe karışmak 過去のものとなること、姿を消すこと
haklı 権利がある、正当な、（言い分などが）尤もな　aynı 同じ↔ ayrı 違う
durum 状態　bu arada ところで　yakın 近い、近く　acaba 〜かしら
maalesef 残念ながら　uzak 遠い、遠く　buralarda この辺りで
na kadar いくら？ 疑　aslında 実際は、本当のところ
görüşmek üzere またすぐに会いましょう（挨拶）

単語　学校、文房具

okul	学校	asansör	エレベーター
üniversite	大学	giriş	入口
yüksek lisans	大学院	çıkış	出口
lise	高等学校	kantin	食堂
orta okul	中等学校	bilgisayar	コンピューター
ilk okul	初等学校	ders kitabı	教科書
ders	授業	masa	机
ders çalışmak	学校の勉強をすること	kortuk	座席
sınav	試験	kimlik	身分証明書
ödev	宿題	öğrenci kimliği	学生証
sınıf	教室	kalem	筆、ペン
öğrenci	学生、生徒	kurşun kalem	鉛筆
öğretmen	教師	tükenmez kalem	ボールペン
çalışkan	勤勉な	dolma kalem	万年筆
tembel	怠惰な	kalem kutusu	筆箱
tahta	ホワイトボード、黒板	kâğıt	紙
koridor	廊下	kitap	本
merdiven	階段	defter	ノート

makas	鋏	mürekkep	インク
cetvel	定規	hoka	インク瓶
silgi	消しゴム	mıknatıs	マグネット
pusula	コンパス	ayraç	栞
iletki	分度器	etiket	ラベル

動詞過去形、過去の付属語、起点格接尾辞

8.1　動詞過去形 -di (-di/-dü/-dı/-du/-ti/-tü/-tı/-tu)

　トルコ語の動詞過去形 -di は「〜した」という単純な過去時制の行為を示す。-di/-dü/-dı/-du という4母音活用をし、動詞語根末尾が無声子音 ç, k, p, t, f, h, s, ş の場合は -ti/-tü/-tı/-tu に変化する。なお、過去形は他の動詞活用形とやや異なり、独自の「過去人称接尾辞」を持ち、また疑問文の作り方も違うので注意。

過去形の活用

	動詞語根末尾	肯定	否定	疑問
動詞語根	有声子音	-di/-dü/ -dı/-du	-medi/-madı	-di + 人称　　mi? -dü + 人称　　mü? -dı + 人称　　mı? -du + 人称　　mu?
	無声子音 (ç, k, p, t, f, h, s, ş)	-ti/-tü/ -tı/-tu		-ti + 人称　　mi? -tü + 人称　　mü? -tı + 人称　　mı? -tu + 人称　　mu?
例外動詞	なし			

8.1.1　動詞過去形の活用 -di (-di/-dü/-dı/-du/-ti/-tü/-tı/-tu)

肯　定

動詞語根	＋	-di/-dü/-dı/-du
動詞語根無声子音末尾	＋	-ti/-tü/-tı/-tu
〜		しました

düşünmek	düşündü	考えた
okumak	okudu	読んだ
korkmak	korktu	恐れた
hissetmek	hissetti	感じた
yapmak	yaptı	行った、やった

否　定

　否定の場合は、動詞語根と過去形 -di の間に否定の -me（-me/-ma）を挟む。
なおアクセントは否定の -me の直前の母音に置かれる。

動詞語根　　　　　　**+ -medi/-madı**
　　～　　　　　　　　　～しませんでした

getirmek	getirmedi	持ってこなかった
götürmek	götürmedi	持って行かなかった
ölmek	ölmedi	死ななかった
kalkmak	kalkmadı	立ち上がらなかった
şaşırmak	şaşırmadı	驚かなかった

練習 1)　以下の動詞を肯定と否定の過去形で活用せよ。

almak	取ること、買うこと、奪うこと
dönmek	戻ること、回ること
yazmak	書くこと
ölmek	死ぬこと
çalmak	鳴ること、盗むこと
anlamak	理解すること
anlatmak	説明すること
gitmek	行くこと
uçmak	飛ぶこと
etmek	すること

yapmak	すること、やること、作ること
yemek	食べること
kesmek	切ること
kestirmek	散髪すること

25 (8.1.2) **過去人称接尾辞**

　動詞過去形は独自の人称接尾辞を有する。そのため平叙文や現在形の場合のように動詞活用部に人称接尾辞を付属させるのではないので注意。なお、そのほかの主な動詞活用形である未来形、伝聞・推量形、中立形、義務形などは、現在形と同様に既習の人称接尾辞と用いられる。

人称代名詞		肯定	否定	疑問
ben	動詞語根 +	-dim/-düm/ -dım/-dum	-medim/ -madım	-dim mi?/-düm mü?/ -dım mı?/-dum mu?
sen		-din/-dün/ -dın/-dun	-medin/-madın	-din mi?/-dün mü?/ -dın mı?/-dun mu?
o		-di/-dü/-dı/-du	-medi/-madı	-di mi?/-dü mü?/ -dı mı?/-du mu?
biz		-dik/-dük/ -dık/-duk	-medik/-madık	-dik mi?/-dük mü?/ -dık mı?/-duk mu?
siz		-diniz/-dünüz/ -dınız/-dunuz	-mediniz/ -madınız	-diniz mi?/ -dünüz mü?/ -dınız mı?/ -dunuz mu?
onlar		-di(ler)/-dü(ler)/ -dı(lar)/-du(lar)	-medi(ler)/ -madı(lar)	-di(ler) mi?/ -dü(ler) mü(mi)/ -dı(lar) mı?/ -du(lar) mu(mı)?

肯　定

Ben gördüm.	私は見た。
Sen gördün.	君は見た。

O gördü.	彼／彼女は見た。
Biz gördük.	私たちは見た。
Siz gördünüz.	あなた／あなたたちは見た。
Onlar gördü(ler).	彼ら／彼女らは見た。

否　定

Ben yazmadım.	私は書きませんでした。
Sen yazmadın.	君は書きませんでした。
O yazmadı.	彼／彼女は書きませんでした。
Biz yazmadık.	私たちは書きませんでした。
Siz yazmadınız.	あなた／あなたたちは書きませんでした。
Onlar yazmadı(lar).	彼ら／彼女らは書きませんでした。

疑　問

　動詞過去形の疑問文は人称接尾辞が移動せず、疑問の -mi だけが後に置かれる。現在形の疑問文の作り方と混同しないように注意。

Ben yazdım mı?	私は書きましたか？　　cf. Ben yazıyor muyum？
Sen yazdın mı?	君は書きましたか？
O yazdı mı?	彼／彼女は書きましたか？
Biz yazdık mı?	私たちは書きましたか？
Siz yazdınız mı?	あなた／あなたたちは書きましたか？
Onlar yazdı(lar) mı?	彼ら／彼女らは書きましたか？

練習2）　括弧内の意味になるよう文章を作れ。

aramak　（私は探した）

terlemek　（君は汗をかかなかった）

göstermek　（私たちは見せなかった）

ağrımak　（彼は痛みを感じた）

varmak　（あなたは到着したのですか？）

tutmak　（私は握ったのだろうか？）

dövmek　（私たちは殴ったのですか？）

(8.1.3)　過去時制を示す表現

過去時制を示す表現には以下のようなものがある。

dün	昨日
dünkü	昨日の〜、昨日あった〜
dünkü ders	昨日の授業
〜 önce	〜前に
〜 önceki	〜前の
iki gün önce	一昨日
altı ay önceki deprem	6か月前の地震
bir önceki	一つ前の
geçmiş	過去
geçmişte	過去に
eskiden	昔は
eskiden beri	昔からずっと
geçen	過ぎた〜
geçen hafta	先週
geçen ay	先月
geçen yıl/sene	去年
geçen gün	過日、先日

25 Ahmet iki sene önce Japonca öğrendi.
アフメトは2年前に日本語を学んだ。

25 Ben hata yapmadım, sen yaptın!
私は失敗しなかったわ、あんたがしたんでしょ！

25 Onlar nazar boncuğu aldılar mı?
彼らはナザル・ボンジュウを買ったのかな？

Ben dün gece ne kadar içki içtim?

私は昨晩いったいどれくらい酒を飲んだんだ？

Sen dünkü derse gelmedin mi?

君、昨日の授業に来なかったの？

25

Üç gün önceki toplantıda biz çok tartıştık ama sonuca varmadık.

3日前の会議で私たちはたくさん議論したが、結論へ辿りつかなかった。

25

8

語彙：sene 年 = yıl　Japonca 日本語　hatâ 失敗

hatâ yapmak 失敗すること

nazar boncuğu ナザル・ボンジュウ（邪視除けの護符）　içki 酒

toplantı 会議　tartışmak 議論すること　sonuç 結論

sonuca varmak 結論に達すること

練習3）　トルコ語にせよ。

1．先週、私たちはサッカーをした。

2．昨日、私は馬に乗った、そして落ちた。

3．君は本当に大学で学んだの？

4．アブデュッラーフは3日前の事故で死にませんでしたが、あとで病気になりました。

語彙：at 馬（t無変化）　düşmek 落ちること　gerçekten 本当に

Abdüllah アブデュッラーフ（男性名）　kazâ 交通事故　ölmek 死ぬこと

hasta olmak 病気になること　sonra のちに

89

8.2 過去付属語 -(y)di (-di/-dü/-dı/-du/-ti/-tü/ -tı/-tu/-ydi/-ydü/-ydı/-ydu)

　ここで学ぶ -(y)di は、動詞語根以外に付属して、平叙文や存在文、所在文、所有文を過去時制にする付属語である。-(y)di は 4 母音活用をし、人称活用形も動詞過去形 -di と共通する一方、前の単語が母音末尾の場合は y を介在させる点と、疑問文において疑問の mi の後に -(y)di が付属させる点が異なる。意味としては単純な過去の出来事を言い表す。

過去付属語の活用

	単語末尾	肯定	否定	疑問
①	有声子音	-di/-dü/-dı/-du	değildi yoktu -de değildi など	miydi? müydü? mıydı? muydu?
②	母音	-ydi/-ydü/-ydı/-ydu		
③	無声子音	-ti/-tü/-tı/-tu		

26 ①末尾が有声子音の場合は -di/-dü/-dı/-du を付属させる。

okul	okuldu	学校だった
yaz	yazdı	夏だった
göz	gözdü	目玉だった
bilgisayar	bilgisayardı	パソコンだった
göl	göldü	湖だった

26 ②末尾が母音の場合は -ydi/-ydü/-ydı/-ydu を付属させる。

sandalye	sandalyeydi	椅子だった
samimi	samimiydi	親密だった
banliyö	banliyöydü	バンリューだった
köylü	köylüydü	村人だった
amca	amcaydı	おじだった
yabancı	yabancıydı	外国人だった
pano	panoydu	パネルだった

ordu	orduydu	軍隊だった

③末尾が無声子音 ç, k, p, t, f, h, s, ş の場合は -ti/-tü/-tı/-tu を付属させる。　**26**

saç	saçtı	髪の毛だった
ırmak	ırmaktı	河だった
kap	kaptı	カップだった
ceset	cesetti	死体だった
tasarruf	tasarruftu	貯金だった
Allah	Allah'tı	神だった
ses	sesti	音だった
taş	taştı	石だった

Ahmet İstanbullu'ydu, polisti, çok yakışıklıydı.　**26**
アフメトはイスタンブル人だった、警察官だった、とてもハンサムだった。

Dün ben sarhoş değildim.　**26**
昨日、私は酔払わなかった。

Sen o kadar yaşlı mıydın?　**26**
君はそんなに年寄りだったのかい？

Onlar Türk müydü yoksa Uygur muydu?　**26**
彼らはトルコ人だったのだろうか、それともウイグル人だったのだろうか？

O bina cami miydi?　Eskiden burada Osmanlı konak vardı.
あの建物はモスクだったろうか？　昔、ここにはオスマン帝国のお屋敷が
あったのだが。

Beş yıl önce bu kasabada metro yoktu.
5年前、この街には地下鉄がなかった。

Sizde bisiklet var mıydı?
あなたは自転車を持っていましたか？

Gülüm dün istasyondaydı.
ギュリュムは昨日、駅にいました。

26 Geçen yıl ben yabancı ülkedeydim.

私は去年、外国にいました。

O zaman biz sahildeydik.

そのとき私たちはビーチにいました。

26 Altı gün önce siz evde miydiniz?

6日前、あなたはご自分の家にいましたか？

　また、以下のように動詞現在形活用の後に -(y)di を付せば「～していた、しているところだった」という過去進行時制を言い表すことができる。

26 İki sene önce ben araba sürüyordum.

2年前、私は車を運転しているところでした。

26 O zaman siz İstanbul'da gezmiyordunuz.

そのときあなた方はイスタンブルで観光をしているところではなかった。

　　語彙：İstanbullu イスタンブル人　yakışıklı 男前な　sarhoş 酔った
　　o kadar そんなに　Uygur ウイグル人
　　Osmanlı オスマン帝国の、オスマン人　konak 邸宅　kasaba 街
　　metro 地下鉄　Gülüm ギュリュム（女性名）　yabancı 外国人、外国の
　　ülke 国　sâhil 浜、ビーチ　sürmek 進めること、（車を）運転すること
　　zaman 時間

練習4）　トルコ語にせよ。

1．10年前、彼女は本当に可愛らしい子供だった。

2．あなたはエンジニアだったのですか？

3．彼らはトルコ系ドイツ人でしたか？

4．昔トルコにはイェニ・チェリという名の軍人たちが存在した。

5．昨日、君は部屋にいなかったね、どこにいたの？

6．去年、私たちは大学に在籍していなかった。

7．彼らは英語を話しているところだった。

語彙：gerçekten 本当に　Almancı トルコ系ドイツ人　yeniçeri イェニ・チェリ
adlı ～という名の　asker 兵隊　yürümek 歩くこと

8.3　起点格接尾辞 -den (-den/-dan/-ten/-tan)

　起点格接尾辞は「～から（来る、出来ている）」などの「起点」や「材質」、
「理由」を表すと共に、「～のうちの（一部）」という「部分」の意味も表す。2
母音変化型活用をし、前の語彙の末尾が無声子音 ç, k, p, t, f, h, s, ş である場
合は -ten/-tan の形を取る。

起点格接尾辞の活用

	前の単語の語末	接尾辞
①	有声子音 母音	-den/-dan
②	無声子音	-ten/-tan

①前の語の末尾が有声子音の場合は -den/-dan が付属する。　　　　　　**27**

okul	okuldan	学校から
köy	köyden	村から
sağ	sağdan	右から
sol	soldan	左から
demir	demirden	鉄から（鉄製の）

②末尾が無声子音 ç, k, p, t, f, h, s, ş の場合には -ten/-tan が付属する。　**27**

baş	baştan	頭から、はじめから 副
gök	gökten	天から
ses	sesten	声から
saç	saçtan	髪から
Allah	Allah'tan	神から、神様のおかげで 慣

93

27 ③非母音調和単語

位置格の場合と同様である。

alkol	alkolden	酒精から
hayâl	hayâlden	想像から
menfaat	menfaatten	利益から

27

人称接尾辞・指示代名詞＋起点格

人称代名詞＋起点格		指示代名詞＋起点格		場所指示代名詞＋起点格	
benden	私から	bundan	これから	buradan	ここから
senden	君から	ondan	あれから	oradan	あそこから
ondan	彼から	şundan	それから	şuradan	そこから
bizden	私たちから	bunlardan	これらから	buralardan	このあたりから
sizden	あなたから	onlardan	あれらから	oralardan	あのあたりから
onlardan	彼らから	şunlardan	それらから	şuralardan	そのあたりから

27 O yaz ben Tokyo'dan Osaka'ya iki hafta yürüdüm.
その夏、私は東京から大阪へ2週間かけて歩きました。

27 -Sen nereden geldin？ -Ben Kahramanmaraş'tan geldim.
君はどこから来たんだい？ 僕はカフラマンマラシュから来ました。

27 Biz yürekten ona teşekkür ettik.
私たちは心から彼に感謝した。

27 Su nereden şehre geliyor?
水はどこから街へ来ているのだろうか？

Maçtan önce çok çalıştık, maçtan sonra partide çok içtik.
私たちは試合の前にうんと頑張り、試合の後にはパーティーで大いに飲んだ。

Bu cümle beş kelimeden oluşuyor.
この文章は5つの言葉から成っている。

Eskiden eşyalar hep toprak ve bakırdan yapıldı.
昔は身の回りの品々はみな土と銅から作られた。

O sorun önemli konulardan biriydi.
その問題は重要なテーマの1つでした。

Depremden dolayı köyler harap oldu, köylüler kaderden ağladılar.
地震で村が荒廃し、村人たちは運命を嘆いた。

また、起点格と形容詞 daha「さらに〜」を併用すれば、以下のような「A は B よりもさらに〜です」という比較の意味を持つ文章が作られる。

Ben ondan daha titizim, o benden daha neşeli.　**27**
私は彼よりも几帳面で、彼は私よりも陽気だ。

Köpek kediden daha akıllı ve sevimli, kedi köpekten daha tembel ve **27**
çirkin.
犬は猫よりも賢く愛らしい、猫は犬よりも怠惰で醜い。

Hayır, sen tamâmen yanlışsın. Kediler itlerden daha zarif ve güzel.　**27**
違う、お前は完全に間違っている。猫たちは犬ころよりも優雅で美しいのだ。

語彙：yaz 夏　nereden どこから？疑　yürek 心、心臓　maç 試合
-den önce 〜の前に　-den sonra 〜の後に　cümle 文章　kelime 単語
-den oluşmak 〜から成ること　eşya 身の回りの品々　hep すべて、みな 副
toprak 大地、土　bakır 銅　yapılmak 作られること、行われること
sorun 問題　önemli 重要な　konu テーマ、論題　-den biri 〜の1つ
deprem 地震　-den dolayı 〜に理由によって　harap 荒廃　köy 村
köylü 村人　kader 運命　-den ağlamak 〜を嘆くこと　titiz 几帳面な
neşeli 陽気な　tembel 怠惰な　çirkin 醜い　tamâmen 完全に　it 犬ころ
zarif 優雅な

練習5）　トルコ語にせよ。

1. 彼からお前に新しい手紙が来ていたぞ。
2. この山はあの山よりも高い。
3. 君は彼よりも男前ではないが僕よりは男前だ。

４．結果は過程よりも重要だろうか、それとも過程が結果よりも重要だろうか？

５．国会議員たちは先週、会議で経済的な問題について言及した。

６．あの旅行者たちはどこからどこへ向かっているのだろう？

７．オルハンは「僕は幽霊をまったく恐れていない」と言った。

８．君はこの失敗を恥ずかしいと思わないのか？

９．私は人生に飽き飽きしたが、死にたくはなかった。

10．私たちは食事に満足した。

11．学生たちは授業の後に居酒屋でお酒を飲んだ。

12．私以外の全員がそのパーティーにいた。

13．首都でたくさんの建物が燃えた。

語彙：yüksek 高い　süreç 過程　milletvekili 国会議員　iktisâdî 経済的な
-den söz etmek 〜に言及すること　turist 旅行者　hayâlet 幽霊
-den korkmak 〜を恐れること　-den utanmak 〜を恥じること
hayat 人生、生活、命　-den bıkmak 〜に飽くこと
-den memnun olmak 〜に満足すること　içki お酒　-den başka 〜の他の
herkes みな、全員　yangın 火事　başkent 首都　yanmak 燃える

単語　接続詞・接続の表現

ve	そして、〜と	muhtemelen	おそらく
yani	つまり、いわゆる	önce	前に、先に、前もって
sözün kısası	言うなれば	sonra	後で、後ほど
doğrusu	正しく言えば、すなわち	öte yandan	他方では
demek ki	つまるところ、すなわち	çünkü	なぜならば
meselâ	たとえば	zirâ	なぜならば（やや古）
ama	しかし	bu yüzden	だから、このため
fakat	しかし、だが	bu nedenle	だから、このため
ancak	しかし、ただ	bundan dolayı	これがゆえに
oysa	しかしながら	ondan dolayı	それがゆえに
galiba	多分	bunun için	このため、よって
herhalde	おそらく	onun için	そのため、よって

9 講読 1
家に忘れてきたのさ

次の短編を読んで和訳せよ。

Evde Unuttum

Mineaki bir Japon öğrenci. Şimdi Türkiye'de, İstanbul'da Türkçe öğreniyor. İki ay önce bu şehre geldi. Beşiktaş'ta dar ama rahat, sessiz bir daire kiraladı. Tabii ki Türkçe henüz o kadar iyi değil ama gittikçe hayata ve dile alışıyor. Mineaki dün tramvaya bindi. Trende yanda yaşlı bir adam oturdu. O Mineaki'ye sordu.

"Saat kaç?"

Mineaki hemen saate baktı ancak saat yoktu. Mineaki adama cevap verdi:

"Maalesef saat yok. Evde unuttum."

Nedense yaşlı adam şaşırdı ve ona dikkatlice baktı.

"Nerelisin, delikanlı? Kazak mısın, yoksa Çinli misin?"

"Hayır beyefendi, ben Japonum, iki ay önce buraya geldim."

Adam gülümsedi.

"İki ayda iyi Türkçe öğrendin, maşallah. Ben daha uzun zamanda Türkçe öğrendim de!"

Bu sefer Mineaki şaşırdı ve adama sordu.

"Siz Türke benziyorsunuz yoksa Türk değil misiniz? Nerelisiniz?"

"Ben Kırım Tatarıyım. Bahçesaray'da doğdum. Güzel ve eski bir başkent. Rus şair Puşkin de bir şiir sundu o kasabaya. Kırım Tatarları biliyor musun?"

Mineaki "Hayır" dedi. Adam tekrar gülümsedi ve devam etti.

Kırım'a on üçüncü yüzyılda Moğollar geldi ve yerleştiler. On beşinci yüzyıla kadar bu Moğollar Türkleştiler ve bu çağda Kırım Hanlığı kurdular. Kırım Hanlığı, on altıncı yüzyılda çok güçlü bir ülke oldu. Sık sık Rusya ve Polonya'ya sefer düzenlediler ve çok sayıda esir aldılar. Bu sayede Türkiye'ye çok sayıda köle sattılar. Köleler İstanbul'da Harem'e girdiler. Osmanlı İmparatorluğu da Kırımlılara önem verdi ve onlara ayrıcalık gösterdi. Bazen Kırımlı prensesler saraya girdi. Böylece Âl-i Osman ve Âl-i Cengiz akraba oldu. Kırım Hanlığı bin yedi yüz seksen üçte çöktü ama Kırım Tatarları Kırım'da kaldılar. Bin dokuz yüz kırk dörtte Joseph Stalin "Almanya'ya yardım ediyorlar" diye Kırımlılardan kuşkulandı ve Orta Asya'ya sürgün etti. En az iki yüz bin Kırımlı, Özbekistan ve başka bölgelere zorla gönderildi. Yolda on bin kişi, bir senede aşağı yukarı elli bin kişi öldü. Bu yaşlı adam —— yani Kaplan Bey küçük bir çocuktu, Gulag'da büyüdü. Anne baba açlıktan vefat etti. Bin dokuz yüz altmış yedide sürgün bitti. Bazı Kırımlılar Kırım'a döndü, bazı Kırımlılar Türkiye'ye geldi. Tabii ki Türkiye kabul etti. Kaplan Bey de bu dönemde Türkiye'ye iltica etti, elli sene Kapalı Çarşı'da çaycı olarak çalıştı. Arada bir lisede Rusça öğretti. Yirmi sekiz yaşında evlendi, çocuklu torunlu rahatça yaşıyor.

"Özbekistan'da çok neşeli, samimi komşular vardı."

Kaplan Bey neşeyle söyledi.

"Ruslar mı?"

"Hâşa! Japonlar!"

Japonlar savaşta esir düştüler, Ruslar buraya gönderdiler. Gulag'da çeşitli milletler yaşıyordu. Kırımlılar ve Japonlar da yan yana yaşadılar. Vatandan çok uzak bozkırda beraber çalıştılar. Beraber ağaç kestiler, taşıdılar, bir yere topladılar. Böylece demiryolu yaptılar. Gulag'da ağır işler ve soğuk rüzgardan başka hiç bir şey yoktu. Kırımlılarda dülger takımları yoktu, Japonlar tahtadan yaptılar. Japonlarda kazak yoktu, Kırımlılar yünden yaptılar. Kırımlılar ve Japonlar her şey paylaştılar, birbirlerine yardım ettiler. Derken İkinci Dünya Savaşı bitti, Japonlar memlekete döndüler. Savaştan sonra sekiz, on sene sonra Japonya'dan bir paket geldi. Pakette lüks ve pahalı saatler vardı. Kırımlılar saatlere baktılar ve bir an sustu, sonra hep beraber kahkaha attılar.

"Gerçekten iyi para oldu, eski komşulara candan teşekkür ettik."

"Kaplan Bey, Japonlar neden saat gönderdiler? Siz neden kahkaha attınız?"
Kaplan Bey cevap vermedi ve söyledi.
"Sen Sultanahmet'e gidiyorsun değil mi?"

Mineaki pencereden sokağa baktı. Tramvay eski Bâb-ı Alî'den geçiyordu.
Sultanahmet'e az kalıyor. Mineaki isteksizce koltuktan kalktı.
"Kaplan Bey, daha sohbet etmek istiyorum ama..."
"Hayır, önemli değil. Çok güzel sohbet oldu. Sağ olun, memnun oldum."
"Ben de memnun oldum, sağ olun."

Kaplan Bey ve Mineaki samimice kucaklaştılar, yanaktan öpüştüler.
"Neden kahkaha attınız diye sordun ya. Çünkü bizde bir şaka vardı."

Kaplan Bey, Mineaki'ye arkadan seslendi.
"Orada hiç bir şey yoktu. Hiç bir şey! Çünkü hepsi memlekette bıraktık. Evet
bıraktık ancak unutmadık. Bütün eşyalar, mallar, evler, anılar... Tabii ki saat
ve mutlu zamanlar da bıraktık fakat unutmadık. O yüzden de biz her zaman
'Şimdi saat kaç?' sorduk ve bir şaka olarak şöyle cevap verdik; 'Maalesef
bende saat yok. Evde unuttum' diye. Hadi iyi günler." (Ryo Miyashita)

語彙：Beşiktaş イスタンブル新市街の地名　dâire フラット　kirâ 家賃
kirâlamak 賃借りすること　henüz まだ　-e alışmak 〜に慣れること
tramvay 路面電車　sormak 〜へ〜について尋ねること　unutmak 忘れること
maalesef 残念ながら　cevap vermek 答えること＝yanıtmak
nedense どういうわけか、なぜか　şaşırmak 驚くこと
dikkatlice 注意深く、用心して　nereli 何人？ 疑 delikanlı 若人
Kazak カザフ人　Çinli 中国人　gülümesemek 微笑むこと　bu sefer 今度は
-e benzemek 〜に似ていること、〜のように見えること　Kırım クリミア
Tatar タタール人　Kırım Tatarı クリミア・タタール人（複数 Kırım Tatarları）*
şiir 詩　sunmak 捧げること　tekrar ふたたび　devam etmek 続けること
Moğol モンゴル人　yüzyıl 世紀（＝asır）
yerleşmek 定着すること、落ち着くこと、定住すること　-e kadar 〜まで
Türkleşmek トルコ化すること（トルコ語を話すようになること）　çağ 時代

Kırım Hanlığı クリミア・ハーン国　kurmak 築くこと、組み立てること
güçlü 力のある、強勢な　sık sık 頻繁に　Polonya ポーランド　sefer 遠征、回
esir 捕虜　düzenlemek 整えること　çok sayıda 大量の、多数の　esir 捕虜
köle 奴隷　Harem（オスマン帝国の）禁域、後宮
Osmanlı İmparatorluğu オスマン帝国　-e önem vermek 〜を重視すること
ayrıcalık 贔屓、特別な扱い　ayrıcalık göstermek 厚遇すること　bâzen 時折
hânedân 王族　prenses 王女　saray 宮殿、宮廷　böylece こうして、このように
Âl-i Osman オスマン王家　Âl-i Cengiz チンギス裔（ここではクリミア・ハー
ン位にあったギライ王家）　akraba 親戚、縁戚　çökmek 滅亡すること
diye 〜といって　-den kuşkulanmak 疑うこと　Orta Asya 中央アジア
sürgün 流刑、ディアスポラ　en az 最低でも　Özbekistan ウズベキスタン
bölge 地域　zorla 強制的に　gönderilmek 送られること　bazılar 何人かの人
yol 道、道路、方法　yolda 道で、途中で　aşağı yukarı おおよそ　yani つま
り、すなわち　Gulag グラーグ、強制収容所　büyümek 育つこと、成長すること
açlık 空腹　vefat etmek 亡くなること　bazı 〜 ... bazı 〜 ... 幾人か〜は…、ま
た幾人かの〜は…　kabûl etmek 受け入れること　dönem 時期
iltica etmek 避難すること　Kapalı Çarşı イスタンブルのグランド・バザール
olarak 〜として　arada bir ときどき　lise 高等学校　Rusça ロシア語
çocuk 子供　çocuklu 子供のいる　torun 孫　torunlu 孫のいる　rahatça 快適
に　yaşamak 生きること、暮らすこと　neşeli 楽し気な、陽気な　samimi 親し
い、親しげな　komşu 隣人　neşeyle 楽しそうに　işte ほら、そら　savaş 戦
争　düşmek 落ちること　göndermek 送ること　çeşitli さまざまな　millet 国
民、民族　yan yana 隣り合わせで　vatan 祖国　uzak 遠い　bozkır 草原、荒
れ野　beraber 一緒に　çalışmak 働くこと、努力すること、勉強すること
taşımak 運ぶこと　toplamak 集めること　demiryolu 鉄道　ağır 重い
iş 仕事、労働　rüzgar 風　-den başka 以外の〜　hiç bir şey 何一つとして
dülger takımları 大工道具　tahta 木材、板　kazak ニット　yün 羊毛
her şey すべて　paylaşmak 共有すること　birbirlerine お互いに
derken そうこうするうちに　İkinci Dünya Savaşı 第二次世界大戦
memleket 故郷（＋母音無変化）　paket 荷物　lüks 豪華な　bir an 一瞬

susmak 黙ること　sonra 後で　hep beraber 一斉に、皆一緒に
kahkaha atmak 大笑いすること　neden なぜ、どうして？ 疑　dışarı 表、外
sokak 通り　bakış 眼差し　Bâb-ı Alî 大宰相府　isteksizce 渋々と
sohbet etmek お喋りすること　kucak 懐、膝の上　kucaklaşmak 抱擁を交わ
すこと　-den öpüşmek 〜に接吻すること　ya（文末で）〜だね　seslenmek 声
を上げること、声をかけること　çünkü なぜなら　hepsi すべて　bırakmak 置
いてくること、放っておくこと　eşyâ 身の周りの品々、調度　mal 富　anı 思い出
o yüzden そのため、だから　şaka 冗談　olarak 〜として

＊第13課の複合名詞を見よ。

(9.1)　不定、全体の表現

　　トルコ語には不定代名詞や全体代名詞は存在しない。数詞 bir が「ある〜、と
ある〜」という不定の意味を帯びるため、これと şey「もの、こと」、yer「場
所、地位」、gün「日」などの名詞と組み合わせて不定的表現を作る。まずは以
下の表現を使えるようになろう。

bir şey	何か、あるもの
bir yer	どこか、ある場所
bir gün	ある日
bir zamanlar	あるとき（過去）、一時期は
kimse	誰か、誰も〜ない
hep	みな、すべて、いつも、ずっと、全体で 副
hepimiz	私たち全員
hepsi	すべて（のもの）、そのすべて 名
her şey	すべてのもの、あらゆるもの
bütün	全体の、すべての 形
herkes	皆、全員（人に対してのみ）

hiç　　　　　　　　まったく～ない（＋否定）
hiçbir zaman　　　いかなるときも～ない（＋否定）
hiçbir şey　　　　 何も～ない（＋否定）

Burada bir şey var!
ここに何かあるぞ！
Ben güzel bir şey istiyorum.
私は美しいものが欲しいのです。
-Odada kimse var mı?　-Hayır, odada hiç kimse yok.
部屋に誰かいるのか？　いいえ、部屋にはまったく誰もいないわ。
Hepsi bende.
全部、私が持ってるよ。
Hep beraber çalıştık.
私たちはみんな一緒に働いた。
Herkes hep beraber konuştu, çok gürültülüydü.
皆が一斉に話してひどくうるさかった。
Hasan hiç nazik değil.
ハサンはまったく親切ではない。
Biz hiç kitap okumadık.
私たちはまったく本を読まなかった。
Burada hiç bir şey yok.
ここにはまったく何もない。
Ben hiç bir şey yapmadım!
私はまったく何もしなかった！

語彙：hep berâber みんな一緒に　gürültülü うるさい

9.2　強調の後置詞 de/da

　de/da は 2 母音活用をし、「〜も」、「〜もまた」のように前の言葉を強調するほか、文末に置かれて感嘆や後悔の意を表したり、2 つの文章の間に置かれて「〜だけれども」という逆接の意味を持つ接続詞としても用いられる。

29　Ben de memnun oldum.
　（お会いできて）私も光栄です。

29　Ahmet odada, Mehmet de.
　アフメトは部屋にいる、メフメトもだ。

29　Sen sadece okulda değil, evde de iyi çalışıyorsun.
　君は学校でのみならず、自宅でもよく勉強していますね。

　Ben anlattım da anne anlamadı.
　私は説明したのだけれども、お母さんは理解しなかった。

　Hemen gittim de konser çoktan bitti.
　すぐに向かったのだけれど、コンサートはとうの昔に終わっていた。

29　Ben çok gayret ettim de başarılı olmadım.
　私だって努力したんですが、成功しませんでした。

　語彙：memnun 満足、幸福　anlatmak 説明すること
anlamak 理解すること　hemen すぐさま、すぐに　çoktan とっくの昔に
gayret etmek 努力すること　başarılı olmak 成功すること

9.3　副詞を作る接尾辞 -ce/-ca/-çe/-ça

　名詞や形容詞に付属して主に副詞にする接尾辞として -ce がある。2 母音活用をし、前の単語の末尾が無声子音の場合は -çe に変化する。

böyle	このような	böylece	このように、かくして
öyle	あのような	öylece	あのように
şöyle	そのような	şöylece	そのように
samimi	親身な	samimice	親身になって
güzel	美しい	güzelce	美しく、見事に
nazik	親切な	nazikçe	親切に
iyi	良い	iyice	良く、十分に、存分に
on	10	onca	たっぷりと
dünya	世界	dünyaca	世界的に
arkadaş	友人	arkadaşça	友人のように、親しげに
ben	私	bence	私としては
sen	君	sence	君としては
biz	我々	bizce	我々としては
siz	あなた／あなたたち	sizce	あなたとしては／あなたたちとしては

　また、時間を表す語彙の複数形に付属し「継続」、数字の複数形に付属して「大量」の意味を表す。

gün	日	günlerce	何日も
saat	時	saatlerce	何時間も
yüz	100	yüzlerce	何百もの
bin	1000	binlerce	何千もの
yüzyıl	世紀	yüzyıllarca	何世紀もの間
defa	回数	defalarca	何回も

Ben yıllarca çalıştım, bugün de saatlece çalışıyorum.
私はもう何年も働いた、今日もまた何時間も働いている。
Yüz binlerce halk meydandaydı.
何十万人もの民衆が広場にいた。

30 Ona defalarca öğüt verdim.
私は彼に何度も助言した。

語彙：halk 民衆、人民　meydan 広場　öğüt 助言

(9.4) 直接話法文と後置詞 diye

トルコ語では直接話法文は「" "」で表され動詞 demek「言うこと」で受ける。

Ben arkadaşa "Bugün biraz soğuk" dedim.
私は友人に「今日は少し寒いね」と言った。

一方、後置詞 diye を用いると「" "」を用いずとも、時制の異なる間接話法文の中に直接話法文をそのまま落とし込むことができる。ただし、diye 節を受ける際には demek は用いられず söylemek「述べること」が用いられる。

Ben arkadaşa bugün biraz soğuk diye söyledim.
私は友人に、今日は少し寒いねと言った。

さらに後置詞 diye は「～と考えて」、「～と」という意味の副詞節を自由に作ることができる。この際にも、diye の節内は主文の時制に左右されない。

31 DVD sahteydi diye Ahmet çok kızıyor.
DVD が偽物だったとアフメトはとても怒っている。

31 Ayşe seviniyor diye hediyeler aldım.
アイシェが喜ぶと思ってプレゼントを買った。

Derya her zaman sen tembelsin diye söyleniyor.
デルヤーはいつも、あんたって怠け者ねとぶつくさ言っている。

106

Tezgahtar bana bu ceket size çok uyuyor diye tavsiye etti.

店員は私にこの上着はあなたにぴったりですよと奨めた。

語彙：sahte 偽物　sevinmek 喜ぶこと　Deryâ デルヤー（女性名）
her zaman いつも　tembel 怠惰な　söylenmek 不平をこぼすこと
tezgâhtar レジ係、店員　ceket ジャケット
A B'e uymak A が B に似合うこと、見合うこと　tavsîye 推奨

9

単語　副詞

以下のように接尾辞 -ce を用いて作られるものが多い。

sâdece	ただ〜のみ	defalarca	何度も
yalnız	一人で、単独で	hoşça	喜んで
sakın	絶対に	gizlice	隠れて、こっそりと
mutlaka	絶対に	samimice	親しげに、親身に
tam	ちょうど	adamca	男らしく、大人らしく
böyle	このように、このような	dünyaca	世界的に
öyle	あのように、あのような	saatlerce	何時間も
şöyle	そのように、そのような	günlerce	何日も
böylece	このように、かくして	yüzlerce	何百もの
öylece	あのように	binlerce	何千もの
şöylece	そのように	özellikle	とくに
iyice	十分に	bilhassa	とくに
yeterince	豊富に、十分に	üstelik	さらに、そのうえ
açıkça	正直に言えば	ayrıca	さらに
gittikçe	徐々に	kesinlikle	明白に、確かに

10 動詞未来形

10.1 動詞未来形 -(y)ecek (-ecek/-acak/-yecek/-yacak)

トルコ語の動詞未来形 -(y)ecek は「～する予定だ」、「～するつもりだ」、「～するだろう」という蓋然性の高い未来の行為を言い表す。-ecek/-acak という 2 母音活用をし、動詞語根末尾が母音の場合は y を介在して -yecek/-yacak の形をとる。

10.1.1 未来形の活用

	動詞語根末尾	肯定	否定	疑問
動詞語根	有声子音	-ecek/-acak	-meyecek/-mayacak	-ecek mi + 人称？ /-acak mı + 人称？
	母音	-yecek/-yacak	-meyecek/-mayacak	-yecek mi + 人称？ /-yacak mı + 人称？
例外動詞	gitmek → gidecek yemek → yiyecek		etmek → edecek demek → diyecek	

肯定

動詞語根	+	-(y)ecek/-(y)acak	+	人称接尾辞
～		する予定です		

yazmak	yazacak	書く予定です
kazanmak	kazanacak	勝つ予定です
okumak	okuyacak	読む予定です

dilemek	dileyecek	願う予定です
yapmak	yapacak	する予定です
yakmak	yakacak	燃やす予定です
takmak	takacak	身に着ける予定です
gitmek	gidecek	行く予定です
etmek	edecek	する予定です
yemek	yiyecek	食べる予定です
demek	diyecek	言う予定です

10

否 定

32

動詞語根と未来形の間に否定の -me/-ma を挟んだ -meyecek/-mayacak の形を取る。

動詞語根 + **-meyecek/-mayacak**
〜 **する予定はありません**

görmek	görmeyecek	見ない予定です、会わない予定です
yenmek	yenmeyecek	負けない予定です
aşmak	aşmayacak	越えない予定です
doğmak	doğmayacak	生まれない予定です

疑 問

32

疑問の mi を動詞活用形の後に置く。

動詞語根 + **-(y)ecek/-(y)acak** **mi/mı?**
〜 **する予定** **ですか？**

vermek	verecek mi?	与える予定ですか？
seçmek	seçecek mi?	選ぶ予定ですか？
bıkmak	bıkacak mı?	飽きる予定ですか？

varmak	varacak mı?	到着する予定ですか？

練習1） 以下の動詞を肯定、否定、疑問の形の未来形にそれぞれ活用せよ。

kazmak	掘ること
saklamak	預けること、隠すこと
çalmak	鳴ること、盗むこと
denemek	試すこと
sevmek	愛すること
sevinmek	喜ぶこと
beğenmek	好むこと
emretmek	命じること

(10.1.2) 未来形 + 人称接尾辞

人称代名詞が主語となる場合には、未来形に人称接尾辞を付属させればよい。その際、1人称 ben と biz が主語になるとき -ecek 末尾の無声子音 k が ğ に有声化する点に注意。

未来形 + 人称接尾辞

人称代名詞		肯定	否定	疑問
ben	動詞語根 +	-(y)eceğim -(y)acağım	-meyeceğim -mayacağım	-(y)ecek miyim? -(y)acak mıyım?
sen		-(y)eceksin -(y)acaksın	-meyeceksin -mayacaksın	-(y)ecek misin? -(y)acak mısın?
o		-(y)ecek -(y)acak	-meyecek -mayacak	-(y)ecek mi? -(y)acak mı?
biz		-(y)eceğiz -(y)acağız	-meyeceğiz -mayacağız	-(y)ecek miyiz? -(y)acak mıyız?
siz		-(y)eceksiniz -(y)acaksınız	-meyeceksiniz -mayacaksınız	-(y)ecek misiniz? -(y)acak mısınız?
onlar		-(y)ecek(ler) -(y)acak(lar)	-meyecek(ler) -mayacak(lar)	-(y)ecek(ler) mi? -(y)acak(lar) mı?

肯 定	oynamak 遊ぶこと	32
Ben oynayacağım.	私は遊ぶ予定です。	
Sen oynayacaksın.	君は遊ぶ予定です。	
O oynayacak.	彼／彼女は遊ぶ予定です。	
Biz oynayacağız.	私たちは遊ぶ予定です。	
Siz oynayacaksınız.	あなた／あなたたちは遊ぶ予定です。	
Onlar oynayacak(lar).	彼ら／彼女らは遊ぶ予定です。	

10

否 定	atmak 捨てること、投げること	32
Ben atmayacağım.	私は捨てない予定です。	
Sen atmayacaksın.	君は捨てない予定です。	
O atmayacak.	彼／彼女は捨てない予定です。	
Biz atmayacağız.	私は捨てない予定です。	
Siz atmayacaksınız.	あなた／あなたたちは捨てない予定です。	
Onlar atmayacak(lar).	彼ら／彼女らは捨てない予定です。	

疑 問	bakmak 見ること、眺めること	32
Ben bakacak mıyım?	私は見る予定ですか？	
Sen bakacak mısın?	君は見る予定ですか？	
O bakacak mı?	彼／彼女は見る予定ですか？	
Biz bakacak mıyız?	私たちは見る予定ですか？	
Siz bakacak mısınız?	あなた／あなたたちは見る予定ですか？	
Onlar bakacak(lar) mı?	彼ら／彼女らは見る予定ですか？	

練習2）　括弧内の意味になるよう文章を作れ。

almak （私は買う予定です）

bulmak （君は見つけるでしょう）

anlamak （彼は理解しないでしょう）

anlatmak （彼女は説明する予定ですか？）

satmak （私たちは売るでしょう）

takmak　（あなたは身につけないでしょう）

teklif etmek　（彼らは提案する予定なのですか？）

aramak　（君は探すつもりなの？）

kapatmak　（あなたたちは閉めないでしょう）

açmak　（私たちに開けるつもりはありません）

未来を表す表現

yarın ヤールン	明日
yarınki	明日の〜
gelecek	未来、未来の
gelecekte	将来、将来的には
gelecek hafta	来週
gelecek ay	来月
gelecek yıl	来年
öbür günde	また別の日に
〜 sonra	〜後に
〜 sonraki	〜後の
bir sonraki 〜	次の〜、一つ後の
yedi gün sonra	7日後に
sekiz saat sonra	8時間後に

32 Siz ne zaman İstanbul'a geleceksiniz?　Gelecek ay geleceğim.
あなたはいつイスタンブルにいらっしゃいますか？　来月、伺う予定です

32 Siz yarın yeni planlar hakkında konuşacaksınız.
あなたは明日、新しい計画について話す予定です。

32 On gün sonra yeni kadrolar da katılacaklar.
10日後、新しいスタッフも加わる予定だ。

32 Sen gelecek hafta pikniğe eldiven götürecek misin?
君は来週、遠足に手袋を持っていくかい？

語彙：plan 計画　〜 hakkında 〜について　kadro スタッフ
piknik ピクニック、遠足　eldiven 手袋　götürmek 持っていくこと

練習3）　トルコ語にせよ。
1．5時間後、私たちはイスタンブルへ到着する予定です。
2．彼らは次の駅で降りる予定なのですか？
3．彼女はすぐに来ますよ。
4．あなたは慎重な人だ、絶対に失敗をしないだろう。
5．あなたは明日の会議へ参加する予定ですか？
6．私は彼に売るつもりはない。
7．将来、トルコ共和国はとても発展するだろう。

語彙：varmak 到着すること　inmek 降りること　dikkatli 注意深い
mutlaka 絶対に　-e katılmak 〜に参加すること　gelişmek 発展すること

10.2　平叙文の未来時制

　過去時制に関しては動詞活用形 -di に対応する付属語として -(y)di が存在した。しかし未来時制には特有の付属語がない。そのため平叙文や所在文などを未来時制にする場合は olmak「〜になる／〜である」という状態動詞の未来形 olacak を用いる。

現在時制　　Bugün　hava açık.　　　　　今日は晴れです。
過去時制　　Dün　　hava açıktı.　　　　　昨日は晴れでした。
未来時制　　Yarın　hava açık olacak.　　明日は晴れるでしょう。
　　　　　　　　　　　　　　　　　　　　（晴れになるでしょう）

Yarın hava yağmurlu olmayacak.
明日、天気は雨にはならないだろう。

33 İki gün sonra hava bulutlu olacak mı?
明後日の天気は曇りですか？

33 Düğünümüz gelecek yıl olacak.
私たちの披露宴は来年になる予定です。

33 Gelecek hafta İstanbul'da olacağım.
私は来週、イスタンブルにいます。

33 On dakika sonra orada olacağım.
10分後にそこにいるよ。（10分後に着きます）

(10.3) 未来完了形

　動詞未来形 -(y)ecek に過去付属語 -(y)di を付属させた形 -(y)ecekti/-(y)acaktı は、「～するつもりだった」、「～する予定だった」（が実際にはできなかった、しなかった）という未来完了時制を言い表す。なお疑問文の作り方は -(y)di に準ずるので注意。

34 Dün gece sana telefon edecektim ama uyuyakaldım.
昨日の夜、私は君に電話をかけるつもりだったが、居眠りしてしまった。

34 Aslında geçen sene üniversiteden mezun olacaktım ama sınıfta kaldım.
本当なら去年、大学を卒業する予定でしたが、留年しました。

İstanbul'da oturmayacaktık çünkü kira çok pahalıydı.
私たちはイスタンブルに住むつもりはなかったんです、だって家賃がとても高かったからね。

語彙：gece 夜、晩、晩に　uyuyakalmak 寝入ること
sınıfta kalmak 留年すること　çünkü なぜなら　kirâ 家賃　pahalı 高価な

練習4）　トルコ語にせよ。
1．来年、あなたはトルコにいるでしょう。
2．私たちは明日はここにいますよ。

114

3．30分後にそこに着くよ！

4．明日、天気は暑くなるでしょう。しかし来週、天気は寒くなるでしょう。

5．来年、経済は良くなるだろうか、悪くなるだろうか？

6．6年前、マフムトは結婚する予定だった。

7．私はあの飛行機に乗る予定だったが、乗らなかった。

8．あなたは昨日、車を使うつもりだったんですか？

9．君は昨日の会議に参加する予定だったんですか？

語彙：dakika 分　sıcak 暑い　soğuk 寒い、冷たい　ekonomi 経済
Mahmut マフムト（男性名）　kötü 悪い　evlenmek 結婚すること

練習5）　和訳せよ。

Takako bir otele rezervasyon için telefon ediyor...

Otel　　：Merhaba, Otel Aydın. Buyurun.

Takako：Merhaba, ben İstanbul'dan telefon ediyorum. Gelecek hafta Anka-ra'ya gideceğim.

Otel　　：Evet, hangi gün geleceksiniz?

Takako：Pazartesi gideceğim.

Otel　　：Bir dakika.... Kusura bakmayın, gelecek pazartesi tüm odalar dolu.

Takako：Öyle mi? Çok kötü. O zaman bir sonraki gün için boş oda olacak mı? Yani, salı.

Otel　　：Bir saniye... Evet, salı boş oda olacak. Rezervasyon yaptıracak mısınız?

Takako：Evet, lütfen. Bir kişi, dört gece kalacağım.

Otel　　：Tamam, anladım. Sigara kullanıyor musunuz?

Takako：Evet, kullanıyorum.

Otel　　：Peki, kahvaltı istiyor musunuz?

Takako：Evet. Lütfen. Odada yemek istiyorum.

Otel　　：Anladım, odaya kahvaltı servisi istiyorsunuz. Akşam yemeği de alacak mısınız?

Takako : Evet, odada yemek istiyorum. ... Şey, bir saniye, biraz düşünmek istiyorum... Hayır, dışarıda yiyeceğim.

Otel : Tamam. O zaman 13 Haziran'da bekliyoruz. Saat kaçta otele giriş yapacaksınız?

Takako : Tren saat 12 buçukta İstanbul'dan kalkacak. Ankara'ya akşam saat 4'te varacak.

Otel : O zaman herhalde saat 5 civarında otele varacaksınız. O saatlerde bekliyoruz.

Takako : Teşekkür ediyorum!

語彙：rezervasyon（＋yaptırmak）予約（すること）　hangi gün 何曜日
şimdilik いまのところ　boş 空の、空いた　bir dakika 1分、ちょっと待って
tüm すべての、すべての種類の　yazık 遺憾な、悲しむべき
o zaman そのときは、それなら　bir sonraki 次の　kişi 〜人
kahvaltı servisi 朝食サービス　akşam yemeği 夕食　dışarı 表、外
giriş yapmak チェックインすること　buçuk 半、半分　herhalde おそらく
〜 civarında 〜あたりに

	単語　色彩		
renk	色	siyah	黒色
renkli	色付きの、華やかな	simsiyah	真黒
renksiz	色なしの、味気のない	kara*	黒色
beyaz	白色	pembe	ピンク色
bembeyaz	真白	pespembe	真ピンク色
ak*	白色	mor	紫色
kırmızı	赤色	mosmor	真紫
kıpkırmızı	真赤	mavi	青色
al*	朱色	masmavi	真青
kızıl	赤い	lacivert	群青

yeşil	緑色	sapsarı	真黄色
yemyeşil	真緑	gri	灰色（külrengi とも）
sarı	黄色	kahverengi	茶色

＊トルコ語の古語に由来し、単独の色名として用いることは稀で、固有名詞等に用いられることが多い。

Akdeniz	地中海
Karadeniz	黒海
alsancak	朱旗（トルコ国旗の別称、ay yıldız 月星旗とも）
Kara Mustafa Paşa	カラ・ムスタファ・パシャ（黒髪のムスタファ・パシャ、綽名）
Ak Şemsettin	アク・シェムセッティン（白のシェムセッティン、綽名）

動詞伝聞・推量形、伝聞・推量の付属語、対象格接尾辞

11.1 動詞伝聞・推量形 -miş (-miş/-müş/-mış/-muş)

　トルコ語の動詞伝聞推量・完了形 -miş は、「〜したらしい」、「〜したそうだ」という確信の持てない行為についての「伝聞・推量」を表す。-miş/-müş/-mış/-muş という 4 母音活用をし、人称活用の際には人称接尾辞を活用形に付属させる。なお、伝聞と推量のいずれの意味であるかは文脈によって判断される。

伝聞・推量形

	肯定	否定	疑問
動詞語根	-miş/-müş/-mış/-muş	-memiş -mamış	-miş mi + 人称？ -müş mü + 人称？ -mış mı + 人称？ -muş mu + 人称？
例外動詞	なし		

肯定

動詞語根　　　+　-miş/-müş/-mış/-muş　　　(+人称接尾辞).
　〜　　　　　　　したらしいです。

Fatma kesmiş.	ファトマは切ったらしい。
O yazar ölmüş.	あの作家は死んだらしい。
Ben yazmışım.	私は書いたらしい。
Sen yazmışsın.	君は書いたらしい。

118

O yazmış.	彼／彼女は書いたらしい。
Biz yazmışız.	私たちは書いたらしい。
Siz yazmışsınız.	あなた／あなたたちは書いたらしい。
Onlar yazmış（lar）.	彼ら／彼女らは書いたらしい。

否 定

36

否定の際には動詞語根の後に否定の -me/-ma を挟んだ -memiş/-mamış を用いる。

動詞語根　　　+　-memiş/-mamış　　　　　（＋人称接尾辞）.
**　〜　　　　　　　しなかったらしいです。**

Selim uyanmamış.	セリムは目を覚まさなかったらしい。
Bu gemi batmamış.	この船は沈まなかったらしい。
Ben getirmemişim.	私は持ってこなかったらしい。
Sen getirmemişsin.	君は持ってこなかったらしい。
O getirmemiş.	彼／彼女は持ってこなかったらしい。
Biz getirmemişiz.	私たちは持ってこなかったらしい。
Siz getirmemişsiniz.	あなた／あなたたちは持ってこなかったらしい。
Onlar getirmemiş（ler）.	彼ら／彼女らは持ってこなかったらしい。

疑 問

36

主に「私は〜したっけ？」、「君は〜したんだっけ？」、「彼女は〜したのかしら？」のように、話者本人が確信を持てずにいることについて尋ねる際に用いる。当然ながら1人称が主語の場合には自問自答となる。

動詞語根　　+　-miş/-müş/-mış/-muş　　mi/mü/mı/mu（＋人称接尾辞）？
**　〜　　　　　　したの　　　　　　　　でしょうか？**

Hasan telefon etmiş mi?
ハサンは電話をしたろうか？

Bu iş bitmiş mi?
この仕事は終わったのだろうか？

Ben almış mıyım?
私は買ったろうか？

Sen almış mısın?
君は買ったろうか？

O almış mı?
彼／彼女は買ったろうか？

Biz almış mıyız?
私たちは買ったろうか？

Siz almış mısınız?
あなた／あなたたちは買ったろうか？

Onlar almış（lar）mı?
彼ら／彼女らは買ったろうか？

36 O geçen hafta meclise gitmiş.
彼は先週、国会へ行ったそうだ。

36 Japonlar çiğ balık yemişler.
日本人は生の魚を食べたらしい。

36 Cemal Bey vefat etmemiş.
ジェマルさんは亡くならなかったそうだ。

Ben ödev bitirmiş miyim?
私は宿題を終らせたろうか？

O dershaneye gitmiş mi?
彼女は予備校に行ったろうか？

語彙：meclis 議会、国会　çiğ 生の　balık 魚　vefat etmek 亡くなること
ödev 宿題　dershâne 予備校

練習 1） トルコ語にせよ。

denemek　（君は試したらしいね）

demek　（彼は言わなかったそうだ）

sohbet etmek　（あなたたちはお喋りしたんでしたっけ？）

kabul etmek　（彼らは受け入れなかったらしい）

açıklamak　（私は解説したかしら？）

bozulmak （あれは壊れてしまったそうだ）
düşünmek （君たちが考えたそうですね）
inanmak （彼女は信じていなかったらしい）

練習2）　トルコ語にせよ。
1．1週間前、このホテルへ有名な歌手がやって来て、1泊していったそうだ。
2．その少年は幾度も言い訳をしたが、決して嘘はつかなかったそうだ
3．私は昨日、彼女に何リラ払ったんだろうか？
4．トルコ人たちは徒歩で街へ入ったのではないらしい。
5．デヴリム兄さんはとてもいい給料を得たそうだ。
6．君がこの料理を調理したそうだね？

語彙：meşhur 有名な　kalmak 留まる、泊まること　bahâne etmek 言い訳すること　yalan söylemek 嘘をつくこと　Devrim デヴリム（男性名）　maaş 給料　maaş almak 給金を得る　pişirmek 調理すること

11.2　過去完了時制 -mişti（-mişti/-müştü/-mıştı/-muştu）

　伝聞・推量形 -miş に過去付属語 -(y)di を付属させた -mişti は、「したのだった」という過去完了時制を言い表す。トルコ語における過去完了時制は、対象となる行為が「過去のある時点ですでに終わっていたこと」を強調したい場合に用いられることが多い。そのため、過去形で書き換えたとしても大きく意味が変わらないこともある。

> Rahmetli Yaşar Kemal Bey 1947 yılında roman yazmıştı.
> 故ヤシャル・ケマル氏は1947年に小説を書いたのだった。
> Böylece balıkçı Uraşima-tarô bir anda yaşlanmıştı.
> かくして漁師のウラシマタロウは一瞬のうちに歳を取ってしまったのでした。

語彙：rahmetli 神の慈悲を賜った、故〜

Yaşar Kemal ヤシャル・ケマル（作家、1923-2018）　〜 yılında 〜年に
roman 小説　böylece こうして　an 瞬間、刹那　yaşlanmak 歳を取る

(11.3)　伝聞・推量の付属語 -(y)miş (-miş/-müş/-mış/-muş/-ymiş/-ymüş/-ymış/-ymuş)

　-(y)miş は動詞語根以外に付属して「〜であるらしい」、「〜であるそうだ」などの伝聞・推量、また「〜した」という完了の意味を表す付属語である。過去の付属語 -(y)di の場合と同様に、前の単語の末尾が母音の場合には y が介在する。

伝聞・推量の付属語 -(y)miş

	単語末尾	肯定	否定	疑問
①	有声子音 無声子音	-miş/-müş/ -mış/-muş	değilmiş yokmuş など	-miymiş? -müymüş? -mıymış? -muymuş?
②	母音	-ymiş/-ymüş/ -ymış/-ymuş		

38 ①末尾が有声子音、無声子音の場合には -miş/-müş/-mış/-muş を付属させる。

toz	tozmuş	埃らしい
nazik	nazikmiş	親切らしい
polis	polismiş	警官らしい
saray	saraymış	宮殿らしい
kış	kışmış	冬らしい
çay	çaymış	チャイらしい

38 ②末尾が母音の場合には -ymiş/-ymüş/-ymış/-ymuş を付属させる。

sevgili	sevgiliymiş	恋人らしい
kahve	kahveymiş	珈琲らしい

evli	evliymiş	既婚者らしい
siyasetçi	siyasetçiymiş	政治家らしい
satıcı	satıcıymış	売人らしい（「売り手」の意、犯罪者ではない）

Iğne çok inceymiş.
針はとても細いらしい。

Onlar Japon muymuş?
彼らは日本人なのかしら？

Onlar şimdi Amerika'daymışlar.
彼らはいまアメリカにいるらしい。

Ayşenur Hanım bugünlerde meşgulmüş.
アイシェヌルさんは最近忙しいそうだ。

Krizden dolayı bankada nakit kalmamış.
経済危機のため、銀行に現金が残っていないそうです。

Zeynep hala Japonya'daymış.
ゼイネプはまだ日本にいるそうです。

Onlar yarın Kapadokya'dan döneceklermiş.
彼らは明日カッパドキヤから戻ってくる予定らしい。

語彙：iğne 針　Ayşenur アイシェヌル（女性名）　bugünlerde 最近　meşgul 忙しい（非母音調和名詞）　iş 仕事、労働　duymak 耳にすること　kriz 経済危機　-den dolayı 〜の理由で　nakit 現金　Zeynep ゼイネプ（女性名）

練習3）　トルコ語にせよ。

1．ハティジェはオフィスにいるらしく、家にはいないそうだ。
2．その時間帯、あなたは学校にいたんでしたっけ？
3．ケナンはどこで生まれたんだって？　知らないけど、日本で育ったらしいよ。
4．昨日私に電話してくれたんですってね？
5．彼女は目下、新しいテクストを調査しているところなのだとか。

語彙：Hatice ハティジェ（女性名）　Kenan ケナン（男性名）
doğmak 生まれること　büyümek 成長すること、大きくなること
şu an 目下、いま　metin テクスト（metn- + 母音）　incelemek 調査すること

(11.4)　対象格接尾辞 -i(-i/-ü/-ı/-u/-yi/-yü/-yı/-yu)

　トルコ語の対象格接尾辞 -(y)i は、格助詞の中で唯一4母音活用をする。基本的には「〜を」の意味を持つが、日本語の対格助詞「を」とは非対称的な側面もあるので注意。まずは活用を確認しよう。

対象格接尾辞

	前の単語の語末	接尾辞
①	有声子音 無声子音 f, h, s, ş	-i/-ü/-ı/-u
②	母音	-yi/-yü/-yı/-yu
③	無声子音 ç, k, p, t	ç → c k → ğ　　　-i/-ü/-ı/-u p → b t → d

39 ①前の語の末尾が有声子音および f, h, s, ş の場合は -i/-ü/-ı/-u を付属させる。

cüzdan	cüzdanı	財布を
ağabey	ağabeyi	兄を
dağ	dağı	山を
ekran	ekranı	画面を

39 ②末尾が母音の場合は -yi/-yü/-yı/-yu を付属させる。

abla	ablayı	姉を
öğrenci	öğrenciyi	学生を
ova	ovayı	平野を
perde	perdeyi	カーテンを

124

③末尾が無声子音 ç, k, p, t の場合は、方向格接尾辞の場合と同様に、語末の **39**
無声子音が有声化する。

başlangıç	başlangıcı	導入部を
yaprak	yaprağı	葉を
hesap	hesabı	計算を
cilt	cildi	巻を

④例外的な音韻変化
既習の方向格接尾辞と共通。

11

人称接尾辞・指示代名詞＋対象格

39

人称代名詞＋対象格		指示代名詞＋対象格		場所指示代名詞＋対象格	
beni	私を	bunu	これを	burasını	ここを
seni	君を	onu	あれを	orasını	あそこを
onu	彼を、彼女を	şunu	それを	şurasını	そこを
bizi	私たちを	bunları	これらを	buraları	このあたりを
sizi	あなたを、あなたたちを	onları	あれらを	oraları	あのあたりを
onları	彼らを、彼女らを	şunları	それらを	şuraları	そのあたりを

対象格の意味

　トルコ語では動詞の直前に目的語が来る場合にはわざわざ対象格を付さない
ことが多いが、以下のような場合には、対象格接尾辞を用いる必要がある。

1. 話者が対象を限定している場合
A. Ben kitap okuyorum.　　　　私は読書しています。
B. Ben bu kitabı okuyorum.　　 私はこの本を読んでいる。

　A は「本」という存在の総体について漠然と言及しているのに対して、B は
指示代名詞 bu によって「（世に溢れるあまたの本の中でまさに）この本」につ
いて言及している。これを対象の限定という。

125

また、対象が人称代名詞の場合も同様に対象は限定されていると考えられ、必ず対象格が用いられる。

○　Ben seni seviyorum.

×　Ben sen seviyorum.

2．対象格を伴う動詞や後置詞が用いられている場合

-i görmek「〜を見ること、〜と会うこと」や -i ziyaret etmek「〜を訪ねること」のようにその格助詞と併用される表現も少なくない。

39 Ben manzarayı görüyorum.
私は景色を見ています。（cf. -e bakmak 〜を眺めること）

39 Biz bugün Ayasofya'yı ziyaret ediyoruz.
私たちは今日、アヤソフィアを訪問します。

39 Şu sebzeyi almak istiyoruz.
私たちはその野菜を買いたいです。（私たちが欲しいのはその野菜です）

Peki akşam o eti kızartacağım.
ようし、夜はあの肉を炒めよう。（o によって対象が「限定」されている）

Siz bu filmi biliyor musunuz?
あなたはこの映画をご存じですか？

Biz dün seni görmedik.
私たちは昨日、君に会わなかった。

Neden beni aramadın?
お前はなぜ俺に電話しなかったんだ？

語彙：sebze 野菜　et 肉（et + 母音　無変化）　kızartmak 炒めること
-i aramak 〜を探すこと、〜に電話をかけること

練習4） トルコ語にせよ。

1. 彼女はこの小説を毎日、書いていたそうです。
2. 僕が見つけたんですよ、あの屋敷をね！
3. 私はこのおいしいパンを食べたいんです、そのまずいパンはいりません。
4. 君は今日、彼女に会いますか？
5. 私たちは魚が好きです、とくにこの魚が好きですね。
6. あなたは明日、彼女に電話をかける予定ですか？（対象格を用いること）
7. 昔、私はこのアパルトマンを訪問した。

語彙：konak 邸宅　lezzetli 美味な　tatsız 味気のない　özellikle とくに

11

練習5）　和訳せよ。

40

Kemal : Bugün Serkan Ağabey'i görmedim. Anne Serkan nerede?
Fatma : Dün ondan duymuşsun, sen hemen unutmuşsun ya.
Kemal : Nasıl? Ben bir şey unutmuş muyum?
Fatma : Serkan "Yarın Çamlıca'ya gideceğim" dedi ya.
Kemal : Öyle mi? Tamamen unutmuşum. Ben de gitmek istiyorum!
Fatma : Serkan sana "Sen de gelecek misin?" diye sordu.
Kemal : Ben nasıl cevap vermişim?
Fatma : Bilmiyorum, herhalde cevap bile vermemişsin.
　　　　Çünkü sen televizyonu seyrediyordun.
Kemal : Cevap vermiş miyim, yoksa vermemiş miyim, hatırlamıyorum...

語彙：cevap vermek 答えること　tamâmen 完全に　bile ～でさえ
-i seyretmek ～を視聴すること

127

単語　街、地形

şehir	都市	manav	八百屋
kasaba	街	pastâne	菓子店
köy	村	lokanta	レストラン
bulvar	大通り、とくに幹線道路	kantin	食堂
cadde	大通り	hastâne	病院
sokak	通り、表、路上	postâne	郵便局　略称 PTT
otoyol	高速道路	polis	警察、警察官
çevreyolu	環状線	emniyet	警察署
yokuş	坂	çarşı	商店街
tepe	丘	pazar	青空市場
dere	谷	sur	城壁
ırmak	河川	kale	城塞、城壁、四角形
göl	湖	hisar	要塞
adres	住所	iskele	埠頭
mahalle	地区	liman	港
belediye	市役所	havaalanı	空港
dükkan	商店、店	havalimanı	空港
bakkal	雑貨屋	otogar	バスターミナル
kasap	肉屋		

コラム5 トルコ史の時代区分と主な出来事

宮下 遼

　トルコ史が語られるとき、それは「奈良時代」、「江戸時代」のような時代区分ではなく、「カラハン朝」、「ティムール朝」のように王朝や国家ごとに区分されます。王朝史をさらに区分する場合には「クルチ・アルスラーン2世期」、「スレイマン1世期」のように君主の治世を指標とする例が多くみられます。現在のトルコに直接的に関わる歴史となると、下記のように11世紀にアナトリアへ進出したルーム・セルジューク朝期（1077-1308）、オスマン帝国期（1299-1922）、共和国期（1923-）と大別するのが一般的です。

トルコ史簡易年表

ルーム・セルジューク朝
- 1071　マラーズギルドの戦い　トルコ系ムスリム、アナトリアへ進出
- 1077　スレイマン・シャー（クタルミシュオール）、コンヤを征服
- 1096　十字軍戦争開始　～1272
- 13世紀前半　クルチ・アルスラーン2世期以降、王朝盛期
- 1243　キョセ・ダーの戦い　モンゴル（イル・ハン朝）に服属
- 1308　ルーム・セルジューク家、途絶により王朝滅亡

オスマン帝国

建国期（君侯国時代）
- 13世紀末　オスマン1世、西アナトリアのガーズィー集団として抬頭
- 1326　ブルサ征服
- 1340'　バルカン半島進出
- 1363　エディルネ征服
- 1389　コソヴォの戦い　勝利
- 1396　ニコポリスの戦い　勝利
- 1402　アンカラの戦い　大敗
- 1403-1413　空位期

古典期（近世、前近代）
- 1453　メフメト2世、イスタンブル征服
- 1475　クリミア・ハン国　臣従
- 1517　セリム1世、マムルーク朝エジプト征服　両聖地の守護者に
- 1529　スレイマン1世、第1次ウィーン包囲　撤退
- 1555　アマスヤ条約　サファヴィー朝と講和
- 1569　フランス王国にカピチュレーションを下賜
- 1571　レパントの海戦　大敗
- 1623　マーフペイケル・キョセム、母后に
- 1656-1683　キョプリュリュ時代　帝国領土最大に
- 1683　第2次ウィーン包囲　大敗
- 1697　ゼンタの戦い　大敗
- 1699　カルロヴィッツ条約締結　南部ハンガリーを喪失
- 1718　パッサロヴィッツ条約　セルビアの大半を喪失
- 1718-1730　チューリップ時代
- 1768　露土戦争　敗戦　以降、地方名士層（アーヤーン）抬頭
- 1798　ナポレオン、エジプト遠征
- 1826　名誉事変　マフムト2世、イェニチェリ廃絶に成功
- 1829　ギリシア独立
- 1830'　エジプト実質的に独立

近代
- 1839　恩恵改革　開始　（～1876　タンズィマート期）
- 1858　大宰相ムスタファ・レシト・パシャ死去
- 1876-1878　第1次立憲制　ミドハト・パシャオスマン帝国憲法を起草
- 1881　ムスタファ・ケマル　生誕
- 1878-1908　アブデュルハミト2世専制
- 1908　青年トルコ人革命、憲法復活　～1920　第2次立憲制
- 1919-1922　救国戦争
- 1922　オスマン帝国滅亡

トルコ共和国
- 1923　ローザンヌ会議　トルコ共和国　国際承認、独立
- 1938　ムスタファ・ケマル・アタテュルク　薨去
- 1950　民主党政権誕生　共和人民党の一党独裁崩れ、複数政党制へ
- 1960　5.27クーデター
- 1970'　政局不安定化、政治闘争激化
- 1980　9.12クーデター　～1983　軍政
- 1983　民政移管　第3共和政成立
- 1996　イスラーム主義系の福祉党政権誕生　1997　軍部の圧力により非合法化
- 2002　イスラーム主義系の公正発展党政権誕生
- 2013　トルコ反政府デモ
- 2016　クーデター未遂事件

所有 1
所有形、共同・手段格接尾辞

12.1 所有形と所有接尾辞

　トルコ語の所有の表現は、所有者が所有形*に変化すると同時に所有対象となる事物が所有接尾辞を伴う。そのため、前に置かれた所有形を省略しても誰の所有物であるかが明示される。

benim	evim	=	evim
私の	家		私の家
senin	annen	=	annen
君の	お母さん		君のお母さん

　所有接尾辞は 4 母音活用をする。以下では、まず「私の本」のような人称代名詞が所有者となる場合の所有表現を学び、ついで一般名詞の所有表現を学ぶこととする。

＊ここでは混乱を避けるため、人称代名詞と一般名詞が所有者となる際の品詞を「所有形」と総称している。実際には、人称代名詞は「所有格」、一般名詞は「所有接尾辞が付属した形」とでも呼び分ける方が正確ではあるだろう。

(12.1.1)　人称代名詞所有形と所有人称接尾辞

所有形	所有人称接尾辞	
	前の単語の語末	
	子音（①②）	母音（③）
benim	-im/-üm/-ım/-um	-m
senin	-in/-ün/-ın/-un	-n
onun	-i/-ü/-ı/-u	-si/-sü/-sı/-su
bizim	-imiz/-ümüz/-ımız/-umuz	-miz/-müz/-mız/-muz
sizin	-iniz/-ünüz/-ınız/-unuz	-niz/-nüz/-nız/-nuz
onların	-i/-ü/-ı/-u	-si/-sü/-sı/-su

①前の語の末尾が有声子音、無声子音 f, h, s, ş の場合

baş 頭

benim	başım	私の頭
senin	başın	君の頭
onun	başı	彼／彼女の頭
bizim	başımız	私たちの頭
sizin	başınız	あなたの頭
onların	başı	彼ら／彼女らの頭

②末尾が無声子音 ç, k, p, t の場合

　前の単語の末尾が無声子音 ç, k, p, t が有声化する。

çocuk 子供

benim	çocuğum	私の子供
senin	çocuğun	君の子供
onun	çocuğu	彼／彼女の子供
bizim	çocuğumuz	私たちの子供
sizin	çocuğunuz	あなた／あなたたちの子供
onların	çocuğu	彼ら／彼女らの子供

41 ③末尾が母音の場合

anne 母

benim	annem	私の母
senin	annen	君の母
onun	annesi	彼／彼女の母
bizim	annemiz	私たちの母
sizin	anneniz	あなた／あなたたちの母
onların	annesi	彼ら／彼女らの母

41

Benim köyüm gittikçe kalabalık oldu.
私の村は徐々に人口が多くなった。
Senin oğlun aptal ama benim kızım zeki.
君の息子は馬鹿だが、私の娘は賢い。
Onun yeni yalısı hemen yanmış.
彼の新しい別荘はすぐに火事になったそうだ。
Bizim okulumuz herkese açık.
僕らの学校は万人に開かれている。
Sizin kitabınız çok eğlenceliydi.
あなたの本はとても面白かったです。
Onların arabası yepyeni.
彼らの車は真新しい。
İşin değil.
お前の仕事じゃない。(「関係ないだろ」の意)

語彙：köy 村　gittikçe 徐々に　karabalık 人の多い　yalı 避暑別荘
eğlenceli 愉快な　yepyeni 真新しい

練習1）　トルコ語にせよ。

1. 私の名前はアスランです。あなたの名前は何ですか？
2. 私たちの苗字はオルメズです。

３．私の手は清潔ではない。

４．君の友人はここにいるのかい？

５．彼女の財布がなくなってしまったが、あとで見つかったのだそうだ。

６．私たちの国はお金持ちです。

７．あなたのポケットは本当に空ですか？

８．彼らの箪笥は一杯です。

９．私の祖父は 1950 年代に生まれました。

10．君の金は銀行にはないよ。

11．彼女の鞄は相当に高いそうよ。

12．私たちの墓地はとても静かです。

13．あなたの言語は私にはとても奇妙に感じられます。

14．彼らの霊魂は遺体にはいません、幽冥界にいます。

語彙：Aslan アスラン（男性名） ad 名前 soyadı 苗字 Ölmez オルメズ（苗字）
temiz 清潔な kaybolmak なくなること bulunmak 見つかること ülke 国
dolap 箪笥 dolu 一杯の、豊富な 1950ler 1950 年代 banka 銀行 çanta 鞄
epeyce 相当に mezarlık 墓地 sâkin 静かな tuhaf 奇妙な
-e A gelmek 〜に A と感じられる ruh 魂 ceset 遺体 berzah 幽冥界

12.1.2 名詞所有形と名詞所有接尾辞

「家の壁」や「犬の尻尾」のように一般名詞が所有者となっている場合には、
名詞所有形接尾辞 -(n)in（-in/-ün/-ın/-un）を付属させる。その際、所有対象
には所有接尾辞 -(s)i（既習の所有人称接尾辞のうち 3 人称単数と同じ）が用
いられる。名詞所有形接尾辞と名詞所有接尾辞はいずれも 4 母音活用をする。
なお、単語の末尾が無声子音 ç, k, p, t の場合には有声化する。

名詞所有形と所有接尾辞

前の単語の末尾	所有形	所有接尾辞
子音	-in/-ün/-ın/-un	-i/-ü/-ı/-u
母音	-nin/-nün/-nın/-nun	-si/-sü/-sı/-su

A'(n)in/-ün/-ın/-un   B + -i/-ü/-ı/-u/-si/-sü/-sı/-su

A の   B

41 okulun sınıfı   学校の教室
   evin duvarı   家の壁
   Türklerin ülkesi   トルコ人たちの国
   öğretmenin arabası   教師の車
   annenin elleri   母の両手
   erkeklerin dedesi   男子たちの祖父
   çocukların babaları   子供たちの父親たち
   elmanın tadı   林檎の味
   köpeğin kuyruğu   犬の尻尾

語彙：tat 味   kuyruk 尾

41 Dünyanın geleceği belirsiz.
   世界の将来は明らかではない。

41 Bu pencerenin camı saydam değil.
   この窓のガラスは透明ではない。

41 Cumhuriyetin toprağı bereketliymiş.
   共和国の大地は豊かだそうだ。

41 Japonya'nın meşhur tapınakları çok eski.
   日本の有名な神殿はとても古い。

41 Osmanlıların dili çeşitliydi.
   オスマン人の言語は多様であった。

   Patatesin tomurcuğu zehirli.
   じゃがいもの芽には毒がある。

   Türklerin çoğu müslüman, Yunanların çoğu hristiyan.
   トルコ人の大半はムスリムであり、ギリシア人の大半はキリスト教徒だ。

   Bu çizgi romanı Hasan'nın hoşuna gitti.

ハサンはこの漫画が気に入った。

語彙：belirisiz 不明瞭な　cam ガラス　saydam 透明な　toprak 大地、土　bereketli 豊饒な　tapınak（アブラハムの宗教以外の）神殿　çeşitli 多様な　patates じゃがいも　tomurcuk 芽　zehirli 毒のある　müslüman ムスリム　hristiyan キリスト教徒　çizgi romanı 漫画　A B'in hoşuna gitmek B が A を気に入ること（「A は B の喜びに達する」の意）

(12.1.3) 所有形の連続

「A の B の C の D」のように 2 つ以上の所有形を重ねる場合も基本は変わらない。すなわち、以下のように名詞所有形と名詞所有接尾辞を用いればよい。

Benim evimin bahçesinin çiçeği
私の家の庭の花
Sizin arkadaşınızın okulunun hocalarının evleri?
あなたの友人の学校の先生たちの家々

練習 2）　トルコ語にせよ。

1．日本人の両目は黒く、髪も黒い。
2．人間の感情は複雑だ。
3．この庭の景色の美しさは有名だ。
4．本の価値とその内容の価値は等しいわけではない。
5．このコンテナ群は難民たちの食料です。
6．彼らの大半はトルコ語を解さないようだ。
7．私たちの大学のキャンパスの広さは約 2 万 7 千平方メートルです。

語彙：siyah 黒、黒い　duygu 感情　karmaşık 複雑な　manzara 風景　güzellik 美しさ　değer 価値　kapsam 内容　eşit 等価な、平等な　konteyner コンテナ　mülteci 難民　çok 大半　kampüs キャンパス　genişlik 広さ　yaklaşık 約　metrekare 平方メートル

12.2　共同・手段格 -(y)le (-le/-la/-yle/-yla)

　　共同・手段格接尾辞 -(y)le/ は「～と共に」、「～を用いて」という意味を表す 2 母音活用型の格接尾辞である。付属する語の最後が母音の場合には -yle/-yla となる。また、前の語に付属しない独立形 ile という形も用いられる。

12.2.1　共同・手段格の活用

共同・手段格接尾辞

	前の単語の語末	接尾辞
①	子音	-le/-la
②	母音	-yle/-yla

42 ①語末が子音の場合には -le/-la を付属させる。

uçak	uçakla	飛行機で
tren	trenle	電車で
dolmuş	dolmuşla	乗り合いバスで
feribot	feribotla	フェリーで
kaşık	kaşıkla	スプーンで
çatal	çatalla	フォークで
buçak	buçakla	ナイフで
Ahmet	Ahmet'le	アフメトと共に
Elif	Elif'le	エリフと共に

42 ②語末が母音の場合には -yle/-yla を付属させる。

gemi	gemiyle	船で
araba	arabayla	車で
metro	metroyla	地下鉄で
anne	anneyle	母と
dede	dedeyle	祖父と
Mete	Mate'yle	メテと

| Fatma | Fatma'yla | ファトマと |

(12.2.2) 人称代名詞＋共同・手段格

人称代名詞や指示代名詞に共同・手段格が付属する場合、3人称複数onlar以外の人称代名詞は所有形をとる。

人称接尾辞・指示代名詞＋共同・手段格 42

人称代名詞＋共同・手段格		指示代名詞＋共同・手段格	
benimle	私と共に	bununla	これと共に、これを用いて
seninle	君と共に	onunla	あれと共に、あれを用いて
onunla	彼／彼女と共に	şununla	それと共に、それを用いて
bizimle	私たちと共に	bunlarla	これらと共に、これらを用いて
sizinle	あなた／あなたたちと共に	onlarla	あれらと共に、あれらを用いて
onlarla	彼ら／彼女たちと共に	şunlarla	それらと共に、それらを用いて
		neyle	何を用いて
		kiminle	誰と一緒に

Ben arabayla Ankara'ya gideceğim, Fatma trenle İstanbul'dan gelecek. 42
私は車でアンカラへ行く予定で、ファトマは電車でイスタンブルから来る予定です。

Sen kiminle evleneceksin? Tabii ki benimle, değil mi? 42
君は誰と結婚するつもり？ もちろん僕とだよね？

Ben seninle dans etmek istemiyorum. 42
私、君とは踊りたくないわ。

Siz nerede onunla tanıştınız?
あなたはどこで彼と知り合ったのですか？

Sen yarın onlarla buluşacak mısın?
お前、明日、彼らと会うつもりなのか？

Bu problemi neyle çözeceğiz?

この問題を、何を以て解決しようか？

42

Siz fabrikada onunla beraber çalıştınız mı?
あなたは工場で彼と一緒に働いたのですか？

Uygurlar da Türklerle birlikte bir önceki toplantıya katılıyordu.
ウイグル人たちもトルコ人たちと共に前回の会議に参加していた。

Cumhurbaşkanı siyasetle ilişkin bir konuşmayı verdi.
大統領は政治にまつわるスピーチをした。

語彙：kiminle 誰と 疑 -le tanışmak 〜と知り合うこと（cf. -i tanımak 〜を見知っていること） -le buluşmak 〜と落ち合うこと、会うこと neyle 何を用いて、何を以て 疑 çözmek 解決すること fabrika 工場 -le berâber 〜と一緒に -le birlikte 〜と一緒に siyâset 政治 -le ilişkin 〜と関わりのある

練習3） トルコ語にせよ。

1．日本人は箸を使って食事をしています。
2．アイシェはイスメトと結婚したがすぐに離婚した。
3．大工はさまざまな道具を使って修理した。
4．あの教授は学生に向かってどうでもいい点ばかり指摘する。
5．アフメトは私たちと一緒に旅行へ出る予定です。
6．私はいままで彼女と喧嘩したことがない。
7．彼らは映画館に偽物のチケットで入場したそうだ。
8．イェニ・チェリたちはときに暴力によって皇帝を廃位した。
9．ハサンは悪意があって君を批判したのではない。

語彙：çubuk 木の棒きれ、箸 İsmet イスメト（男性名）
-le evlenmek 〜と結婚すること -le boşanmak 離婚すること marangoz 大工
alet 道具 tâmir etmek 修理すること önemsiz 重要ではない nokta 点
işâret etmek 指摘すること、示唆すること seyahate çıkmak 旅に出ること
-e kadar 〜まで sahte 偽物の bâzen ときどき şiddet 暴力

138

padisâh スルタン、皇帝　kaldırmak 廃止すること／立ち上げること　niyet 意図

単語　生物

tanrı	神	karamar	烏賊
Allâh	神、アッラーフ	karides	海老
melek	天使	yengeç	蟹
insan	人間	domuz	豚
hayvan	動物	maymun	猿
cin	精霊	geyik	鹿
canavar	怪物	ceylan	ガゼル、鹿
şeytan	悪魔	kuş	小鳥、野鳥
köpek	犬	horoz	鶏
kedi	猫	doğan	鷹
at	馬	şâhin	鷲
eşek	驢馬	papağan	鸚鵡
kurt	狼	bülbül	小夜啼鳥
koyun	羊	leylek	鸛
deve	駱駝	böcek	虫
balık	魚	kelebek	蝶々
ahtapot	蛸	kurt	長虫

13 所有2
複合名詞、所有接尾辞と格接尾辞、疑問詞

13.1 複合名詞接尾辞 -i (-i/-ü/-ı/-u/-si/-sü/-sı/-su)

43 ◀ 🔊 ### 13.1.1 複合名詞の作り方

トルコ語では「携帯電話」や「ゴミ箱」のように2つ以上の単語を並べて複合名詞を作る際、日本語のように、ただ名詞を並べるのではなく、後ろの単語の末尾に複合名詞接尾辞 -(s)i を付属させる。複合名詞接尾辞は3人称所有接尾辞と同じ形（-i/-ü/-ı/-u/-si/-sü/-sı/-su）である。

cep ポケット	+	telefon 電話	=	cep telefonu 携帯電話
yatak 寝台	+	oda 部屋	=	yatak odası 寝室
cep ポケット	+	sözlük 辞書	=	cep sözlüğü ポケット辞書
banka 銀行	+	hesap 会計／口座	=	banka hesabı 銀行口座
tuvalet トイレ	+	kağıt 紙	=	tuvalet kağıdı トイレットペーパー
Japon 日本人	+	kültür 文化	=	Japon kültürü 日本文化

140

(13.1.2) 3語以上から成る複合名詞 **43**

3語以上から成る複合名詞の場合、多くは最後の単語に複合名詞接尾辞が付されるが、語彙によって異なる場合も少なくない。

Türkiye Büyük Millet Meclisi	トルコ大国民議会（TBMM）
Türk Tarihi	トルコ史
Türk Tarih Kurumu	トルコ歴史協会
Cumhuriyet Halk Partisi	共和人民党（CHP）
Milliyetçi Hareket Partisi	民族主義者行動党（MHP）
Adalet ve Kalkınma Partisi	公正発展党（AKP）
Türk Dili ve Edebiyatı Fakültesi	トルコ言語・文学学部（複合名詞として定着している「トルコ言語」、「トルコ文学」をfakülte で受けている）

Türk Edebiyatı ve Kültürü Araştırmaları Dergisi

Türk が edebiyat と kültür の双方にかかって「トルコ文字」、「トルコ文化」という複合名詞を形成し、それを「研究」、「雑誌」が順に受けている。

(13.1.3) 複合名詞接尾辞、所有接尾辞が付属する際に例外的な繋字を取る2つの名詞 **43**

複合名詞になる際、su「水」と cami「モスク」はそれぞれ以下のような繋字を取る（取らない）。ごくごく少数なので下記の2つを記憶しておけばよい。

① su 水　　　y を介在する

meyve suyu	フルーツジュース
elma suyu	リンゴジュース

② cami モスク　　　何も介在しない*

Süleymaniye Camii	スレイマニィェ・モスク
Fatih Camii	ファーティフ・モスク

＊実際にはアラビア語のアインの文字が存在したが、現在は消失しているため。

練習 1）　複合名詞を作り、和訳せよ。

çay チャイ	＋	bahçe 庭
cep ポケット	＋	telefon 電話
güneş 太陽	＋	gözlük 眼鏡
yemek 食物	＋	oda 部屋
dünya 世界	＋	kupa カップ
hafta 週	＋	son 終わり
çeşme 泉	＋	baş 頭、袂
ocak 炉	＋	baş 頭、袂
saz サズ（弦楽器）	＋	şair 詩人
ders 授業	＋	kitap 本
aslan ライオン	＋	süt 乳
Avrupa ヨーロッパ	＋	birlik 統合体
Amerika アメリカ	＋	birleşik 一体となった　＋　devletler 政府群
Osmanlı オスマン人	＋	imparatorluk 帝国
Ayasofya アヤソフィア	＋	müze 博物館
Teşvikiye テシュヴィキイェ（地名）	＋	cami モスク

格接尾辞のまとめ

	意味	基本形	母音末尾 eiöü　　aıou	無声子音末尾 çkpt　　fhsş
主格	は、が	—	—	—
位置格	において	-de/-da	-de/-da	-te/-ta
方向格	へ	-e/-a	-ye/-ya	-e/-a
起点格	から	-den/-dan	-den/-dan	-ten/-tan
共同・手段格	共に、用いて	-le/-la	-yle/-yla	-le/-la
対象格	を	-i/-ü/-ı/-u	-yi/-yü/-yı/-yu	-i/-ü/-ı/-u

網掛けは前の単語の末尾が無声子音 ç, k, p, t の場合に有声化。

13.2 所有接尾辞、複合名詞接尾辞と格助詞接尾辞の併用

所有接尾辞、複合名詞接尾辞が付属した名詞の後に格助詞接尾辞を付属させれば、より幅広い表現を作ることができる。

Benim evimde bahçe yok.
私の家には庭がない。
Senin odana Ahmet geliyor.
君の部屋にアフメトが来ている。
Bizim kasabamızdan haber geldi.
私たちの街から知らせがもたらされた。
Sizin imzanızı istiyorum.
あなたの署名をもらいたいのです。
Benim asistimle kazandık.
僕のアシストで勝利した。

語彙：haber 知らせ、ニュース　imzâ 署名
asist（スポーツにおける）アシスト

注意すべきは「3人称の所有接尾辞」、「名詞所有接尾辞」、「複合名詞接尾辞」（いずれも -i/-ü/-ı/-u/-si/-sü/-sı/-su）が付属する語彙の後に格接尾辞を付属させる場合には、共同・手段格接尾辞は -y- を、それ以外の格接尾辞は -n- が介在する点である。以下に例を示す。

onun arabası	彼の車
onun arabasında	彼の車において
onun arabasına	彼の車へ
onun arabasından	彼の車から
onun arabasını	彼の車を

onun arabasıyla	彼の車によって／と共に

evimin bahçesi	我が家の庭
evimin bahçesinde	我が家の庭において
evimin bahçesine	我が家の庭へ
evimin bahçesinden	我が家の庭から
evimin bahçesini	我が家の庭を
evimin bahçesiyle	我が家の庭によって／と共に

cep telefonu	携帯電話
cep telefonunda	携帯電話において
cep telefonuna	携帯電話へ
cep telefonundan	携帯電話から
cep telefonunu	携帯電話を
cep telefonuyla	携帯電話によって／と共に

Türkiye Cumhuriyeti	トルコ共和国
Türkiye Cumhuriyeti'nde	トルコ共和国において
Türkiye Cumhuriyeti'ne	トルコ共和国へ
Türkiye Cumhuriyeti'nden	トルコ共和国から
Türkiye Cumhuriyeti'ni	トルコ共和国を
Türkiye Cumhuriyeti'yle	トルコ共和国によって／と共に

Türkiye Cumhuriyeti Avrupa Birliği'ne katılmak istiyordu.
トルコ共和国はヨーロッパ連合へ参加したがっていた。

Kâzım Bey'in hastalığına karşı yeni ilaçlara ihtiyacımız var.
私たちはキャーズムさんの病気に対して、新薬が必要です。

Dün Alman Hastanesi'ne uğradım, kız kardeşim sevindi.
私は昨日、ドイツ病院へ寄りました、妹は喜んでいました。

Sizin evinizin kırmızı renkli kapısının arkasında kimse var mı?

あなたのお宅の赤色の扉の中には誰かいるの？

Bir internet sitesinden şık bir duvar kağıdını indirdim.

私はとあるインターネットサイトからクールな壁紙をダウンロードした。

Bakkalın köşesinden sola saptım, gözüme kocaman bir bina çarptı.

雑貨商の角を左へ曲がると、私の目に巨大な建物が飛び込んできた。

Cumhurbaşkanı Japonya'nın başbakanını bir ziyafete davet etti.

大統領は日本の首相を晩餐会に招待した。

Elma çekim gücüyle ağaç dalından düştü.

林檎は引力によって木の枝から落ちました。

Falcılar kahve fincanı ve tabağıyla kahve falına bakıyorlar.

占師たちはコーヒーカップとソーサーを用いて珈琲占いを行っている。

語彙：hastalık 病気　-e karşı ～に対して　ilaç 薬
-e ihtiyaç var/yok ～に対して需要、必要性があること
-e uğramak ～に立ち寄ること　-e sevinmek ～を喜ぶこと
kırmızı 赤、赤い　renkli 色の　içeri 内部、内側　site サイト
şık シックな、いけてる　duvar 壁　indirmek 降ろすこと、DL すること
köşe 角、隅　-den sapmak ～を曲がること　kocaman 巨大な
göze çarpmak 目に飛び込んでくること　numara 番号
not almak メモをすること　başbakan 首相　ziyâfet 饗宴
dâvet etmek 招待すること　çekim 引くこと、牽引　güç 力　dal 枝、分野
falcı 占師　kahve トルコ珈琲　fincan コーヒーカップ　tabak 皿
fal 占い

練習2）　トルコ語にせよ。

1．ハサンは食堂に、彼の弟は寝室にいます。
2．観光客が週末以来、あなたの家に滞在しているそうですね。
3．私は携帯電話を使って話しています。
4．私たちはいま現在、メフメト氏の邸宅に滞在しています。
5．私の恋人のフラットに若い女性が入っていった。

6．先週、私たちのお客様は、この居間の窓からマルマラ海をご覧になっておりました。
7．ヘザルフェン・アフメト・チェレビーはガラタ塔の高い頂きから木製の羽を使って飛んだのだという。

語彙：turist 観光客　son 終わり、最後の／最新の　-den beri 〜以来ずっと
şu anda いま現在　konak 邸宅　sevgili 恋人　dâire フラット　kadın 女
misâfir 客　salon 居間　Marmara マルマラ　deniz 海　manzara 景色
Hezâr-fen Ahmed Çelebî ヘザルフェン・アフメト・チェレビー（17世紀の学者）
Galata ガラタ（地区名）　kule 塔　tepe 頂き　ahşap 木材　kanat 羽、羽根

13.3　限定の -(s)i

　以下のように、先行語を限定せずに3人称所有接尾辞が用いられることがある。この場合は「その〜」を表す限定や、「あるべき〜」を表す適正などの意味になることが多い。

45
Bizimle alakası yok.
私たちには関係がない。（慣用的表現。「（その件との）関係がない」）

45
Odası çok kirliydi.
その部屋はひどく汚れていた。（話題の上っている、あるいはこれから上る「その部屋」と、話者が限定している）

Bu şirkete yatırmak istiyorum ama parası yok.
この会社に投資したいが、その金がない。（私の金のうち「その投資に充てるための金」がない）

45
Behçet tam zamanında geldi.
ベフチェトはちょうど時間通りにやって来た。（「（それが）あるべき時間」）

Zamanında mıyız?
私たちは時間通りですか？（同上）

146

Aklın yerinde mi?

正気かよ？（「お前の知性は（それが）あるべき場所にあるか？」）

語彙：alâka 関係　kirli 汚い　Behçet ベフチェト（男性名）

(13.4) 疑問詞

これまでもいくつかの疑問詞が出てきたが、ここで全体像を提示しておく。既述の通り、トルコ語の疑問詞はそれ自体が疑問の意味を包摂するため、下記のいずれの疑問詞についても疑問の付属語 mi は併用されない点に再度、注意。

ne	何、（感嘆詞として「なんと」、「なんたる」）
nasıl	どのような、どのように
kaç	いくつ、いくつの
kaç tane	いくつ
kaçıncı	何番目、何番目の
kim	誰
neden/niçin/niye	なぜ、何のために
ne zaman	いつ
ne kadar/kaça	いくら、どれくらい
nereye	どこへ
nerede	どこで
nereden	どこから
nereli	何人、どこの
kiminle	誰と
neye	何に
neyi	何を
neyle	何を用いて、何と共に

練習3） トルコ語にせよ。

1．将来、私たちは何をするのだろう？

2．なんて美しい詩だろう！

3．あなたはこの装置をどうやって使ったんですか？

4．その小説はどんな話でしたか？

5．何杯のチャイが欲しいんだい？　5杯、お願いします。

6．何個、林檎を買うつもりだ？

7．こんにちは、どうぞ、何名様ですか？　こんにちは、私たちは7名です。

8．いま何時ですか？　5時です。

9．彼は何回、失敗しているの？

10．あなたはおいくつですか？　18歳です。

11．もしもし、君は何階にいるの？　4階だよ。

12．あなたは大学で何年生ですか？　1年生です。

13．部屋に誰がいるの？　誰もいませんよ。

14．あの女性は誰ですか？　あの女性はギュルテンさんです。

15．なぜあなたは私を愛してくれないのですか？

16．なんで家に食べ物がないの？

17．戦勝記念日はいつだっけ？　8月30日じゃないか、共和国万歳！

18．オズゲはいつ寝ているの？　分からないけど、朝は早く起きていますね。

19．これはいくらですか？　700リラです。

20．彼女は自分の家をいくらで売ったのだろうか？

21．あなたはどこに住んでいますか？

22．この声はどこから来ているのだろう？

23．君はいま、どこへ向かっているんだい？

24．君はどこ出身だい？　私は東京人です。

語彙：şiir 詩　cihaz 装置　roman 小説　hikâye 物語〔ヒキャーイェ〕　bardak 杯、コップ
tane 個　kişi 〜人　defa 回　〜yaşında 〜歳である　kat 階
sınıf クラス、学年　bayan 女性　Zafer Bayramı 戦勝記念日　yaşasın 万歳
-e satmak 〜円・リラで売ること

148

単語　季節・天候

mevsim	季節	bulutlu	曇りの
mevsimli	季節の	kar	雪
ilkbahar	春（単に bahar とも）	karlı	雪の
yaz	夏	yağmak	降る
sonbahar	秋（güz とも）	dolu	雹
kış	冬	sıcak	暑い
hava	空気、天気、気温、雰囲気	soğuk	寒い
		serin	涼しい
hava durumu	天候状態	nemli	湿気のある
güneş	太陽	rüzgâr	風
güneşli	日差しの強い	rüzgarlı	風のある
açık	開いた、晴れた	Rodos Rüzgarı	南風、ロドス風
yağmur	雨	bora	嵐
yağmurlu	雨の	kasırga	竜巻
bulut	雲		

13

14 後置詞、後置詞的表現

　これまでも için や diye のようないくつかの後置詞を学んできた。本課では表現の幅を広げるため、主要な後置詞、および後置詞的表現について学習する。

　後置詞とは、言葉や句のあとに置かれて「〜のために／ための」や「〜のように／ような」、「〜以前に」、「〜したにも拘らず」といった、さまざまな意味を表す品詞である。多くの後置詞、および後置詞的表現において、普通名詞が先行する場合はそのまま前置し、人称代名詞が先行する場合は所有形の形を取る。また、先行語が一般名詞であれ人称代名詞であれ、後置詞にはいかなる接尾辞も付属しない。

一般名詞主格	
benim	
senin	
onun	＋　後置詞
bizim	
sizin	
onlar	

için　「〜のために」、「〜のための〜」

　「〜のために」、「〜のための〜」という目的を表す後置詞。名詞の直後に置かれ、形容詞・副詞双方の機能を有する。

　　Ben onlar için bu kadar gayret ettim.
　　私は彼らのためにこんなにも努力したんだぞ。
　　Benim için koladan daha iyi ilaç yok.
　　私にとってコーラよりいい薬はない。

Sen kaza için derse geç kaldın mı?
君は事故のせいで授業に遅刻したの？
Bu çocuklar için bir kitap. Yetişkinler için bir kitap değil.
これは、子供たちのための書物です。成人のための書物ではありません。
Çok acıktım. Onun için hemen kantine gittim, yemek yedim.
私はとてもお腹がすいた。そのため、すぐに食堂へ行って食事にした。

語彙：kola コーラ　ilaç 薬　kaza 事故　-e geç kalmak 〜に遅れること
yetişkin 成人、成熟した者　acıkmak 空腹を感じること
onun için そのため、だから

練習 1）　トルコ語にせよ。
1．ギュリュムさんは彼女の家族のために 1 日中働いている。
2．テストのためになんて何一つだってしたくない。
3．私はあなたのためにお金を稼いでいるのです。
4．私は自分のキャリアのためにトルコ語を学んでいるのではありません。
5．あなたたちは何のために生きているのですか？
6．私は学生たちのための新しい日本語・トルコ語辞書を準備しました。

語彙：Gülüm ギュリュム（女性名）　bütün gün 1 日中、全日
para kazanmak お金を稼ぐこと　kariyer キャリア　hazırlamak 準備すること

gibi 「〜のように」、「〜のような」
　「〜のように」、「〜のような」という比喩や相似を表す後置詞。名詞の直後に置かれ、形容詞・副詞双方の機能を有する。

Çiçek gibi bir kıza âşık oldum.
私は花のような（華やかな）娘に恋をしました。
Kaplumbağa gibi yürüyorsun.
お前は亀のように（のそのそと）歩くんだな。

Turan ülkesinde demir gibi erkek doğmuş.

トゥーラーンの国に鉄のように（逞しい）少年が生まれたらしい。

Bu küçük bir at gibi hayvan eşek.

この小さな馬のような生物が驢馬です。

Senin gibi kurnaz bir adam yok.

お前のように狡猾な男はいない。

Bizim gibi yoksullar nasıl yaşayacağız?

私たちのような貧乏人はどうやって暮らせばよいのだろう？

語彙：-e âşık olmak 〜に恋に落ちること　kaplumbağa 亀
Tûrân トゥーラーン（イランに対して北のトルコ人の住む地域の名称）
demir 鉄　eşek 驢馬　kurnaz 狡猾な、目端の利く　yoksul 貧しい人

練習2）　トルコ語にせよ。
1．あなたは私たちのように失敗はしないでしょう。
2．トルコ人は狼のように自由な民族だ。
3．恐竜は鶏のように卵から生れるそうだ。
4．日本人は時計みたいに時間に正確な民族だ、なんとも奇妙だ。
5．君は物語の主人公たちのような輝かしい人生を熱望している。

語彙：kurt 狼　özgür 自由　millet 民族　dinozor 恐竜　horoz 鶏
yumurta 卵　dakiki 時間に正確な　tuhaf 奇妙な　kahraman 主人公
parlak 輝かしい　-i arzu etmek 〜を切望すること

kadar/-e kadar　「〜くらいに」、「〜くらいの」
　「〜くらいに」、「〜くらいの」という程度を表す後置詞。名詞の直後に置かれ、形容詞・副詞双方の機能を有する。また、方向格接尾辞と併用して時間、距離、分量などについて「〜まで」という限度の意味を表す。

152

Ahmet Cengiz kadar zeki değil. **46**

アフメトはジェンギズほど賢くない。

Sizin kadar nezaketli bir adam pek azdır.

あなたのようによく気の付く男性はとても少ないわね。

Fatih tavşan kadar hızlı koşuyor.

ファーティフは兎くらい速く走る。

Sabaha kadar ceset gibi uyudum. **46**

私は朝まで死体のように眠った。

Dün sen Beşiktaş Mahallesi'ne kadar yürümüşsün.

昨日、君はベシクタシュ地区まで歩いたそうだね。

語彙：nezaketli 丁寧な、気の利く　tavşan 兎　ceset 死体
mahalle 区、街区

練習 3 ）　トルコ語にせよ。

1 ．君は君のお父さんと同じくらい真面目だね。
2 ．君は彼らほどに上手なトルコ語を話さない。
3 ．この道はイェルサレムまで伸びている。
4 ．私はこの仕事を夕方の 6 時までに完了させる予定です。
5 ．私はいままで、君ほど賢い子供に出会ったことがないよ。

語彙：çalışkan 真面目な、勤勉な　Kudüs イェルサレム　uzanmak 伸びること
tamamlamak 完成させること、完了させること　-le görüşmek ～と会うこと

önce「～より以前に」と **sonra**「～より以後に」

　いずれも起点格接尾辞と共に用いられ、「～より以前に」、「～より以後に」という特定時間点の前後の時間帯を表す。için や gibi と異なり副詞としてしか用いられないので注意。なお önce と sonra を起点格と併用せずに単独で用いれば、それぞれ「まず、はじめに」、「あとで、それから」という副詞になる。

46 Ben saat ondan önce eve döneceğim.

私は 10 時前に帰宅する予定です。

Biz öğleden önce saat onda Mehmet'le buluştuk.

私たちは午前 10 時にメフメトと落ち合いました。

46 Fatma babasının ölümünden sonra her zaman ağlıyordu.

ファトマは彼女の父の死後、いつも泣いていました。

Onlar öğleden sonra saat dörtte işe başlıyorlar.

彼らは午後 4 時に仕事に取り掛かります。

Biz önce dağ evinde dinleneceğiz, sonra Fuji Dağı'na çıkacağız.

私たちはまず山小屋で休憩し、それから富士山に登ります。

Bundan sonra ne olacak?

これからどうなるんだろう？

語彙：öğle 正午　öğleden önce 午前、午前に　ölüm 死
ağlamak 泣くこと　öğleden sonra 午後、午後に
-e başlamak ～に取り掛かること、はじめること　dinlenmek 休むこと

練習 4）　トルコ語にせよ。

1．私は授業の前に食堂で何か買っていくつもりです。
2．君らは試験の後でどこか行くのかい？
3．戦争の前、ここには大きな都市がありました。
4．殺人事件のあと 1 人の年老いた刑事が我が家にやって来た。
5．独立戦争の 1 年後、人民たちがトルコ共和国を築いた。

語彙：bir yer ある場所、どこか　savaş 戦争　cinâyet 殺人　olay 出来事、事件
başkomiser 刑事　İstiklâl Harbi 独立戦争　halk 人民　kurmak 築くこと

-den beri/-den bu yana 「～以来ずっと」
　「～以来ずっと」という特定時間点からその行為が継続している、また、して
いた時間帯を表す。起点格と共に用いられる。なお、近年では同じ意味の -den

154

bu yana「～して以来こっち」という後置詞的表現もよく耳にする。

Sabahtan beri televizyonu seyrediyorum. 　　　　　　　　46
私は朝からずっとテレビを見ています。
Dünden beri Ahmet'i görmüyoruz.
私たちは昨日からずっとアフメトを見かけていない。
Şehzade Mustafa'nın cenazesinden bu yana Asitane'den halkın neşesi 　46
gitti.
ムスタファ王子の葬礼以来、帝都から民草の喜びは去った。

語彙：-i seyretmek ～を観ること　şehzâde 王子　cenâze 葬式
Âsitâne 帝都　neşe 陽気さ、喜び

練習5）　トルコ語にせよ。
1．去年の夏以来、彼女の病は良くならない。
2．新しい法律の布告以来、事故が減少した。
3．9.12クーデター以来、私の息子はドイツにいる。

語彙：iyileşmek 良くなること　yasa 法律　ilân 布告、発布
azalmak 減少すること　On İki Eylül Darbesi 9.12クーデター

その他の後置詞、および後置詞的表現
-e göre 「～によれば」
　「～によれば」という由来、伝聞の意味を表す後置詞。副詞節として用いられ、通常は伝聞・推量形とは併用されない。

Gazetelere göre Marmara Denizi'nde bir petrol tankeri battı. 　　46
新聞各紙によればマルマラ海で石油タンカーが沈んだのだという。
Size göre bu köfte lezzetli mi?
あなたからするとこのキョフテはおいしいですか？

Araplara göre tanrı tek, Japonlara göre tanrı çok.
アラブ人によれば神は唯一であり、日本人によれば神々は複数なのだそうな。
Nasrettin Hoca'ya göre bütün insan aptal.
ナスレッティン・ホジャによれば全人類は馬鹿なのだ。

語彙：gazete 新聞　petrol 石油　tanker タンカー　batmak 沈むこと
köfte キョフテ（ハンバーグ）　tek 唯一の
Nasrettin Hoca ナスレッティン・ホジャ（トルコの頓智話の主人公）

-e doğru 「～へ向かって」、「～にかけて」

「～へ向かって」、「～にかけて」という方向性の意味を表す後置詞。名詞の直後に置かれ、副詞として用いられる。

46 Korkut Bey Fatih Camii'ne doğru yürüyordu.
コルクト氏はファーティフ・モスクへ向かって歩いているところでした。
Bir garson bize doğru yaklaştı.
1人のギャルソンが私たちに向かって近づいてきた。
46 Gülbahar Hanım akşama doğru yemekler pişirdi.
ギュルバハル婦人は夕方にかけて料理をしました。

語彙：yaklaşmak 接近すること、歩み寄ること

-e dâir 「～に関する」

「～に関する」という関連性の意味を表す後置詞。名詞の直後に置かれ、形容詞としても副詞としても用いられる。

46 Ben Osmanlı Tarihi'ne dair bir makaleyi yazdım.
私はオスマン史に関する論文を書きました。
Bu soruna dair tartışma bitti.
この問題に関する議論は終わった。

O konuya dair verileri paylaştık.
私たちはその件に関するデータを共有した。

語彙：makâle 論文、記事　sorun 問題　tartışma 議論　veri データ
paylaşmak 共有すること

yüzünden/nedeniyle　「～の理由・原因によって」
　いずれも「～の理由・原因によって」という原因の意味を表す後置詞的表現。先行語が一般名詞の場合、複合名詞接尾辞が yüz-, neden の直後に付属する。

Mültecilerin çoğu savaşlar yüzünden Afrika ve Ortadoğu'dan Türkiye'ye geldi.
難民たちの大半は戦争が原因でアフリカや中東からトルコへやって来た。
Vatandaşlar bilgisizliği yüzünden yolunu kaybettiler.
同胞たちは自らの知識不足のために路頭に迷ったのだ。
Uyuşturucu maddeler nedeniyle gençler ölüyor.
麻薬によって若者たちが死んでいる。

語彙：mülteci 難民　Afrika アフリカ　Ortadoğu 中東
bilgisizlik 知識不足　yolunu kaybetmek 道に迷うこと、路頭に迷うこと
uyuşturucu 麻痺させる、麻薬　madde 物質

sayesinde　「～のおかげさまで」
　「～のおかげさまで」という謝意を含む因果関係を表す後置詞的表現。先行語が人称代名詞の場合は所有接尾辞、一般名詞の場合は複合名詞接尾辞が saye- の直後に付属する。

Sizin sayenizde ben kurtuldum.
あなたのおかげで私は救われました。

Türk arkadaşlar sayesinde rahatça yaşıyorum.
トルコ人の友人たちのおかげで安楽に暮らしています。
Denizin zenginliği sayesinde balıkçılar geçiniyorlar.
海の豊かさのおかげで漁師たちは暮らしている。

語彙：kurtulmak 助かること　rahatça 安楽に　zenginlik 豊かさ
balıkçı 漁師　geçinmek 生計を立てること

hakkında 「～について」

「～について」という対象への言及の意味を表す後置詞的表現。先行語が人称
代名詞の場合は所有接尾辞、一般名詞の場合は複合名詞接尾辞が hakk- の直後
に付属する。

46

Dün biz küresel problemler hakkında çok tartıştık.
昨日、私たちはグローバルな諸問題について議論を重ねました。
Fatma benimle hiç konuşmuyor. Sen benim hakkımda neler söyledin?
ファトマが僕とまったく話してくれないんだ。お前、僕について何を言っ
たんだ？

語彙：küresel グローバルな、全球的な　tartışmak 議論すること

yerine 「～の代わりに」

「～の代わりに」という対象との置換の意味を表す後置詞的表現。先行語が人
称代名詞の場合は所有接尾辞、一般名詞の場合は複合名詞接尾辞が yer- の直後
に付属する。

46

Patron benim yerime seni götürecek.
社長は私の代わりにあんたを連れていくつもりよ。
Bizim yerimize hocamız hapishaneye gitti.
私たちの代わりに私たちの先生が刑務所へ行った。

Japonlar ekmek yerine pirinç yiyor.
日本人はパンの代わりに米を食べている。

語彙：patron 雇用者、社長　hapishâne 刑務所　pirinç お米

練習6）　トルコ語にせよ。

1．彼女によると容疑者はまだ逃げている。
2．この記事によると有名なテロリストが捕まったらしい。
3．民衆はタクスィム広場へ向けて走った。
4．朝方にかけて私は銃声を聴いた。
5．大臣は経済的な問題に関する説明を行った。
6．彼女の仕事に関連してあなたにお願いがあります。
7．電気のおかげで私たちの生活は便利になった。
8．私たちのおかげで君は死ななかった。
9．私たちは新しいプロジェクトについて大いに議論した。
10．パソコンについてはセルダルが専門家だ。
11．私はあなたの代わりに彼をイスタンブル支店に派遣するつもりです。
12．私は煙草の代わりにチャイを飲んでいます。

語彙：şüpheli 疑わしい、被疑者　kaçmak 逃げること　yakalanmak 捕まること
terölist テロリスト　Taksim Meydanı タクスィム広場　silâh sesi 銃声
açıklama yapmak 説明を行うこと　-den ricası var 〜にお願いがある
elektrik 電気　kolaylaşmak 容易になること　proje プロジェクト
uzman 専門家　şübe 支店　yollamak 派遣する

単語　食物

yemek	食事	fincan	デミタスカップ
Türk yemeği	トルコ料理	çay bardağı	チャイカップ
yiyecek	食物	et	肉
içecek	飲料	dana eti	牛肉
kahvaltı	朝食	tavuk	鶏肉
öğle yemeği	昼食	sebze	野菜
akşam yemeği	夕食	meyve	果物
sofra	食卓	meyve suyu	果実ジュース
kaşık	スプーン	ekmek	パン
çatal	フォーク	pirinç	米
bıçak	ナイフ	pilav	ピラフ
çubuk	棒、箸	köfte	トルコ風ハンバーグ
tabak	皿	dolma	詰め物料理
kahve	珈琲	kebap	ケバブ
çay	チャイ	ızgara	網焼き料理
filtre kahvesi	フィルターコーヒー	mangal	BBQ

コラム 6 大帝国の公用語：オスマン語

山下　真吾

　オスマン語とは、オスマン朝時代に用いられたトルコ語の一種であり、オスマン・トルコ語という言い方もなされます。オスマン語は、一般的には口語トルコ語とは性格を異にする文語体の言葉と考えられています。また文法・語彙の観点からは、ペルシア語、アラビア語の影響が強いことが言われます。特に文法面では、名詞と名詞、名詞と形容詞などをつなぐ「イザーフェ」による名詞句が多く用いられるといった特徴が見られます。

　ただし、口語と文語との間に明確な境界線が引けるわけではなく、書かれた文章のなかにも文語的なものや口語的なものがあります。また、オスマン語について時代的に見ると、以下の三つの画期が確認されます：1) 古アナトリア・トルコ語をベースとして文語が成立、2) 文語の発展期、3) 文語を口語に合わせて簡素化する運動の登場。

　オスマン語は帝国の行政言語であったため司法、行政の分野で多くの史料が残されることになりました。その一方では、オスマン語で著された文学・歴史分野の多くの作品が図書館に収められることになりました。文学作品でいうと「ディーワーン詩」をはじめとする韻文作品が多くみられ、散文文芸の分野では歴史書や書簡集が大半を占めます。

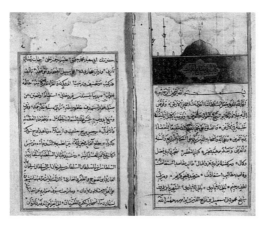

オスマン語写本

読書案内

　勝田茂『オスマン語文法読本』大学書林，2002.
　林佳世子『オスマン帝国500年の平和』講談社，2008.

15 所在の付属語 -ki

15.1 所在の付属語 -ki

　トルコ語では「庭の花」や「教室の黒板」、「7時のニュース」、「明日の授業」
のように実際には所有関係がなく、ある空間や時間に存在・所在している対象
に対しては所有形は用いず、所在の付属語 -ki を用いる。すでに学習した dünkü
「昨日の〜」、yarınki「明日の〜」などいくつかの語彙がこれに相当する。

　-ki は母音調和を起こさないが、dünkü, günkü などごく少数の頻用語におい
て -kü に変化することがある。以下では -ki に関して「所在の -deki/-daki」、
「-deki/-daki の名詞用法」、「所有用法」、「独立用法」の4つの用法を学ぶ。

所在の付属語 -ki の用法

所在用法	名詞 + -deki/-daki	〜にある〜、〜に所在する〜 〜にいる者、〜にある物
所有用法	所有形 + ki	〜の持っているもの
独立用法	特定の動詞　ki　〜	〜であると（思う、述べる）

15.1.1 所在の -deki/-daki

　位置格 -de に付属語 -ki を接続させた -deki/-daki を用いれば、ある空間や時
間軸上に所在する事物を言い表すことができる。なお前の語が3人称単数の所
有接尾辞、一般名詞所有接尾辞、複合名詞接尾辞（いずれも -(s)i）を伴ってい
る場合は、位置格助詞の規則に従って -n- を介在する。

47

bahçedeki çiçek
庭の花（庭に生えている花）

sınıftaki tahta
教室の黒板（教室に掛かっている黒板）
saat yedideki haber
7時のニュース（7時に放映されているニュース）
odanın köşesindeki masa
部屋の隅の卓
meydanın ortasındaki ağaçlar
広場の中央の木々
Annem apartmandaki komşuları seviyor.
私の母はアパルトマンの隣人たちを愛している。
Ulfa'daki insanlar Türkçe ve Kürtçeyi konuşuyorlar.
ウルファにいる人々はトルコ語とクルド語を話している。
Derste önümüzdeki hayatımızı hayal ettik.
授業で私たちの将来の生活を想像した。

また時間に関連する表現の中には以下のようにkiがküと音便化したり、位置格助詞伴わなかったりする例外的な語彙が存在する。

bugünkü	今日の
dünkü	昨日の
yarınki	明日の
şimdiki	現在の、いまの
önceki	前の
sonraki	後の
bir önceki	1つ前の
bir sonraki	次の

Dünkü maçta kavga olmuş.
昨日の試合で喧嘩になったらしい。

47 Bir sonraki durakta ineceğim diye düğme bastım.
次の停留所で降りようとボタンを押した。

47 Babam şimdiki durumdan çok şikayet ediyor.
父は現在の状況に不満たらたらだ。

Bu saatteki trenler sık sık geç kalıyor.
この時間帯の電車はしょっちゅう遅れている。

語彙：tahta 板、黒板　orta 中央　komşu 隣人　Ulfa ウルファ（都市名）
Kürtçe クルド語　düğme ボタン　basmak 押すこと　durum 状況
sık sık 頻繁に　-e geç kalmak 〜に遅れること

練習1）　トルコ語にせよ。
1．私は47キロ遠くにある街まで歩いた。
2．ハムディ氏の邸宅の庭はとても広い。
3．私のパソコンの画面に映る私の娘は、微笑んでいた。
4．空の雲の形は絶えず変化する。
5．1時間前の私の発表はうまくいかなかった。
6．私たちは次の駅で降ります。
7．1か月前の会議は地震によってキャンセルになった。
8．昨日あった交通事故で怪我人はいたのですか？
9．今日のヘッドラインのニュースに目を通しましたか？

語彙：kilometre キロメートル　konak 邸宅　ekran 画面　gülümsemek 微笑む
gök 空　bulut 雲（bult + 母音）　şekil 形（şekl- + 母音）
hiç durmadan 絶えず　değişmek 変化すること
sunum 発表、プレゼンテーション　başarısız olmak うまくいかないこと
iptal キャンセル　yaralı 怪我人　manşet ヘッドライン（非母音調和名詞）
-e göz atmak 〜を一瞥すること、流し見ること

164

(15.1.2) -deki/-daki の名詞用法

-deki の付属した語は、「〜に所在する人・もの」という名詞として用いることもできる。なお、この場合は複数形の形を取ることが多い。

Buradakiler oradakilerden daha nazik.　　　　　　　　　**47**
ここの人たちはあそこの人たちよりも親切だ。

Kuruldakiler seni övmüşlerdi.　　　　　　　　　　　　**47**
理事会の出席者たちは君を褒めていたそうだよ。

Ben ofistekilerle beraber meyhaneye gittim.　　　　　**47**
私はオフィスにいた人たちと一緒に居酒屋へ行きました。

Taşradakilere göre İstanbul'dakiler soğuk kanlı ve para hastası.
田舎の人たちにとって、イスタンブルに暮らす人々は冷血で、金の亡者だ。

語彙：kurul 理事会、委員会　-i övmek 褒めること　taşra 田舎
soğuk kanlı 冷血な

15

練習2）　-deki を用いてトルコ語にせよ。

1．私は机の上にあるものの中から選ぶつもりです。
2．映画の中の人々みたいになりたいな。
3．古い地区に住む人たちはいささか高慢だ。
4．この家の連中はギャングだ。

語彙：seçmek 選ぶこと　kibirli 高慢な　çete ギャング

15.2 -ki のそのほかの用法

15.2.1 所有用法

　所有形の直後に -ki を付属させると「誰々の所有するもの」という名詞となる。日本語における「私の」、「君の」に似る。また、格接尾辞を伴う場合は、共同・手段格は y を、その他の格接尾辞は n を介在する。

48

人称の所有代名詞的表現

benimki	私のもの
seninki	君のもの
onunki	彼のもの　彼女のもの
bizimki	私たちのもの
sizinki	あなたのもの　あなたたちのもの
onlarınki	彼らのもの　彼女らのもの
Kemal'inki	ケマルのもの

48

Hiç doymuyorum, seninkini de yemek istiyorum.

さっぱり腹いっぱいにならない、お前のも食べたいなあ。

48

Burada üç bisiklet var. Bu benimki, o Ahmet'inki. O zaman şu seninki mi?

ここに３台の自転車がある。これは僕ので、あれがアフメトの。じゃあ、それが君のかい？

Türklerin vicdanı misafirperverlik, Japonlarınki fedakarlık diye düşünüyoruz.

トルコ人の美徳はホスピタリティであり、日本人のそれは自己犠牲精神であると私たちは考えている。

　語彙：doymak 満腹になること　vicdân 美徳、徳目
misâfirperverlik ホスピタリティ　fedâkârlık 自己犠牲精神

(15.2.2) 独立用法

sanmak「思う」、düşünmek「考える」、demek「言う」、söylemek「述べる」
など、特定の動詞の直後に独立形の ki を置くと印欧語における que や that の
ような関係代名詞と類似の節が形成される。

Ben sandım ki Japonlar aslında tembel.
僕は、日本人は本当に怠け者だと思った。
Ben Ahmet'e dedim ki o yanlış.
私はアフメトに、彼は間違えていると言った。
Biz inanıyoruz ki Türkiye daha gelişecek.
私たちは、トルコはさらに発展すると信じています。

練習3) トルコ語にせよ。

1. 僕のビールはぬるいんだけど、君のはどうだい？
2. 会社の車両は古いのに社長のは真新しい。
3. 思ったんだけどさ、僕のアイデアって君のと同じだよね？
4. 私たち誰しもが知っていることだが、人間はひどく脆い存在なのだ。

語彙：bira ビール　ılık ぬるい　araç 車両、媒介　yepyeni 真新しい
fikir アイデア、考え　-(y)le aynı ～と同じ　hepimiz 私たちみな
kırılgan 脆い、壊れやすい　varlık 存在

単語　植物、野菜、果物

bitki	植物	toprak	大地、土
sebze	野菜	dut	桑
meyve	果物	çınar	すずかけ、プラタナス
ağaç	樹木	ıhlamur	菩提樹
ot	下草	gül	薔薇
çiçek	花	lâle	チューリップ

sümbül	ヒヤシンス	çekirdek	種、とくに向日葵の種
kavun	メロン	fasulye	白インゲン豆
elma	林檎	domates	トマト
portakal	オレンジ	ıspanak	ほうれん草
armut	梨	patlıcan	茄子
karpuz	西瓜	lahana	キャベツ
kestâne	栗	çin lahanası	白菜
fıstık	ナッツ類、とくに落花生	havuç	人参
antep fıstığı	ピスタチオ		

コラム 7

伝統とはなにか：トルコ文化とイスラーム文化

宮下　遼

　19世紀、多くの国において西欧由来の思想や技術が「先進文化」として受容された結果、従来の自国文化が「伝統文化」として客体化される近代という時代が発生したのは周知のことです。西欧の隣人たるトルコは、世界でもっとも早く18世紀初頭には西欧化に着手した国ですので、伝統と近代、ないし西欧文化と自国文化の葛藤にもそれだけ長く晒されてきました。オスマン主義、汎イスラーム主義、汎トルコ主義（トゥーラーン主義）、そしてトルコ民族主義——帝国末期からの政治思想の紆余曲折を経て、トルコの伝統文化は、イスラーム文化とトルコ文化に峻別されていきます。

　トルコ共和国は当初、オスマン帝国の衰退と滅亡、それによって生じたトルコ民族の危機と苦難をイスラームという後進的宗教に帰すると考えました。そのため、共和国初期（1923-1950）にはイスラーム文化に対して抑制的な態度で臨み、これに代わるものとしてトルコ文化を称揚するトルコ民族主義を提示します。バイカル湖周辺に誕生し、優れた組織力と技術力によってまたたくまにユーラシアに諸王朝を築いた遊牧テュルク

史の文脈上でトルコ史を語り直すことで、宗教に拠らない形での国民統合を図ったのです。その結果、トルコにおける保守（muhafazakârlık）は、イスラーム文化とトルコ文化のいずれを重んじるかによって分化し、政治的立場としてのイスラーム主義とトルコ民族主義へ分かれます。

　トルコ現代史最大の政変たる9.12 クーデター（1980）を経て現在の第3共和政がはじまると、右派知識人によってトルコ文化とイスラーム文化を習合的に捉え直すトルコ＝イスラーム統合論が唱道されるようになります。これはイスラーム文明をトルコ史に編入しようという理想主義（ウリュキュジュリュク）という右派思想から派生したもので、あくまで政治的見解にすぎないのですが、「宗教」と「民族」を過度に分離的に語りなおすことの困難さを幾分、和らげてくれるものとして人口に膾炙しました。

共和国の碑とタクスィム・モスク
（イスタンブール、タクスィム広場）

読書案内

新井政美『トルコ近現代史：イスラム国家から国民国家へ』みすず書房，2001.
今井宏平『トルコ現代史：オスマン帝国崩壊からエルドアンの時代まで』中公新書，中央公論社，2017.
ハーニーオール，M. Ş.『文明史から見たトルコ革命：アタテュルクの知的形成』新井政美（監訳），柿崎正樹（訳），みすず書房，2020.

16 講読2
珈琲小史

珈琲についての次の文章を読んで和訳せよ。

"Sizin millî kültürünüzde geleneksel içecek nedir?"

Bu soruya nasıl cevap vereceksiniz? Herhalde Japonlar "Bizim için çaya dair çeşitli törenler yemek kültürümüzde önemli rol oynuyor" diye cevap verecekler. Türkiye'de de çok çeşitli geleneksel içecekler bulunuyor; ayran, boza, kımız, salep, çay v.b.... Oysa Türkler için kahve kadar özel bir içecek yok.

Türk kahvesi cezve adlı özel bir kapta yapılır ve Avrupa'daki kahveler gibi filtre gerekmez. (Onun için Türkler Türk kahvesine genellikle sadece 'kahve', Avrupalı kahveye 'filtre kahve' ya da sadece 'neskafe' diyorlar.)

Mesela siz bir kahvehaneye gideceksiniz, kahve içeceksiniz, zevk alacaksınız. Kahve fincanında kahve telvesi kalacak. O zaman siz fincanı alt tabağa kapatacaksınız. Çünkü kahve falı bu telveyle yapılır. Biraz bekleyeceksiniz, fincan iyice soğuyacak, masanıza falcı gelecek. Falcı fincanı açacak, kahve telvesinin şekillerine göre özel bir sezgiyle sizin geçmiş ve geleceğinizi okuyacak. İnşallah güzel şeyler söyleyecek... Ama şimdi kahve falı değil, kahve hakkında söz edeceğiz.

Kahve Türkiye'deki geleneksel yemek kültürünü temsil ediyor. Kahve aynı zamanda tarihte insan ilişkilerini, toplumsal ilişkileri ve iletişim biçimlerini de tamamen değiştirdi. Bu yazıda siyah renkli bu fevkalade içeceğin tarihini kısaca anlatacağız.

Kahve uzun zamandır Habeş'te, yani bugünkü Etiyopya'da yemek malzemesi olarak biliniyordu. Yaygın bir rivayete göre Yemen'de Kaldi adlı bir çoban varmış, bir gün onun keçileri kahve ağacındaki kırmızı renkli meyv-

170

eleri yemişler. Keçiler bir anda çok neşeli ve hareketli olmuşlar, bilhassa geceleri hiç uyumak istememişler. Böylece Kaldi kahve çekirdeğinin müthiş etkisini fark etmiş. Kahve ağacının meyvelerini toplamış, bir Sûfî dervişe getirmiş. Ama derviş ilk önce cahil bir çobanın hikayesine hiç inanmamış ve meyvelerin hepsini ateşe atmış. Alevler arasında meyvelerin içerisinden çekirdekler ortaya çıkmış. Alevler çekirdeği kavurmuş, bizim için aşina o kahve kokusu ortalığa yayılmış. Müthiş koku Kaldi ve dervişe ilham vermiş; bu meyvenin çekirdeğinden güzel kokulu bir içecek yapılacak!

Bugün araştırmacılar bu hikayeye inanmıyorlar. Çünkü büyük ihtimalle 17. asırdaki bir hıristiyan yazar Naironi bu hikayeyi uydurmuştu. Fakat en azından 13. asırda Araplar kahveyi kavurdu, kaynattı ve içtiler. Böylece bugünkü kahveye benzer bir içecek doğdu ve Hicâz Bölgesi'ndeki dervişler "Bu içecek insanı uyanık tutacak" diye gece ayinlerinde kullandılar. 16. asır başlarında kahve Arabistan'da yaygın bir içecek oldu. 1517'de Yavuz Sultan Selim Mısır'daki Memlûk Devleti'ni feth etti ve kahve çekirdeği İmparatorluğu'na getirildi. Kahvenin İstanbul'a gelişine dair bir kaç ayrı görüş var. Onlardan birine göre 1550'lerde Halepli Hâkem ve Şamlı Şems adlı iki tüccâr bugünkü Mısır Çarşısı'na yakın bir yerde İstanbul'da ilk 'kahve-hâne'yi açmış.

Kahvehanenin doğuşundan önce İstanbullular nasıl arkadaşlık kurmuşlar? Son incelemelere göre bu konuda cami, mescit, kilise, sinagog, tekke gibi dini yerler, hamam, berber gibi dükkanlar ve meclis gibi özel mekanlar önemli rol oynuyormuş. Üstelikle bunlardan başka Hıristiyanlar (Çoğu Yunanlar ve Ermenilerden oluşuyordu) ve Yahudiler (İstanbul'dakilerin büyük bir kısmı 15. asırda ve sonraki yüzyıllarda İspanya'dan kaçtılar) meyhanelerde de sosyal ilişkiler kurmuşlardı. Ancak Müslümanlar için bu tür sosyal mekanlar pek azdı. O yüzden Kahvehane hemen İstanbulluların hoşuna gitmiş. İstanbul'daki Müslümanlar yani Türkler hemen kahvehaneye alışmış, buraya toplanmış, kahve ile nargile, lüle v.b. içmiş ve yabancılarla tanışıp neşeli sohbet etmişler. Gitgide kahvehaneye meddâhlar, hayâlcı (bugünkü karagözcü) ve hokkabâz gibi oyuncular da toplanmış, misafirler için çeşitli oyunlar göstermişler. Bazı Hıristiyanlar da meyhane yerine kahvehaneye gitmişler. İstanbullular kahvehane sayesinde önceye göre daha kolayca arkadaşlık kurmuşlar ve keyifli zaman geçirmişler.

Ama bazıları kahveye karşı çıkmışlar. Ulemâ "Bu içecek insanın aklını uyuşturuyor. Şaraptan farkı yok." diye iddia etmişler. Siyasetçiler ise "Halk geceleyin toplanmış, edepsiz oyunlara bakmışlar bilhassa Padişahımız ve Devlet-i Aliyye'nin siyasetinden şikayet etmişler!" diye yazılar yazmış ve kahvehaneleri kapatmak istemişler. 16. asırda Osmanlı devleti kahveyi bir kaç kere fetvalarla yasakladı. Osmanlı hükümdarları toplumdaki büyük bir değişimi fark etmişler ve sonuç olarak onların bu tür itirazları pek etkili olmamış. Aynı asrın sonuna kadar kahvehane Rumeli ve Anadolu'daki şehirler ve kasabalara büyük bir hızla yayılmış. Esnaflar kendilerine ait kahvehaneye sahip oldular. Sakinler kendi mahallesindeki kahvehanede komşularla sohbet ettiler, yolcular kasabadaki kahvehanede birbirleriyle tanıştılar. Gittikçe saray-dakiler de bu siyah renkli 'âb-ı hayât'ı sevmiş, özel kahve törenleriyle eğlenmiş ve çok sayıda şiirler sunmuşlar. Böylece kahvehane İstanbullular için yeni ve vazgeçilmez sosyal ve kamusal mekan olmuş.

Daha sonra İstanbul'dan Venedik'e, Viyana'ya, 17. asırda Londra'ya, Paris'e kahve ve kahvehane kültürü yayılmış. Kahvehanelerde bazen filozoflar tartışmış, bazen de oradan büyük devrimler başlamış ancak bunları diğer fırsatta konuşacağız. Oysa şimdilik şunu söyleyeceğim; siz Japonlar dünyada kahvehaneyi en ileri yerlere taşımışsınız. Çünkü Japonya'da Taişo Döne-mindeki Kafee, Şova Dönemindeki Utagoe-Kissa ve bugünkü Karaoke, Manga-kissa gibi kahvehanenin tuhaf ama hoş kardeşleri hep sizlerden çıkmış. (Ryo Miyashita)

語彙：millî 国民の、民族の　kültür 文化　en もっとも　geleneksel 伝統的な
tören 儀式　v.b. = ve başkaları そのほか、等々　oysa それにも拘らず
cezve 珈琲鍋　adlı ～という名前の　kap カップ、器　yapılmak 作られること、

行われること　Avrupa ヨーロッパ　filtre フィルター　gerekmek 必要とされ
ること　genellikle 一般的に、普通は　kahvehâne 珈琲店　zevk almak 愉しむ
こと、妙味を味わうこと　fincan コーヒーカップ　telve 澱　alt tabak 敷皿、
ソーサー　fal 占い　soğumak 冷えること、冷めること　sezgi 直感、予感
inşallâh 神が望めば　kendi 自身、自体　-i temsil etmek 〜を代表すること、
象徴すること　aynı zamanda 同時に　açısından 〜の視点から見れば
toplupsal 社会的な　ilişiki 関係、関係性　iletişim 情報伝達　biçim 方法
değiştirmek 変えること　yazı 記事、書き物　fevkalâde 特筆すべき
yaıgın 広まった、よく知られた　kısaca 短く、手短に　malzeme 材料、原料
bilinmek 知られること、知られていること　rivâyet 巷説　çoban 羊飼い
bilhassâ とくに＝üstelikle　alev 炎　müthiş 特筆すべき　etki 影響
toplamak 集める　Sûfî 神秘主義者　derviş 修道僧　câhil 無知な
ortaya çıkmak 現れること　kavurmak 炒めること、焼くこと　âşina お馴染み
の、見慣れた　ortalık 辺り　yayılmak 広がること　ilham 天啓、機知
hıristiyan キリスト教徒　uydurmak でっちあげること　kaynatmak 煮ること
-e benzer 〜に類似の　uyanık 覚醒した　-i 形 tutmak 〜を形の状態にして
おくこと　ayin 祈祷式、(キリスト教の)ミサ　Arabistan アラブ諸国
Memlûk Devleti マムルーク朝　feth 征服　geliş 到来　görüş 見解
Halep アレッポ　Şam シリア、イスラエル、パレスチナ周辺地域　tüccâr あきんど
doğuş 誕生　arkadaşlık kurmak 友人関係を築くこと　inceleme 調査
sinagog シナゴーグ、会堂　tekke (イスラーム神秘主義教団の)修道場
tesis 施設　hamam 公衆浴場　berber 床屋　meclis サロン　mekan 空間
firar 亡命　'in 〜hoşuna gitmek 〜の気に入ること　toplanmak 集うこと
nargile 水煙草　yabancı 外国人、見知らぬ人　kimse 誰か　-le tanışmak 〜と
知り合いになること　gitgide 徐々に　meddâh 噺家　hayâlcı 幻影師、影芝居師
hokkabâz 手品師、手技師　oyuncu 演者　hasbihal (知的な)歓談
-e karşı çıkmak 〜に反対すること　ulemâ ウラマー(単数形 âlim)
akıl 知性、理性　uyuşturmak 麻痺させる、しびれさせること　geceleyin 夜に
なると、夜な夜な　edepsiz 無教養な　padişah スルタン、陛下
Devlet-i Aliyye 崇高なる国家(オスマン帝国の自称)　kapatmk 閉鎖すること

yasaklamak 禁止すること　fetvâ（聖法に基づいた）法令、ファトワー
hükümdar 為政者　değişim 変化　itiraz 拒否　etkili olmak 効果を発揮すること　Rumeli ルーメリ州、バルカン領土　Anadolu アナドル州、アナトリア
esnâf 同業者組合　sakin 住民、静かな　yolcu 旅人　birbir- お互いに
âb-ı hayât 命の水、甘露　vazgçilmez 無視しえない　kamusal 公共の
filozof 哲学者　devrim 革命　diğer = başka fırsat 機会

(16.1)　kendi「自身」、「それ自体」

　「自身」、「自体」を表す名詞 kendi は、一般名詞の前に置かれる際には複合名詞となり、人称代名詞と併用される際などには所有人称接尾辞を伴いながら格助詞とも併用される。

49 Hasan kendi işlerine yoğunlaşıyor.
ハサンは自分の仕事に集中している。

49 Tecrübe kendi serveti olacak.
経験は自分自身の資産となるであろう。

49 Ben size kendimi tanıtacağım.
私はあなたに自分のことを紹介いたしましょう。（自己紹介の前置きとして頻用）

Sen neden o kadar kendinden nefret ediyorsun?
君はどうしてそんなに自分が嫌いなの？

　また下記のように名詞としてのみならず「自分で」という副詞として用いることも多い。

49 Ben bugünkü yemekleri kendim yaptım.
私は今日の食事を自分で（自分の力で）作った。

49 Çürük dişinizi kendiniz çıkartmışsınız.
虫歯を自分で抜いたそうですね。

語彙：-e yoğunlaşmak 集中すること　tecrübe 経験　servet 富、財産
-i tanıtmak　〜を知らしめること、紹介すること
-den nefret etmek　〜を憎悪すること　çürük 腐った　diş 歯
çıkartmak 取り外すこと、除くこと

(16.2)　birbir-「お互いに」

トルコ語で「お互いに」という相互関係を表現する際には birbir-「互い」という表現を用いる。birbir- 単独で用いられることはなく、必ず所有接尾辞と格接尾辞を伴う。

Beyazıt ve Cem birbirlerine hiç benzemiyordu.　**50**
ベヤズィトとジェムは互いにまったく似ていなかった。

Biz her gün birbirimize telefon ediyoruz.　**50**
私たちはお互いに毎日、電話をしています。

Siz nasıl birbirinizle tanıştınız?
あなた方はどうやってお互いに知り合われたんですか？

Mineaki ve Takako birbirlerinden iğreniyorlar, birbirlerine küfür ediyorlar.
ミネアキとタカコは互いに嫌いあい、互いを罵っている。

Uygurlar ve Moğollar birbirlerinin alışkanlıklarına saygı gösteriyor.
ウイグル人とモンゴル人はお互いの習慣に敬意を払っている。

語彙：-e benzemek　〜に似ていること、類似すること
-den iğrenmek　〜を忌むこと　-e küfür etmek　〜へ罵声を浴びせること
alışkanlık 習慣　-e saygı göstermek　〜に敬意を払うこと

(16.3)　bâzı「ある」、「いくつかの」とbâzen「時折」

形容詞 bâzı「ある」、「いくつかの」と、その副詞形 bâzen「時折」を用いて以下のような定型表現が形成される。

51 Kurban Bayramında bazı öğrenciler Antalya'ya, bazı öğrenciler Samsun'a gidecekmiş.

犠牲祭にはアンタルヤへ行く予定の学生もいれば、サムスンへ行く予定の学生もいるそうだ。

51 Bazıları denize gitti, bazıları otelde kaldı.

彼らの中には海へ行った者もいれば、宿に留まった者もいた。

51 İnsan bazen serüven istiyor, bazen de huzur istiyor.

人間というのはときに冒険を欲し、ときに平穏を欲する。

Sarhoş kızım bazen salonda, bazen de koridorda uyuyor.

酔った私の娘はサロンで寝ているときもあれば、廊下で寝ているときもある。

語彙：Kurban Bayramı 犠牲祭（ヒジュラ暦 12 月 10-13 日）　serüven 冒険 huzur 平穏　koridor 廊下

コラム 8

トルコ庶民文化の花：影絵芝居カラギョズ

山下　真吾

　カラギョズとはトルコの伝統的な影絵芝居のことです。スクリーンに後ろから光を当てて、半透明の切り絵人形を棒で操って芝居が行われます。人形師は操作とともに複数の登場人物の声を当てます。また歌唱や詩の吟唱、音楽などを伴います。

　カラギョズは、祝祭などの夜に上演される定番の娯楽であり、ラマザン月の夜などには、オルタオユヌと呼ばれる即興劇とともに広場などで演じられました。

カラギョズ（右）とハジュヴァト

　カラギョズでは様々な地方からの人物が登場してそのしゃべり言葉の特徴が模倣されます。その代表格は、庶民のカラギョズと、教養ある長老格のハジワトとの間で繰り広げられるちぐはぐな会話です。ある場合にはハジワトは教師のようにカラギョズに知識を教えようとします。オスマン語が入り混じるハジワトの言葉をカラギョズが聞き違えてトルコ語にパラフレーズするところが笑いのツボです。そんな掛け合いの中には早口言葉も登場します（リッター版）：

Ben...ocak kıvılcımlandırıcılardanım.　私は炉端の火をパチパチいわせる者たちの一人だ。

　早口言葉はトルコでは滑舌を鍛えるためによく用いられます。この例文では名詞や動詞の後ろに接尾辞を接続して一単語をどこまでも伸ばしていけるトルコ語の特徴がよく表れています。この例文をどうやって分解するか調べてみると面白いでしょう。

読書案内

勝田茂「トルコ影絵芝居（カラギョズ）の世界」『Ex Oriente』3, 2000, pp. 55-77.
永田雄三, 江川ひかり『世紀末イスタンブルの演劇空間』白帝社, 2015.

動詞義務形

17.1 義務形 -meli (-meli/-malı)

トルコ語の動詞義務形 -meli は「〜しなければならない」、「〜するべきだ」という義務的行為や、「〜するに違いない」、「〜するはずだ」という話者が確信を抱いている行為を言い表す。

義務形の活用

	肯定 〜しなければならない	否定 〜してはならない	疑問 〜しなければならないのか?
動詞語根	-meli + 人称接尾辞 -malı + 人称接尾辞	-memeli + 人称接尾辞 -mamalı + 人称接尾辞	-meli mi + 人称接尾辞? -malı mı + 人称接尾辞?
例外動詞	なし		

Ben yıkanmalıyım.　　　　私は身体を洗わねばなりません。
Sen değerlendirmelisin.　　君は評価せねばなりません。
O ölmemeli.　　　　　　　彼は死んではいけません。
Biz yüzmemeliyiz.　　　　　私たちは泳いではいけません。
Siz tamamlamalı mısınız?　あなたは完了させないといけないのですか?
Onlar tavsiye etmeliler mi?　彼らは推薦しないといけないのですか?

語彙：yıkanmak 身体を洗うこと　değerlendirmek 評価すること
tavsiye etmek 推薦すること

Ben havalimanına gitmeliyim. **52**

私は空港へ行かねばなりません。

Sen ciddi çalışmalısın. **52**

君は真剣に働かねばならない。

Türk erkekler askere gitmeliler. **52**

トルコ人男性は兵役へ行かねばならない。

Başkalara fazla yardım etmemeliyiz. **52**

私たちは他者に過度に手助けをしてはならない。

Ay tabaktaki sütler kayboldu! ...Kedim içmiş olmalı. **52**

あら、お皿にあったミルクがなくなっちゃった！ 私の猫が飲んだのに違いないわ。

Garson bey, hesabınız yanlış. 77 TL olmalı.

ギャルソンさん、あなたのお会計は間違えていますよ。77 リラのはずです。

Mercimek çorbası sofrada. Annem benim için pişirmiş olmalı.

食卓にはレンズ豆のスープが置かれていた。母が私のために作ってくれたに違いなかった。

O kadar küçük tilkiyi vurmalı mıyım?

私はあんなに小さな狐を撃たねばならないんですか？

17

語彙：ciddi 真剣な、真剣に、深刻な　asker 兵隊、兵役
başkalar 他者、他のもの　fazla 過剰な、過剰に　mercimek レンズ豆
çorba スープ　tilki 狐

練習 1）　トルコ語にせよ。

1．私は毎朝 7 時に犬のために扉を開けてやらなければならない。
2．諸君は図書館では静かにしなければなりません。
3．イスマーイール一世はチェスで苛烈王セリムを打ち負かさねばならなかった。
4．私たちは他人の不幸を無視するべきではなく、その反対に助けるべきだ。
5．代議士は民衆の代表者であるべきであり、特定の権力の味方であってはな

らない。

6. 私たちはビュユク島には車で入ってはならない。

7. この書類にサインしないと駄目ですか？

語彙：Şah İsmail イスマーイール一世（サファヴィー朝の初代君主）
satranç チェス　Yavuz Sultan Selim セリム一世　-i yenmek ～を打ち負かすこ
と　mutsuzluk 不幸　-i ihmal etmek ～を無視すること　ters 反対の
temsilci 代表者、代弁するもの　özel 私的な　iktidâr 権力　destekçi 支援者
Büyükada ビュユク島（イスタンブル近海の島）　belge 書類　imzâ atmak 署
名すること

(17.2) 断定の付属語 -dir (-dir/-dür/-dır/-dur/-tir/ tür/-tır/-tur)

　-dir はあらゆる品詞に付属し、「～である」という断定や、「～に違いない」
という確信の意味を表す 4 母音活用型の接尾辞である。前の語の末尾が無声子
音で終わる場合は -tir/tür/-tır/-tur になる。

(17.2.1) 断定と確信

53 Türkiye Cumhuriyeti'nin temeli kesinlikle demokrasi ve laikliktir.
トルコ共和国の基礎は、疑いようもなく民主主義と世俗主義である。

53 Su yetersizliği vücudumuza zararlıdır.
水分不足は私たちの身体にとって害である。

53 Ahmet gelmiyor, odasında uyuyordur.
アフメトが来ない、自分の部屋で寝ているに違いない。

Kalem seyften daha güçlüdür.
筆は剣より勁し。

Türkiye'de kahve çaydan daha eski ve geleneksel içecektir.
トルコにおいて珈琲はチャイよりも古く、伝統的な飲料なのである。

Cin insandan daha zeki ama daha fenadır, hayvan insandan daha aptal ama daha masumdur.
精霊は人よりも賢いが邪悪である。獣は人よりも馬鹿だが無垢である。

語彙：temel 基礎、基礎的な　kesinlikle 明らかに、疑うべくもなく
demokrasi 民主主義　lâiklik 世俗主義、政教分離主義
yetersizlik 不足、欠乏　vücut 身体、肉体　seyf 剣　güçlü 力強い
fenâ 邪悪な、性悪な　aptal 馬鹿、馬鹿な　mâsum 無垢な、純真な

(17.2.2) 最上の表現

「～の中でもっとも～な」という最上の意味を現す表現において -dir は頻用される（必ず付属させねばならないわけではない）。トルコ語の最上の表現は、所有形と形容詞 en「もっとも」を併用して「A の中でもっとも～な B は C である」という形で言い表される。

Bu sınıfın en çalışkan öğrencisi Elif'tir.
このクラスのもっとも勤勉な学生はエリフなのです。
Tütk milleti dünyanın en yüce milletidir.
トルコ民族は世界でもっとも崇高な民族である。
Müslümanların en kutsal kitabı Kurân-ı Kerîm'dir.
ムスリムたちにとってもっとも神聖な書物は『クルアーン』である。
Hayatın en önemli unsuru nedir?
人生でもっとも重要な要素とは何であろうか？

語彙：millet 国民、民族　yüce 尊い、気高い　kutsal 聖なる
Kurân-ı Kerîm『クルアーン』　unsûr 要素

17.2.3 継続の表現

　üç saat や beş yıl、uzun zaman のように経過時間を表す表現に -dir を付属させると「〜の間ずっと」という継続の意味になる。経過時間を表す -dir 節は主として文頭に置かれるものの、文中に置かれる場合も散見される。

53 Uzun zamandır ben bu kitabı okuyorum ama hiç anlamıyorum.
私は長いことずっとこの本を読んでいるが、まったくもって理解できない。

53 Biz beş saattir otobüs içerisindeyiz.
私たちは5時間ずっと、バスの車内にいる。

On iki senedir Almanya'daydım.
私は12年間、ドイツにいる。

Kaç haftadır seni görmedim?
何週間、君と会わなかったろうか？

練習2）　トルコ語にせよ。

1．サズはトルコの伝統的な楽器なのである。
2．イスタンブルで一番、大きなモスクはスルタンアフメト・モスクである。
3．トルコ人たちのもっとも偉大な指導者はアタテュルクである。
4．イスタンブルの人口はギリシアよりも多いのである。
5．先生たちは愛は金より大切であると主張している。
6．長いことずっと、私たちはアルバニアを訪れたかった。
7．この3週間、戦争が続いています。

語彙：saz サズ　çalgı 楽器　önder 指導者　iddia etmek 主張すること
Arnavutluk アルバニア　nüfus 人口　devam etmek 続けること、続くこと

単語　感情			
duygu	感情、気持ち	şaşmak	驚くこと
his	感覚	şaşırmak	たじろぐこと、うろたえること
sezgi	予感	üzüntü	嘆き
namus	名誉	üzgün	悲しむべき
ayıp	恥	üzmek	（人を）悲しませること、悩
mutlu	幸福な		ませること
mutluluk	幸福	üzülmek	悲しむこと、残念に思う
memnun olmak	満足すること、幸		こと
	せを感じること	acı	辛い、哀れな
neşeli	ご機嫌な	zavallı	哀れな
neşelenmek	ご機嫌になること	pişman	後悔
korku	恐怖	deli	狂った、怒った
korkmak	恐れる	kızgın	怒った
heyecan	興奮	kızgınlık	怒り
hoş	喜ばしい	öfke	憤怒
hoşlanmak	満足すること	hiddet	激怒
şaşkın	驚くべき	utanç	恥
şaşkınlık	驚き	utanmak	恥ずかしがること

17

18 動詞命令形、願望形、提案形

本課では命令形、願望形、提案形の3種類の動詞活用形を学ぶ。

18.1 命令形

トルコ語の命令形は丁寧さに応じて単数命令「〜しろ」、複数命令「〜してください」、敬体命令「〜なさってください」の3種と、類似の意味を持つ勧誘命令「〜してみなよ／してご覧なさい」を有する。

命令形

主語		肯定	否定	例外動詞
単数命令 〜しろ	動詞語根+	―	-me/-ma	―
複数命令 〜してください		-in/-ün/-ın/-un -yin/-yün/-yın/-yun	-meyin/-mayın	gitmek → gidin etmek → edin yemek → yiyin demek → deyin
敬体命令 〜なさってください		-iniz/-ünüz/ -ınız/-unuz -yiniz/-yünüz/ -yınız/-yunuz	-meyiniz/ -mayınız	gitmek → gidiniz etmek → ediniz yemek → yiyiniz demek → deyiniz
勧誘命令 〜してみなよ なんで〜しないのさ		-sene/-sana -senize/-sanıza	（稀） -mesene/ -masana -mesenize/ -masanıza	―

18.1.1 単数命令   **54**

　動詞語根に何もつけない形が単数命令である。命令対象に sen を想定し、「〜
しろ」、「〜して」を意味する。否定命令の場合には動詞語根に否定の me を付
属させる。bak や dur のように慣用的な表現も少なくない。

　Git.
　去れ。
　Gelme.
　来るな。
　Bunu al, hemen def ol!
　こいつを持ってとっとと失せろ！
　Ounun gibi herifle arkadaş olma.
　あいつみたいな奴と仲良くするな。
　Öyle ufak bir şeyi kafana takma, boş ver!
　そんなみみっちいことを気にするな、放っとけ。
　Yapma.
　やめろ。(「よしておけ」、「やめなよ」程度のニュアンス)
　Dur.
　止まれ。(「待った」、「待って」程度のニュアンス)
　Bak.
　見ろ。(Ey bak.「おい見ろ」のように相手の関心を引き付ける)
　Bırak.
　置いておけ。(「放っておけ」、「気にすんな」程度のニュアンス)

　語彙：def olmak　退去すること　herif 奴　ufak 些末な
　-i kafasına takmak　〜を気にすること

18

185

(18.1.2) 複数命令 -in（-in/-ün/-ın/-un/-yin/-yün/-yın/-yun）

　複数命令接尾辞 -(y)in は4母音活用をし、動詞語根が母音末尾の場合には y
を介在する。命令対象に siz を想定する「〜してください」という丁寧な命令
表現、ないしは「君らは〜せよ」という複数の相手に対する命令表現である。

54 Şu işleri yapın.
その仕事をしてください。

54 Daha acele edin.
もっと急いでください。

Konferansta serbestçe konuşun.
学会ではご自由にお話しください。

54 Aman çocuklar, siz ne yaramazsınız. Sakın sınıftan çıkmayın dedim ya!
ああ、子供たち、あなたたちはなんて利かん坊なの。絶対に教室から出る
なって言ったでしょ！

　　語彙：acele etmek 急ぐこと　konferans 学術会議、国際会議
　　serbestçe 自由に　sakın 決して　aman もう、勘弁してくれ
　　yaramaz 利かん坊な

(18.1.3) 敬体命令 -iniz（-iniz/-ünüz/-ınız/-unuz/-yiniz/-yünüz/-yınız/-yunuz）

　敬体命令接尾辞 -(y)iniz は4母音活用をし、動詞語根が母音末尾の場合には
y を介在する。命令対象に siz や「あなた様」、「あなた様方」を意味する sizler
を想定する敬意の籠った命令表現である。畏まった場やサービス業の分野で用
いられる。

54 Lütfen, açıkça söyleyiniz.
どうか、正直に仰ってくださいませ。

54 Saat beşte bizi arayınız.
5時に私どもにお電話くださいませ。

Resimlere dokunmayınız.
絵にお手を触れられませぬよう。
Konuşmanızda mutlaka siyasi konulardan söz etmeyiniz.
お話のなかで決して政治的な論題には触れないで頂きたい。

語彙：açıkça 詳らかに、正直に　dokunmak 触ること　konuşma スピーチ
siyâsî 政治の、政治的な　konu テーマ

(18.1.4) 勧誘命令 -sene（-sene/-sana, -senize/-sanıza）

動詞語根に -sene/-sana を付属させると「〜してみなよ」のように親しみを込めつつ、相手にある行為をするよう促す表現となる。-senize/-sanıza を付属させると「なんで〜しないのさ（しろよ）」というかなり強い命令になる。

Hasan, soframıza gelsene.
ハサン、俺たちのテーブルに来なよ。
Hey baksana, kavga ediyorlar!
おい見ろよ、喧嘩してるぞ！
Bu hikayeyi okusanıza.
この物語を読んでみろって言っただろ。

練習１）　トルコ語にせよ。

１．明日までよく休んでおけ。
２．危険な地区へ近寄るな。
３．車両が出ます、急いでください。
４．どうか洗濯機を叩かないでくださいませ。
５．敬愛すべき来館者の皆様にお願いがございます。当博物館では大きな声でお話にならないでください。
６．まずはビールを飲んで、それから酒肴をつまみなよ、そしたらいい塩梅になるさ。

語彙：tehlikeli 危険な　yaklaşmak 近寄ること　çamaşır 洗濯物
makine 機械　sayın 敬愛すべき　ziyaretçi 訪問者　meze つまみ、前菜
rahatlamak 安心すること

(18.2) 願望形 -sin (-sin/-sün/-sın/-sun)

　動詞語根に -sin を付属させると、「～したまえ」、「～かし」、「～するといいな」のような話者の願望を表す表現となる。また日常生活では「～してよ」という、ややぞんざいな命令表現としても多用される。

願望形 -sin（-sin/-sün/-sın/-sun）

主語		活用	例外動詞
sen, siz, o, 一般名詞等	動詞語根 ＋	-sin/-sün/-sın/-sun	―

55 Yarın hava açık olsun!
明日、晴れますように！

55 Yağmur yağmasın!
雨よ、降るなかれ！

Yaşasın hakana!
万歳、王様！（永らえたまえ）

55 Aşk olsun.
勘弁してくださいよ。（愛よ、あれかし）

55 Olsun!
いいよ！（気にしないで）

55 Başarılı olsun.
うまくいくといいね。

55 Kolay gelsin.
頑張ってくださいね。

188

Yarın partimize Ahmet gelmesin. **55**
明日パーティーにアフメトが来ませんように。

Bunu yapsın. **55**
これをやっといて。

Kahvem çok şekerli olsun.
私のトルコ珈琲はうんと甘くしてちょうだい。

-Bu tabak bitti mi? -Yok yok, bitmiyor, lütfen kalsın.
こちらのお皿は終わりましたか？　いやいや終わってないよ、残しておいて。

語彙：hâkân 君主、主君

練習２）　トルコ語にせよ。
１．来週の今日は天気が曇りませんように！
２．この手紙があなたにとって良い知らせとなりますように。
３．神よ、我が国に勝利を与えたまえ。
４．明日、社長に私の借金のことは話すなよ。
５．私たちの机に燐寸を持ってきてくれたまえ、灰皿も忘れないように。

語彙：haftaya bugün 来週の今日　bulutlu 曇りの　müjde 吉報　vatan 祖国
muzaffer 勝利　patron 雇い主　borç 借金（borc- ＋母音）　kibrit 燐寸
kültablası 灰皿

18

(18.3)　提案形 -(y)eyim (-eyim/-ayım/-yeyim/ -yayım　-elim/-alım/-yelim/-yalım)

　提案形には単数と複数の２種がある。動詞語根に単数提案形 -(y)eyim は「私
は～をするぞ」という自らの意思を表明するのに用いられ、複数提案形 -(y)elim
は「一緒に～をしましょう」という勧誘の意味を示す。単数・複数共に動詞語
根が母音末尾の場合には -y- を介在する。

189

主語		活用	例外動詞
ben	動詞語根 +	-eyim/-ayım/ -yeyim/-yayım	gitmek → gideyim　etmek → edeyim yemek → yiyeyim　demek → diyeyim
biz		-elim/-alım/ -yelim/-yalım	gitmek → gidelim　etmek → edelim yemek → yiyelim　demek → diyelim

56 🔊

Akşam lahmacunu yiyeyim.
夜はラフマジュンを食べよう。

Çok yorgunum, bu gece hemen yatağa gideyim.
私とても疲れてるわ、今夜はすぐにベッドへ行こう。

Bugün çok sıcak, bir yerde yelpaze alayım.
今日はとっても暑いわね、どこかで扇子を買おう。

56 🔊

Hocam, ben yapayım mı?
先生、私がやりましょうか？

Sana yardım edeyim mi?
あんたを手伝ってあげましょうか？

56 🔊

Peki beraber çıkalım.
それじゃあ一緒に出ましょう。

56 🔊

O hiç anlamamış, tekrar anlatalım.
彼はまったく理解してないみたいだぞ、もう一度説明してやろうよ。

Bu sırrı Ahmet'e söylemeyelim, aramızda kalsın.
この秘密をアフメトに言わないでおこう、私たちだけの秘密だぞ。

語彙：lahmacun ラフマジュン（薄いピザのような食べ物）
yorgun 疲労した　yelpâze 扇子　sır 秘密（sırr + 母音）
arasında kalmak 内々に留めておくこと

練習3）　トルコ語にせよ。

1．お母さん、僕がクレジットカードで払うよ。
2．明日は祭日だ。羊を屠ろう。
3．ねえ君、一緒にチャイを飲もうよ。
4．一緒に教室を探しましょうよ。
5．今日の昼食は何を食べようかな？
6．来週、天気になあれ！

語彙：kredi kartı クレジットカード　bayram 祭日　koyun 羊
kesmek 切る、屠ること　canım 我が魂（親しい間柄での呼びかけ）　düğün 披露宴

練習4）　和訳せよ。

Eda　　: Baksana Öykü, eski berberin yerine yeni lokanta açılmış. Bir şey
　　　　　yiyelim mi orada?

Öykü　: Ama Özgür'ü bekletmek istemiyorum.

Eda　　: Yapma ya, o ahirete kadar seni bekleyecektir. Lütfen Öykücüğüm, ben
　　　　　açlıktan ölmek üzereyim.

Öykü　: Sen hemen ölüyorsun. ....Tamam hadi oturalım. Ama ben hemen
　　　　　kalkayım. Tamam mı?

Eda　　: Tamam tamam. Hemen kalkacağız. ...Merhaba ağabey, iki kişiyiz. Yer
　　　　　ayırtmadık ama...

Garson: Merhaba buyurun, hoş geldiniz hanımlar. Boş masaya oturunuz.

Eda　　: Sağ olun, garson bey. Öykü, masayı seç.

Öykü　: ......Pencerenin yanına oturalım. Orası daha sakin.

....

Eda　　: Peki ne yiyelim...Öykücüğüm sen ne yiyeceksin?

Öykü　: Gözleme olsun, börek olsun. Sorun değil. Zaten pek aç değilim.

Eda　　: Şekerim yapma ya, hazır yemeklere ihtiyacım yok!

Garson: Hanımefedi, inan bizde hazır yemek yok. Hepsini ustamız ustaca
　　　　　pişiriyor.

Öykü : İşte duydun. Garson bey, bizim de biraz acelemiz var. Tavsiyeniz var mı?

Garson: O zaman size mantımızı tavsiye edeyim.

Eda : Bana nohutlu dürüm de getirin.

Öykü : ....

Garson: Peki, başka ne içeceksiniz?

Öykü : Bana çay lütfen, arkadaşıma...

Eda : Canım Fanta istiyor.

Öykü : Canı Fanta istiyormuş.

Garson: Peki, iki dakikada getiriyorum. Biraz bekleyin.

Eda : Sağ olun garson bey.

（Eda çantasından akıllı telefonu çıkardı）

Öykü : Eda ne yapıyorsun?

Eda : Ne yapıyorum, mesaj yazıyorum.

Öykü : Kime yazıyorsun?

Eda : Özgür'e. Bir saat geç kalacağız diye. ... Peki gönderdim.

Öykü : Yapma ya! Onu bekletmek istemiyorum dedim ya! En az yarım saat yazsana.

Eda : Ha yarım saat bir saat, ha bir saat yarım saat. Ay, bir saniye, yanıt geldi. Özgürcüğüm ne hızlı yanıtladı!

Öykü : O ne diyor?

Eda : Sakin ol, canım. Hım hım...Hıııım, vay be!

Öykü : Telefonu ver, o ne diyor?

Eda : "Ahirete kadar seni bekliyorum" diyor.

語彙：berber 床屋　bekletmek 待たせること
âhiret 来世（審判の日のあとに至る世界）　açlık 空腹　〜üzere 〜しそうになる
hadi さあ（haydi の縮約形）　yer ayırtma 予約　〜 filan 〜など、とか
-cik (-çik/-cük/-çük/-cık/-çık/-cuk/-çuk) 〜ちゃん　gözleme ギョズレメ
börek ボレキ　zâten もともと　şekerim 大切な人

192

hazır yemek インスタントフード　hanımefedi ご婦人、お嬢さま
ustaca 熟練した様子で　tavsiye おすすめ　mantı マントゥ　nohut ひよこ豆
dürüm デュリュム　canı ～ istemek 心が～を欲すること、～が欲しいと思うこと
iki dakika 2分、ちょっとの間　mesaj ショートメール　en az 少なくとも、せめて
ha A B, ha B A A が B だろうと B が A だろうと違いはない
bir sâniye 1秒、一瞬、ちょっと待って　yanıt 返答、返事
yanıtlamak 返答すること　hım hım ふむふむ、なるほど
vay be! あらまあ！、うひょお！

単語　服

giysi	衣服	düğme	ボタン
elbise	衣服（やや古）	fermuar	ファスナー
giyim	服装、服飾	yaka	襟
kıyafet	服飾、服装	giysi kolu	袖口
çamaşır	衣料、洗濯物	kumaş	布地
takım elbiseleri	スーツ	pamuk	木綿
kemer	ベルト、帯	ipek	絹
gömlek	インナー、シャツ	yün	羊毛、フェルト
tişört	Tシャツ	kadife	ビロード
don	下着	ayakkabı	靴
şort	ショーツ	terlik	スリッパ
kazak	ニット	sandal	サンダル
yelek	チョッキ	çorap	ソックス
pantalon	パンツ	şapka	帽子
palto	コート	kep	庇のない帽子全般
blucin	デニム	fes	フェス帽（トルコ帽）
gece elbisesi	カクテルドレス	eldiven	手袋
pardesü	レインコート	atkı	マフラー
mayo	水着		

18

			ら作った頭布全般）
tesettür giyimleri			
	女性のイスラーム的服装	başörtüsü	（頭にかぶる）スカーフ
	全般	eşarp	（頭にかぶる）スカーフ
türban	ターバン（bir kumaş か	peçe	ニカーブ

コラム9　舌が記憶するクルドの文化

磯部　加代子

　世界史で有名なチグリス川とユーフラテス川の流れる「メソポタミアの地」は、クルド人が多く住む地域であり、彼・彼女らは自らの土地を「クルディスタン」と呼ぶ。クルド人はクルド語を話す人々だが、クルド語が禁じられてきた経緯と、教育言語がトルコ語であることから、トルコ語も話すことができる。しかし、クルド語とトルコ語は全く系統の異なる言語であり、トルコ語ができてもクルド語を理解することは（語彙がかなり入っていることを勘定に入れたとしても）不可能である。また、クルド語の方言差は激しく、イラン国境に接する町であるワンの青年とガズィアンテプの女性が結婚したところ、互いのクルド語では話が通じず、結局トルコ語で話している、という皮肉も。料理の名前ひとつ取ってみても、書き言葉として発展しなかったことに起因するのか、かなりのバリエーションがある。トルコ随一の美食の町ガズィアンテプで食べた料理（写真参照）のクルド語名をクルド人たちに聞いてみると、「ロウク loğuk・loğık」「ロウケ loğıke」「ロズィッキ lozik」「ロルック loluk・lölük」など、それこそ「村ごとに違うのか？」と思うほどにバリエーション豊か。中には、全く別の料理名「これはシヴェディズ Şivediz だよ」という声も。2つの料理は若干の具材の違いがあるだけで筆者からしたらほぼ同じだが、クルド人たちの白熱する議論を聞きながら、自文化への誇りと故郷への愛をひしひしと感じたのだった。また、馴染みの歓待「いつでも作るから遊びに来て」というお誘いも漏れなく沢山頂戴し、いかにもクルド的である。故郷の味は母の手料理の味。国を持たないクルド人の母語クルド語は、瀕死の言語と言ってよい。しかしいみじくもトルコ語では「言語 dil」と同じ言葉で表される「舌 dil」を介して、母語の記憶はかろうじて留まり続けている。

「ロウク」

読書案内
　小島剛一『トルコのもう一つの顔』中公新書，1991.
　山口昭彦（編）『クルド人を知るための55章』明石書店，2019.

19 動詞中立形

中立形 -ir（-ir/-ür/-ır/-ur, -r, -er/-ar）

　中立形 -ir は2母音変化、4母音変化の双方を有する動詞活用形である。トルコ語においては「（習慣的）に～する」、「（経験的に）～している」、「（付帯的な意思を込めて）～する」といった、大別すれば習慣と意思の意味を表す。まずは活用について見てみよう。

19.1　中立形の活用

中立形活用の概要

	動詞語根末尾	
①	子音	-ir/-ür/-ır/-ur
②	母音	-r
③	動詞語根内に母音1つのみ	-er/-ar
④	例外動詞	olmak bilmek gelmek almak vermek görmek kalmak durmak sanmak ölmek varmak denmek yenmek konmak

58 ①動詞語根が子音末尾の場合は -ir/-ür/-ır/-ur を付属させる。

öğrenmek	öğrenir	学ぶ
götürmek	götürür	持っていく
yaptırmak	yaptırır	行わせる
unutmak	unutur	忘れる

196

②動詞語根が母音末尾の場合は -r を付属させる。　　　　**58**

demek	der	言う
yemek	yer	食べる
dinlemek	dinler	聞く
yürümek	yürür	歩く
oynamak	oynar	遊ぶ

③動詞語根内に母音が1つしかない場合は -er/-ar を付属させる。　　　　**58**

yapmak	yapar	行う
girmek	girer	入る
gülmek	güler	笑う
kalkmak	kalkar	立ち上がる
doğmak	doğar	生まれる、昇る
etmek	eder	する
gitmek	gider	行く

④③のように動詞語根内に母音が1つしかないにも拘らず、-er/-ar ではなく、**58**
-ir/-ür/-ır/-ur を付属させる例外動詞もある。

olmak	olur	なる
bilmek	bilir	知る
bulmak	bulur	見つける
gelmek	gelir	来る
almak	alır	取る、買う
vermek	verir	与える
görmek	görür	見る、会う
kalmak	kalır	留まる、残る
durmak	durur	止まる
sanmak	sanır	思う
ölmek	ölür	死ぬ
varmak	varır	達する

19

vurmak	vurur	打つ
denmek	denir	言われる
yenmek	yenir	勝つ、食べられる
konmak	konur	置かれる

(19.2) 人称活用

現在形、未来形などと同じように肯定文では中立形活用の後に、疑問文では
疑問の mi の後に、それぞれ人称接尾辞を付属させる。

59

肯　定

動詞語根　　　　+　-ir/-ür/-ır/-ur/-r/-er/-ar　　　　+　人称接尾辞.
　〜　　　　　　する。

Ben bağırırım.	私は怒鳴る。
Sen yasaklarsın.	君は禁じる。
O seyreder.	彼は観る。
Biz uyanırız.	私たちは目を覚ます。
Siz çevirirsiniz.	君は翻訳する。
Onlar bozar(lar).	彼らは壊す。

語彙：bağırmak 怒鳴ること　uyanmak 目を覚ますこと
çevirmek 移すこと、翻訳すること　bozmak 壊すこと

59

疑　問

動詞語根　　　　+　-ir/-ür/-ır/-ur/-r/-er/-ar　mi　+　人称接尾辞？
　〜　　　　　　するのか？

| Ben fısıldar mıyım? | 私は囁くだろうか？ |
| Sen kandırır mısın? | 君は欺くだろうか？ |

O çeker mi?	彼は引くだろうか？
Biz bildirir miyiz?	私たちは知らせるだろうか？
Siz önemser misiniz?	あなたは重視するだろうか？
Onlar dayanır（lar）mı?	彼らは耐えるだろうか？

語彙：fısıldamak 囁くこと　kandırmak 欺くこと　bildirmek 知らせること
önemsemek 重視すること　dayanmak 耐えること

否 定

中立形の否定は3人称単数、および一般名詞を主語とする場合の -mez/-maz が基本となるが1人称単数では -mem/-mam、1人称複数では複数 -meyiz/-mayız という特殊な形を取る。

中立形否定と人称接尾辞

人称代名詞		中立形否定形
ben		-mem/-mam
sen		-mezsin/-mazsın
o	動詞語根＋	-mez/-maz
biz		-meyiz/-mayız
siz		-mezsiniz/-mazsınız
onlar		-mezler/-mazlar

Ben yapmam.	私はしない。
Sen endişe etmezsin.	君は心配しない。
O danışmaz.	彼は相談しない。
Biz giymeyiz.	私たちは着ない。
Siz değerlendirmezsiniz.	あなたは評価しない。
Onlar karşılaştırmaz（lar）.	彼らは比較しない。

語彙：endişe 心配　danışmak 相談すること　〜i 〜le karşılaştırmak 比

較すること

練習 1 ） トルコ語にせよ。

teklif etmek （Hatice は提案する）

içmek （私は飲む）

tutmak （君は摑む）

anlatmak （彼は説明する）

ölmek （私たちは死にますか？）

bekletmek （あなたたちは待たせますか？）

açmak （彼らは開けているのだろうか）

kahvaltı yapmak （Metehan は朝食を摂らない）

açıklamak （私は説明しない）

hissetmek （君は感じない）

değmek （彼は触れない）

kapatmak （私たちは閉じない）

kalmak （あなたたちは留まらない）

tasarlamak （彼らは企画しない）

⑲.3 中立形の意味

⑲.3.1 習慣・経験

中立形は「君は（毎日のように）遅刻する」や「私は（普段から）ランニングしている」というような習慣的な行為や、「太陽は東から昇るものだ」、「馬は速く走るものだ」のように帰納的な経験の積み重ねの結果、事実として認識されている現象全般を言い表す。そのため超越形と呼ばれることもある。

60 Sen her zaman geç kalırsın.
お前はいつも遅刻する。

60 Ben sabahleyin vişne suyu içerim.
私は朝、サクランボジュースを飲むことにしている。

Türkler sık sık şiirler söyler. **60**
トルコ人はしばしば詩を詠む。

Müslümanların çoğu domuz yemez. **60**
ムスリムの大半は豚を食べない。

Ay batıdan doğar, doğudan batar. **60**
月は西から昇り、東へ沈む。

Kuzey yarıkürede soğukluk kuzeyden gelir, sıcaklık güneyden gelir.
北半球では寒さは北から、暑さは南からやって来る。

Orman ağaçlardan oluşur.
森というのは木々から成るものだ。

Sen araba sürür müsün?
君は運転をするかい？（日常的に、あるいは趣味などで）

Siz Türkçe konuşur musunuz?
あなたはトルコ語を話すのですか？

　また、中立形の後に過去付属語 -(y)di を付属させると、「（昔は）～したものだ、していたものだ」という回想的叙述を表す場合もある。

Hasan'la sevgilisi kahvehanede uzun uzun sohbet ederlerdi. **60**
ハサンと彼の恋人は珈琲店で長いことおしゃべりに興じたものだ。

Eskiden çok sigara içerdim de geçen sene nihayet bıraktım.
昔はよく煙草を吸ったものだが、昨年ついにやめた。

19

　語彙：sabahleyn 朝に　vişne サクランボ　yarıküre 半球　soğukluk 寒さ
kuzey 北　sıcaklık 暑さ、温度　güney 南　orman 森
sohbet etmek 歓談すること　nihâyet ついに

(19.3.2) 意思（意思・提案・依頼）
　中立形のもう一つの重要な意味は、「～をしよう」という意思の表明である。
そのため1人称代名詞 ben が主語となる文では、提案形単数 -(y)eyim「～し

よう」へ置換が可能なことも少なくない。

60 Ben eve dönerim.
私は家に帰ろう。(「家に帰るぞ」という強い意思)

60 Ben asla yapmam.
私は絶対にやらない。(「決してやらない」という強い意思)

O şimdi konuşmak ister.
彼女はいま話したがってるんです。(「いま話す」ことに対する強い意思)

Biz oraya gitmeyiz, sen gitsin.
私たちはそこへ行かないわ、あんたが行けばいいじゃない。

Hesap alırız.
お勘定にしましょう。(提案形で置換可能)

　また、他者に対して中立形疑問文で話しかけると「～してくれますか?」という日本語におけるヤリモライ表現に類似の遜った依頼となる。

60 Bunu yapar mısın?
君、これをやってくれるかい?

60 Bakar mısınız?
面倒を見てくれますか?(店員を呼ぶ際に用いる慣用表現)

60 Soframıza çatal bıçak getirir misiniz?
私たちのテーブルにカトラリーを持ってきてもらえますか?

60 Bu işleri yarına kadar bitirir misin?
この仕事を明日までに終わらせてくれるかい?

60 Garson bey, bana bir daha bira verir misiniz?
ギャルソンさん、私にもう一杯ビールをくださいますか?

Daha yavaş yürür müsün?
もっとゆっくり歩いてくれない?

　語彙:aslâ 絶対に、決して　çatal フォーク　buçak ナイフ

çatal buçak　カトラリー

練習2）　中立形を用いてトルコ語にせよ。
1．トルコ人の大半は子羊肉を好む。
2．私は、夜11時に寝て、7時に起きることにしている。
3．もうちょっと大きな声で話してもらえませんか？
4．君は煙草を吸うのかい？　いいえ、吸いません。
5．人は愛では腹が膨れない。
6．私たちも若い頃はディスコへ足繁く通ったものだ。
7．彼は70年代にはサズを弾き、他の吟遊詩人たちと歌合せをしたものだ。
8．私は今後、二度と同じ過ちを犯すまい。
9．映画館に行こうよ。　あんたと？　絶対に行く気はないわ。
10．ほら、そこにサインしてもらえますか？
11．扉を開けてくれない？　それかこの袋を部屋まで運んでくれるかしら？
12．私の代わりにレポートを書いてくれませんか？　寝ぼけてんのか、絶対に
　　書かないぞ。
13．あんた、この辞書を買う気？　あたしはお勧めしないわ。
14．ウェイターさん、私たちの食卓にラク酒のボトルを持ってきてもらえますか？

語彙：kuzu 子羊　doymak 満腹になる　disko ディスコ　gençken 若い頃
数字 + -li yıllar　〜年代（＝数字 + 'ler）　çalmak 奏でること　ozan 吟遊詩人
atışma 歌合せ　bundan sonra 今後　aslâ 決して　işte ほら　poşet 買い物袋

(19.3.3)　中立形を用いた副詞的用法
　中立形の肯定形と否定形を並べると「〜するや否やすぐに」という意味の副
詞句を形成する。この際、主語が何であれ3人称単数活用形の形を取り、人称
接尾辞や付属語などは付属しない。

doğar doğmaz　　　　　　生れるや否やすぐに
uyur uyumaz　　　　　　　眠るや否やすぐに

yer yemez 食べるや否やすぐに
fark eder etmez 気が付くや否やすぐに
yalan söyler söylemez 嘘をつくや否やすぐに

Korkut ilaç içer içmez uyuyakaldı.
コルクトは薬を飲むや否やすぐに眠り込んでしまった。
Ders başlar başlamaz deprem oldu, okul binası yıkıldı.
授業がはじまるや否や地震が起こり、校舎が崩壊した。
Edirne'den geçer geçmez trenimiz Bulgaristan'a girdi.
エディルネを過ぎるとすぐ、私たちの列車はブルガリアへ入った。

語彙：uyuyakalmak 眠りこけること　yıkılmak 崩壊する

練習3）　トルコ語にせよ。
１．男子たちは彼女を一目見るや否や恋に落ちたものだ。
２．国会が終わるや否や多数の国会議員が国外へ逃亡した。
３．私が金を使い尽くすや否や友達は私を捨て去った。

語彙：-e aşık olmak　〜に恋すること、懸想すること　meclis 国会、議会
çok sayıda 多数の　yurtdışı 国外　tüketmek 消費すること

204

単語　国、政治

ülke	国	medeniyet	文明
siyâset	政治	uygarlık	文明
meclis	議会	kültür	文化
devlet	政府	iletişim	コミュニケーション
iktidâr partisi	与党	din	宗教
muhâlefet partisi	野党	ırk	人種
kabine	内閣	ordu	軍隊
milletvekili	国会議員	darbe	クーデター
cumhurbaşkanı	大統領	sık yönetim	戒厳令
bakan	大臣	demokrasi	民主主義
bakanlık	省	milliyetçilik	民族主義
millet	民族、国民	islâmcılık	イスラーム主義
millî	民族の、国民の	Atatürkçülük	アタテュルク主義
Türkiye Büyük Millet Meclisi		lâiklik	世俗主義、政教分離
トルコ大国民議会、TBMM			主義
toplum	社会	türkçülük	汎トルコ主義
toplumsal	社会の		（turanculuk とも）
sosyal	社会的	kapitalizm	資本主義
ekonomi	経済	sosyalizm	社会主義
iktisat	経済	bilimcilik	科学主義
ekonomik	経済の	devrimcilik	革命主義
iktisâdî	経済的		

19

⑳ 動詞語根接尾辞 1

可能接尾辞

可能接尾辞 -ebil- (-ebil-/-abil-/-yebil-/-yabil-　-eme-/-ama-/-yeme-/-yama-)

　トルコ語には、動詞語根に付属することで新たな意味の動詞語根を作る語根接尾辞がいくつか存在する。ここで学ぶ可能接尾辞 -(y)ebil- もその一つである。可能接尾辞 -(y)ebil- を動詞語根に付属させると「〜できる」、「〜し得る」という可能や可能性を意味する可能動詞語根が、その否定の形である -(y)eme を付属させると「〜できない」、「〜し得ない」という不可能や不可能性を意味する不可能動詞語根が、それぞれ形成される。

20.1　可能接尾辞の活用

動詞語根	可能	不可能	例外動詞		
動詞語根子音末尾	-ebil-/-abil-	-eme-/-ama-	etmek gitmek yemek demek	→ → → →	edebil- gidebil- yiyebil- diyebil-
動詞語根母音末尾	-yebil-/-yabil-	-yeme-/-yama-	etmek gitmek yemek demek	→ → → →	edeme- gideme- yiyeme- diyeme-

yapmak	yapabilmek	行えること
görmek	görebilmek	見ることができること
etmek	edebilmek	できること
gitmek	gidebilmek	行けること

yemek	yiyebilmek	食べられること
demek	diyebilmek	言えること
kesmek	kesememek	切れないこと
konuşmak	konuşamamak	喋れないこと
bakmak	bakamamak	見られないこと

　可能接尾辞 -ebil- が付属した形はあくまで動詞語根であるため、それだけでは完結した表現にならない。その後に以下のように現在形、過去形、未来形、伝聞・推量形の動詞活用形が付属してはじめて文章を形作る。現在形が付属する場合、不可能接尾辞 -eme- は最後の母音が4母音変化する。なお命令形、提案形、願望形が付属することはほぼない。

Ben Türkçe konuşabiliyorum.	私はトルコ語を話せている。	**61**
Sen Almanca anlayabildin.	君はドイツ語を理解できた。	
O Fransızcada yazabilecek.	彼はフランス語で書けるだろう。	
Biz Çinceyi okuyabilmişiz.	私たちは中国語を読めるらしい。	
Siz Arapçayı sevemiyorsunuz.	あなたはアラビア語を好きになれない。	
Onlar Farsçada anlaşamadılar.	彼らはペルシア語で意思疎通できなかった。	

Ben İngilizceyi öğrenemeyeceğim.	私は英語を習得できないだろう。	**61**
Sen Yunancayı telaffuz edememişsin.	君はギリシア語を発音できないようだ。	
Siz Kürtçe konuşabiliyor musunuz?	あなたはクルド語を話せていますか？	
Onlar İtalyancada yazabildiler mi?	彼らはイタリア語で書けたのですか？	
Ben Rusça anlayabilecek miyim?	私はロシア語を理解できるだろうか？	
Sen Latinceyi okuyabilmiş misin?	君はラテン語が読めるそうだね？	

20

　語彙：anlaşmak 理解しあう、意思疎通すること　　telaffuz etmek 発音すること

練習1）　トルコ語にせよ。

1．私はここのところ早く起きることができています。

2．アフメトは家を買うことはできなかったが、自分の土地を売ることができ、一定量のお金を得ることができた。

3．その課題について来週の会議で私たちが議論する可能性がある。

4．彼は明日の試合で勝てないだろう。

5．あなたは家から出られないそうですね。

6．船は定刻に出発できますか？

7．現在、私たちは学校の便所を使うことができないでいる。

語彙：erken　早くに　arsa　土地、地所　bir miktar　一定量の
gündem　アジェンダ、議題　tartışmak　議論すること　zamanında　時間通りに
kalkmak　立ち上がること、（乗り物等が）出発すること

(20.2) 可能動詞語根と中立形

(20.2.1) 肯定と疑問

　前記の通り可能動詞語根にはさまざまな動詞活用形が付属するが、可能動詞語根ともっとも頻繁に併用されるのは中立形である。なぜなら「私は〜ができる」という、時制に縛られず何かを行う能力を備えている状態を言い表す際には中立形が用いられるからである。

Ben Türkçe konuşabilirim.	私はトルコ語を話せます。
Sen güzel şiir söyleyebilirsin.	君は美しい詩が詠めます。
O neşeli hikaye anlatabilir.	彼は愉快な物語を語れます。
Biz burada futbol oynayabilir miyiz?	私たちはここでサッカーができますか？
Siz kendi kişiliğinizi değiştirebilir misiniz?	あなたは自分の性格を変えることができますか？
Onlar gerçekten yüzebilir(ler) mi?	彼らは本当に泳げるんですか？

　語彙：hikâye　物語　kişilik　気性、人格　gerçekten　本当に

(20.2.2) 否定

可能動詞語根に中立形が付属する際、否定の場合には、以下のように中立形
否定形の前に -e-/-a- が付属した形の不規則な変化が起こる。

可能動詞語根＋中立形否定形

人称代名詞		人称活用
ben	動詞語根＋	-emem/-amam/-yemem/-yamam
sen		-emezsin/-amazsın/-yemezsin/-yamazsın
o		-emez/-amaz/-yemez/-yamaz
biz		-emeyiz/-amayız/-yemeyiz/-yamayız
siz		-emezsiniz/-amazsınız/-yemezsiniz/-yamazsınız
onlar		-emez(ler)/-amaz(lar)/-yemez(ler)/-yamaz(lar)

Ben dışarı çıkamam. 　　　　　　私は表へ出られない。　　　**62**

Sen sokakta yürüyemezsin. 　　　君は通りを歩けない。

O tabancayla vuramaz. 　　　　　彼は拳銃で撃てない。

O gerçek olabilir. 　　　　　　　あれは本当かもしれない。

Biz güzel yapamayız. 　　　　　　私たちはうまく出来ない。

Siz hakikati bilemezsiniz. 　　　あなたは真実を知りようがない。

Onlar hastalığı iyileştiremezler. 彼らは病気を治せない。

Bu olamaz. 　　　　　　　　　　これはあり得ない。

語彙：dışarı 外へ、外で　gerçek 事実、現実　hakîkat 真実

Bu bahçede yürüyebiliriz. 　　　　　　　　　　　　　　**62**
この公園では散歩ができます。

Siz Türkçe konuşabilirsiniz ama Farsça konuşamazsınız. 　**62**
あなた方はトルコ語を話すことはできるが、ペルシア語を話すことはでき
ない。

20

İnsan kuş gibi uçamaz, at gibi hızlı koşamaz ama aklı âleme hakim olur.
人は鳥のように飛べ、馬のように駆けず、しかしその知性は世界を布く。

Müşteriler her şeyden şikayet edebilirler, biz onlardan şikayet edemeyiz.
お客さんは何にでも文句を言えるけど、私たちは彼らのことを批判できないわ。

Suçlu ortadan kayboldu. Çoktan ölebilir.
罪人が行方をくらませた。とうの昔に死んでいるのかもしれない。

O adamın Türkçesi bayağı, Orta Asyalı olabilir.
あの男のトルコ語は大したものだ、中央アジア人かもしれない。

語彙：uçmak 飛ぶこと　âleme 世界　-e hâkim olmak 支配すること
müşteri 顧客　epeyce 相当に　sâkin 静かな　çekingen 遠慮深い、臆病な
suçlu 罪人、罪のある〜　ortadan kaybolmak 姿を消す、消失すること
bayağı すごい　Orta Asya 中央アジア

練習2）　中立形を用いてトルコ語にせよ。

bakmak （私は景色を見ることができません）

görmek （君は彼に会うことができません）

atmak （彼は本を捨てられない）

anlaşmak （私たちは分かり合えない）

unutmak （あなたたちは私を忘れられない）

çekmek （彼らは写真を撮れない）

語彙：atmak 投げること、捨てること　fotoğraf çekmek 写真を撮ること

(20.3) 許可疑問

　可能接尾辞を伴う疑問文を他者に対して発語すると「～できますか？」という可能の意味と共に、文脈に応じて「私は～してもよろしいでしょうか？」、「あなたが～なさって頂けますか？」という丁重な依頼表現となる。これは中立形を用いた依頼疑問よりもさらに丁寧な表現である。初対面の相手や一見の店舗ではこの許可疑問を使用するとよい。

　　Buraya oturabilir miyim?　　　　　　　　　　　　　**63**
　　ここへ座ってもよろしいですか？

　　Sigara yakabilir miyim?　　　　　　　　　　　　　**63**
　　煙草に火をつけてもいいですか？（吸ってもいいですか？）

　　Burası kütüphane, biraz sakin olabilir misiniz?　　**63**
　　ここは図書館ですよ、少し静かになさって頂けますか？

　　-O kitabı bana satabilir misin?　-Tabii ki sana her şey satabilirim.
　　あの本を売ってくれないかい？　もちろん、君にならなんでも売るよ。

　　Gölge altı oldu. Biraz çekilebilir misiniz?
　　日陰になってしまいました。少しどいて頂けますか？

　　語彙：yakmak 火をつけること　gölge 陰　alt 下
　　çekilmek 身を引く、退却すること

練習 3）　可能接尾辞と中立形を用いてトルコ語にせよ。

1．私はトルコ語が理解できます。
2．君はすぐに家に帰っていいよ。
3．民衆はこの船で川を渡れる。
4．私たちはその犯人を殺してしまいかねない。
5．あなたたちはこの部屋に宿泊できます。
6．日本人は豚を食べられるが、私たちは食べられないし、そもそも食べる気もない。

7．あなたは大学のキャンパスから出られません。でもキャンパス内では快適、自由に暮らせますよ。

8．私たちの言葉は行動と矛盾し得るのであるから、私たちの感情は言葉や行動と矛盾し得るのである。

9．私たち日本人は「l」を「r」と区別できず、両者をうまく発音できていません。

10．そこまで筋の通らない話があり得るだろうか？

11．ウェイターさん、僕らのテーブルにメニューを持ってきてくださいますか？それと酒肴も見せて頂けますか？

12．大尉殿、塹壕の中ではスマホの電源を切って頂けませんか？

13．部屋が暗いわ、明かりを点けてくださいます？

語彙：hemen すぐに　ırmak 川　öldürmek 殺すこと　serbestçe 自由に
rahatça 快適に　madem ki ～であるならば～だ（文頭で）　hareket 行動
-le çelişmek ～と矛盾する　telaffuz etmek 発音すること
mantıksız 非論理的な　yemek listesi/mönü メニュー　meze 酒肴
yüzbaşı 大尉　siper 塹壕　kapatmak 閉じること、電源を落とすこと
karanlık 暗い、暗闇　lamba 電灯　açmak 開くこと、電源を点けること

単語　遊び			
oyun	ゲーム、遊び	koşmaca	追いかけっこ
tavla	バックギャモン	topaç	駒
satranç	チェス	kaydırak	石けり
okey	トルコ麻雀	bulmaca	パズル
bilardo	ビリヤード	hokkabazlık	手品
dama	チェッカー	spor	スポーツ
iskambil	トランプ	yarış	競争
lunapark	遊園地	koşu	ジョギング、ランニング
saklambaç	かくれんぼ	futbol	サッカー

basketbol	バスケットボール	yağlı güreş	油相撲
voleybol	バレーボール	türk okçuluğu	トルコ弓術
beyzbol	野球	matrakçılık	剣術
kayak	スキー	cirit	ジリト（馬上投げ棒試合）
bisiklet yarışı	自転車レース		
geleneksel spor	伝統競技		

動詞語根接尾辞 2
受身接尾辞、使役接尾辞

21.1 主な動詞語根接尾辞

　前課で学んだ可能接尾辞のほかにも、「～される」を意味する受身接尾辞、「～させる」を意味する使役接尾辞、「～し合う」を意味する相互接尾辞、およびその複合形など、動詞語根接尾辞がいくつも存在する。ここでは主として受身と使役について学ぶが、以下に yazmak と tanımak を例に取り、動詞語根接尾辞の概要を示しておこう。

	yazmak　書く	tanımak　見知っている
受身	yazılmak　書かれる	tanılmak　～として知られている
使役	yazdırmak　書かせる	tanıtmak　発表・紹介をする
相互	yazışmak　（手紙等を）書き合う	tanışmak　知り合う
相互使役	yazıştırmak　書かせ合う	tanıştırmak　紹介する
使役受身	yazdırılmak　書かされる	tanıtılmak　発表・紹介される
重複使役	yazdırtmak　書かせさせる(稀)	—
相互重複使役	yazıştırtmak　書かせ合わさせる(稀)	tanıştırtmak　紹介させる(稀)
相互使役受身	yazıştırılmak　書き合わさせられる(稀)	tanıştırılmak　紹介される

　上記の通り受身接尾辞、使役接尾辞、相互接尾辞は単体のみならず、互いに組み合わさることでさまざまな意味の動詞語根を作る。尤も、表中に（稀）と付したように、文法上は正しくとも実生活ではほとんど用いられない動詞もあるし、そもそもすべての動詞が上記のようにすべての複合形を有するわけでもない。上記はあくまで指標としてほしい。

21.2 受身接尾辞 -il (-n, -in/-ün/-ın/-un, -il/-ül/ -ıl/-ul)

21.2.1 受身接尾辞

動詞語根に受身接尾辞 -il が付属すると受身動詞語根となる。大半の動詞に付属させることができ、比較的に自由に用いることのできる動詞語根接尾辞である。

受身接尾辞

動詞語根 +	①	母音末尾	-n
	②	l 末尾	-in/-ün/-ın/-un
	③	l 以外末尾	-il/-ül/-ıl/-ul
	—	その他、例外多数	

①動詞語根が母音末尾の場合は -n が付属する。

okumak	読むこと	okunmak	読まれること
demek	言うこと	denmek	言われること
toplamak	集めること	toplanmak	集まること、集められること

②動詞語根末尾が l の場合は -in/-ün/-ın/-un が付属する。

bilmek	知ること	bilinmek	知られること
almak	取ること	alınmak	取られること、取り上げられること
silmek	消すこと	silinmek	消されること
bulmak	見つけること	bulunmak	見つかること、存在すること

③動詞語根が l 以外の子音で終わる場合は -il/-ül/-ıl/-ul を付属させる。ただし、後述のように例外動詞も少なくない。

yapmak	すること	yapılmak	されること、行われること、催されること
konuşmak	話すこと	konuşulmak	話されること

21

215

gitmek	行くこと	gidilmek	行かれること（ 21.2.3 で後述）
etmek	すること	edilmek	されること

21.2.2 tarafından ～によって

受身形と併用されるのが、「側」を意味する名詞 taraf に起点格が付した tara-
fından「～によって」という後置詞的表現である。

hoca tarafından	先生によって
devlet tarafından	政府によって
Türkler tarafından	トルコ人たちによって（ taraflarından でも可）
bizim tarafımızdan	私たちによって
sizin tarafınızdan	あなたによって
kimin tarafından	誰によって

64 Ok kemankeş tarafından yaydan atıldı.
矢は弓術家によって弓から放たれた。

64 19. yüzyılda Osmanlı ordusu defalarca yenildi, Macaristan'dan def edildi.
19世紀、オスマン軍は幾度となく敗北し、ハンガリーから駆逐された。

64 Bu sözlükte tarihi terimler hiç bulunmaz.
この辞書には歴史的用語はまったく載っていない。

O şarkıcı bütün Türkler tarafından bilinir.
あの歌手はすべてのトルコ人によって知られている。

Biz tarafınızdan dövüldük.
俺たちはお前らに殴られたんだ。

Ben sınıf arkadaşlarım tarafından kıskanılıyorum.
私はクラスメイトから嫉妬されている。

Bu eser kimin tarafından yapılmış?
この作品は誰によって制作されたのだろう？

Bu markanın ürünü milyonlarca aboneler tarafından kullanılır.
このブランドの製品は何百万人ものカスタマーによって使用されている。

語彙：kemankeş 弓術家　ordu 軍隊　yenmek 打ち負かすこと
Macâristân ハンガリー　def etmek 駆逐すること　terim 専門用語
dövmek 殴ること　-den kıskanmak 〜に嫉妬すること
marka ブランド、会社　ürün 生産物、プロダクト　abone 顧客

(21.2.3) 一般的行為を表す受身動詞の用い方

　受身の表現を非人称で用いると一般的ないし社会通念上、広く行われる行為を言い表すことがある。標識や注意書きなどに用いられる。

Bu resme dokunulmaz.　**64**
絵に触れるべからず。（人々によって絵は触れられていない）
Ayasofya Müzesi'ne bu yoldan gidilir.　**64**
アヤソフィア博物館へはこの道から行かれます。（人々によって通われている）
Bu köşeden sapılmaz.　**64**
この角は曲がれません。
1990'larda Türkiye'de ciddi bir ekonomik kriz yaşandı.
1990年代、トルコは深刻な経済危機に見舞われた。（国民、人々によって経験された）

語彙：kriz 危機　yaşanmak 経験されること

練習1）　トルコ語にせよ。

1．私は読者から忘れられ、見捨てられた。
2．来週の月曜日に君は外国へ派遣されるだろう。
3．明日、私たちは叱られるだろう。
4．昔、あなたは国民からとても愛されていた、でもいまは憎まれている。
5．アフメトは誰に拳銃で撃たれたのだろう？
6．前述の思想は西欧の哲学者たちによって主張された。
7．トルコはテロリストたちによって攻撃されている。
8．このゲートからは入れません。

21

9．ここでは煙草を吸えません。

10．高校生たちによって公園の木々にリボンが結びつけられた。

語彙：okur 読者　yollamak 派遣すること　azarlamak 叱ること

nefret etmek 憎むこと　mezkur 前述の　fikir（fikr + 母音）思想

Batılı 西欧の　filozof 哲学者　terörist テロリスト　lise 高校　kurdele リボン

bağlamak 結ぶこと、繋ぐこと

(21.3)　再帰的接尾辞 -in/-ün/-ın/-un

(21.2.1) ③にあてはまる受身接尾辞でありながら -il/-ül/-ıl/-ul ではなく、-in/-ün/-ın/-un が付属する動詞がある。これらの多くは「自らを〜する」、「自らに〜する」という再帰的行為を表すことが多い。例外も少なくないため、以下の動詞群を把握しておけば日用には事足りよう。

görmek	見ること	görülmek	見られること
		görünmek	〜のように見えること（≒ gözükmek）
sevmek	愛すること	sevilmek	愛されること
		sevinmek	嬉しく思うこと
övmek	褒めること	övülmek	褒められること
		övünmek	誇ること
geçmek	過ぎること	geçilmek	過ぎられること、渡られること
		geçinmek	うまく暮らすこと
etmek	すること	edilmek	されること
		edinmek	し慣れること
hazırlamak	準備すること	hazırlanmak	身支度が終わること、準備ができること
yıkamak	洗うこと	yıkanmak	身を清めること／洗われること
söylemek	述べること	söylenmek	不平をこぼすこと／言われること
yetmek	足りること	yetinmek	満足すること

istemek	求めること	istenilmek	求められること、要求されること
			（istenmek は稀）

練習2）　トルコ語にせよ。

１．お前、幽霊みたいに見えるぞ。

２．船から湖に落ちた。すぐに身体を洗おうっと。

３．私たちはこの家でどうにかこうにか５年間ずっと、うまくやってきた。

語彙：hayâlet 幽霊　göl 湖　patron 雇い主　vefat etmek 亡くなること
nedense どうにかこうにか

（21.4）　使役接尾辞 -dir（-dir/-dür/-dır/-dur/-tir/-tür/-tır/-tur, -er/-ar, -ir/-ür/-ır/-ur, -t）

　動詞語根に使役接尾辞 -dir が付属すると使役動詞語根となる。だいたいの動詞に付属させることができ、比較的に自由に用いることのできる動詞語根接尾辞であるものの、活用法上の例外が多く、また意味においても単純な使役から自動詞の他動詞化など多様であるため注意。頻用動詞については暗記するのが近道であろう。

使役接尾辞

動詞語根	①	有声子音末尾	-dir/-dür/-dır/-dur
	②	無声子音末尾	-tir/-tür/-tır/-tur
	③	母音末尾	-t
	④	例外（多数）	-er/-ar, -ir/-ür/-ır/-ur, -t

21

①動詞語根が有声子音末尾の場合には -dir/-dür/-dır/-dur が付属する。

yazmak	書くこと	yazdırmak	書かせること／印刷すること
kullanmak	使うこと	kullandırmak	使わせること
kalmak	留まること	kaldırmak	廃止すること＞立ち上がらせること
almak	取ること	aldırmak	気にすること＞取らせること

②動詞語根が無声子音末尾の場合には -tir/-tür/-tır/-tur が付属する。

yapmak	すること	yaptırmak	行わせること
gitmek	行くこと	gittirmek	行かせること
etmek	すること	ettirmek	させること
açmak	開くこと	açtırmak	開けさせること

＊使役接尾辞を重ねて二重使役接尾辞を作る場合は -dirt/-dürt/-dırt/-durt が付属する。付録7も見よ。

③動詞語根が母音末尾の場合には -t が付属する。

anlamak	理解すること	anlatmak	説明すること、語ること
başlamak	はじまること、はじめること	başlatmak	はじめさせること
söylemek	述べること	söyletmek	言わせること

④そのほかに -er/-ar, -ir/-ür/-ır/-ur が付属することで使役動詞となる動詞や、動詞語根が k, l, p, r 末尾の動詞の中には -t が付属する動詞が存在する。以下に代表的な動詞を例示しておく。

korkmak	恐れること	korkutmak	怖がらせること
oturmak	座ること	oturtmak	座らせること
çıkmak	出ること	çıkarmak	取り出すこと、抽出すること
çizmek	描くこと	çizermek	描かせること
kopmak	切れること、取れること	koparmak	切り離すこと、もぐこと
düşmek	落ちること	düşürmek	落とすこと
içmek	飲むこと	içirmek	飲ませること

220

aşmak	越えること	aşırmak	越えさせること
batmak	沈むこと	batırmak	沈めること
bitmek	終わること	bitirmek	終わらせること
geçmek	過ぎること	geçirmek	通すこと、過ごすこと
gitmek	行くこと	gidermek	除去すること
kaçmak	逃げること	kaçırmak	逃すこと、逸すこと／攫うこと
pişmek	料理ができること（稀）	pişirmek	調理すること
yatmak	寝ること、横たわること	yatırmak	寝かせること、投資すること

O film bizi çok ağlattı.
私たちはその映画におおいに泣かされた。
Ahmet'in hatası herkesi güldürdü.
アフメトの失敗は皆を笑わせた。
Müdürler işçileri günde 15 saat çalıştırmışlar.
上役たちは労働者たちを日に15時間も働かせているそうだ。

また「〜に〜させる」のように使役させる対象に対しては方向格 -(y)e を用いる。

Siz bana nasıl bir iş yaptırmak istiyorsunuz?
あなたは私にどんな仕事をさせたいのですか？
Hocam bana Türkçede mektup yazdırdı.
先生は私にトルコ語で手紙を書かせた。
Koca, karısına metresini mahkemeye verdirdi.
夫は彼の妻に彼女の浮気相手を訴えさせた。

語彙：işçi 労働者　koca 夫　karı 妻　metres 浮気相手
-i mahkemeye vermek 〜を訴えること

練習3） トルコ語にせよ。

1．私たちは彼女に新しい計画を提案させるはずでした。

2．弟を怖がらせないで！

3．その警察官は容疑者を黙らせ、その後で部下たちに殴らせた。

4．子供のころ、私の母は私たちにたくさんの本を読ませたものだ。

5．家に入るや否や、父は息子に水を飲ませた。

6．今の政府は新しいモスクをどの会社に作らせるつもりなんだろうか？

語彙：teklif 提案　süpheli 容疑者　er 部下、兵卒、隊員　susmak 黙ること
çocukluk 幼年期　şirket 会社

単語　乗り物			
araç	乗り物	metro	地下鉄
araba	車	tramvay	路面電車
fayton	二輪馬車	demiryolu	鉄道
otobüs	バス	hızlı tren	高速列車
dolmuş	乗り合いバス	kayık	舟
taksi	タクシー	gemi	船舶
taşıt	輸送車	feribot	フェリー
polis arabası	パトカー	tanker	タンカー
itfaiye arabası	消防車	uçak	飛行機
cankurtaran	救急車（ambülans とも）	jet	ジェット機
		insansız hava aracı	
tren	電車（とくに長距離列車）		ドローン（IHA とも）

21

副動詞
副動詞、副動詞的表現

トルコ語には動詞語根に付属し「〜して」、「〜しながら」、「〜せずに」のようにさまざまな意味を表す副動詞が存在する。副動詞は主語に拘わらず、人称や時制を表示するいかなる接尾辞、付属語も伴わない。

主な副動詞の肯定と否定

副動詞		-(y)ip 〜して	-(y)erek 〜しながら	-(y)ince 〜すると
肯定	動詞語根＋	-ip/-üp/-ıp/-üp -yip/-yüp/-yıp/-yüp	-erek/-arak -yerek/-yarak	-ince/-ünce/-ınca/-unca -yince/-yünce/-yınca/-yunca
否定		-meden/-madan	-meden/-madan	-meden/-madan
例外動詞		edip/gidip/ yiyip/deyip	ederek/giderek/ yiyerek/diyerek	edince/gidince/ yiyince/deyince

22.1　-(y)ip (-ip/-üp/-ıp/-üp/-yip/-yüp/-yıp/-yup)「〜をして」

「〜をして、(それから〜する)」という、動作主体を同じくする連続した動作を表す。否定に際しては 22.3 -meden/-madan を用いる*。

66　Lokantaya gidip bir şey yiyelim.
　　　レストランへ行って何か食べましょうよ。

66　Ben her sabah saat sekiz buçukta kalkıp yarım saat sonra apartmandan çıkarım.
　　　私は毎朝、8時半に起きて半時間後にアパルトマンから出る。

224

Ferhat çok gayret edip doktor oldu.

フェルハトは大変な努力をして、医者になった。

Ayşe arsayı devlete satıp çok para kazanmış.

アイシェは土地を政府に売って大金を手に入れたらしい。

Ben kahvaltı yapıp kahve içtim. Ondan sonra üzerimi değiştirip otelden çıktım.

私は朝食を摂り、珈琲を飲んだ。それから着替えてホテルから出た。

語彙：yarım 半分の　Ferhat フェルハト（男性名）
üzeri değiştirmek 着替えること

＊ -meyip/-mayıp という形も散見される。

22.2　-(y)erek (-erek/-arak/-yerek/-yarak)「～しながら」

「～をしながら（同時に～する）」という、動作主体を同じくし同時に行われる動作を表す。否定に際しては後述の -meden/-madan を用いる＊。

Ahmet şarkı söyleyerek gece sokakları dolaşırdı.

アフメトは歌を歌いながら夜の通りをうろついたのだった。

Ben mektup yazarak sevgilimi düşündüm.

私は手紙を書きながら恋人を想った。

Onu hiç aramayarak beş sene geçti.（-meden でも置換可能）

彼に一切、電話しないまま5年が経った。

Mevlüt insan olarak iyi huylu bir adam diyebiliriz ama öğretmen olarak fazla ince.

メヴリュトは人間としては良き気質の男だと言えますが、教師としては繊細に過ぎる。

Bak, sana en iyi dostun olarak öğüt veririm, iyice kulak ver.
いいか、お前に親友として忠告するぞ、よく聞けよ。

語彙：-i dolaşmak 〜をうろつくこと、ぶらつくこと
Mevlüt メヴリュト（男性名） huylu 気性の fazla 過度に、過度な
öğüt 忠告 kulak vermek 傾聴すること

＊ -meyerek/-mayarak という形も散見される。

(22.3) -meden（-meden/-madan）「〜をせずに」

「〜をせずに、（〜する）」、「〜しないまま、（〜する）」という -(y)ip や -(y)erek
の否定形として用いられる。

66 Ben okula gitmeden evde uyuyordum.
私は学校へ行かずに家で眠っていた。

66 -Sen kahvaltı yapmadan geldin mi? -Evet, çay bile içmeden aceleyle geldim.
あんた朝食も食べないで来たの？ うん、チャイだって飲まないで大急ぎ
で来たんだ。

66 Profesör Yıldırım sabaha kadar uyumadan makale yazmış.
ユルドゥルム教授は朝まで寝ないで論文を書いたそうだ。

Memurlar turistlerin belgelerini kontrol etmeden gevezelik ediyor.
役人たちは観光客たちの書類をチェックせずにお喋りをしている。

Oğlumuz gayret etmeden iyimserlikle yaşıyor.
私たちの息子は努力もしないまま安閑と暮らしている。

-Ben müzik dinlemeden hiç bir şey yapamıyorum.
私は音楽を聴きながらでないと何にもできません。

語彙：bile 〜さえも profesör 教授 Yıldırım ユルドゥルム（男性名）

226

memur 公務員　belge 書類
-i kontrol etmek チェックすること、身体検査すること
gevezelik etmek くっちゃべること、駄弁ること　iyimserlik 楽観主義

22.4　-(y)ince (-ince/-ünce/-ınca/-unca/-yince/-yünce/-yınca/-yunca)「〜をすると」

「〜をすると(〜する、〜になる)」のように、関連性のある2つの動作を繋ぐ副動詞。なお、-(y)ince を挟んで前後の行為の動作主体は一致せずともよい。否定に際しては -meden/-madan と共に、ニュアンスによっては -meyince/-mayınca も用いられる。

Dalga sesini duyunca uykum gelir.
波音を聴くと私は眠くなる。
Aşk olmayınca meşk olmaz.
愛無くして習熟なし。
Mustafa ortaya çıkınca seyirciler bir an sustu.
ムスタファが姿を現すと観客は一瞬、黙り込んだ。

また、-(y)e kadar と共に用いられて「〜するよりは」という構文を作ることができる。

Ahmet'le evleninceye kadar hep bekar kalırım, daha iyi.
アフメトと結婚するくらいなら、ずっと独身の方がましだわ。

語彙：dalga 波　meşk 習熟　seyirci 観客

練習 1） トルコ語にせよ。

1. 私は酒場のみんなとお喋りしながらトルコ語を修得した。
2. あなた熱がありますよ。今日は表へは出ないで、部屋にいらっしゃってください。
3. 私を信じないで誰を信じるのよ？
4. 君は私の質問にはまったく答えず、私の頼みも一向に聞かないくせに要求ばかりする。
5. 独身になってはじめて酔っぱらった。
6. 淑女紳士の皆々様、本日は皆さんの親しい友人としてお話し致したく存じます。
7. ダーリン、キターベばかり見ていないで前を見ながら歩いて、転ぶわよ。
8. 日本人たちは音楽を聴きながら、飲み物も飲みながら、それのみならずスマホを使いながら自転車に乗れるそうだ。
9. 私たちの母は朝食を摂りながらテレビのニュースを観、そののち洗い物をしてからまたテレビの前へ戻る。
10. 私に「愛してる」って言わないことには表には出られないわよ。
11. 君に「もう愛していない、僕らの恋はとうの昔に終わっていたんだ」と白状したら、君はどれほど怒るんだろうか。
12. トルコでは脂っぽい食事を食べずには暮らせない。
13. イスタンブルでは坂を上らずにはどこにも行かれない。
14. 春が来ると花が咲き、花が咲けば小夜啼鳥が歌い、かくして恋の季節がはじまる。

語彙：millet みんな（口語）、国民　sohbet etmek 歓談すること　ateş 熱
bir türlü（否定文で）一向に～しない、（肯定文で）かろうじて～する
ricasını kabul etmek 頼みを聞くこと　talep etmek 要求すること　bekâr 独身の
bayanlar ve baylar 淑女紳士の皆々様　yalnız ただ、単に
kitâbe キターベ（記年詩を記したオスマン語碑文）　düşmek 落ちる、転ぶこと
hattâ さらには、それどころか　bulaşık yıkamak 洗い物をすること
yine de ふたたび、またしても　dışarı çıkmak 出かけること

228

itirâf etmek 告白すること、白状すること   -den öfkelenmek ～に怒ること
yağlı 油の   -e çıkmak ～に上ること   kilo vermek 体重が減ること
çiçek açmak 花が咲くこと   bülbül 小夜啼鳥   böylece かくして

練習２）　副動詞を用いて１つの文にし、和訳せよ。
１．Gürültü hiç durmadı, gittikçe yükseldi.
２．Süpheli arkadaşının evine gitti, onu bıçakladı.
３．Polisi gördüm, hemen kaçtım.
４．Mustafa hemen emekli olmak istiyor ve evinde roman yazmak istiyor.
５．Ben sevgilimle ayrılmak istiyorum ama onunla görüşmek istemiyorum.
６．Ben şiir okuyordum. Aynı zamanda onu düşünüyordum.
７．Ben ceple konuşuyordum. Aynı zamanda araba sürüyordum.

語彙：gürültü 騒音　yükselmek 高くなる　bıçaklamak 刃物で刺すこと
emekli 引退した、退職した　ayrılmak 分かれること、離れること
　aynı zamanda 同時に　cep ポケット、（略語として）携帯電話

22.5　-meden önce (-meden/-madan)「～する前に」

　副動詞 -meden の後に後置詞 önce を置くと「～する前に」という意味の副
詞節が形成される。

Spor yapmadan önce su iç, ders çalışmadan önce çikolata ye.
スポーツをする前には水をお飲みなさい、勉強をする前にはチョコレート
をお食べなさい。
Ben her gün zemin kata inmeden önce ikinci kattaki tuvalette diş fırça-
larım.
私は毎日、地階へ下りる前に２階のトイレで歯を磨くことにしています。
Namık Kemal roman yazmadan önce tiyatro senaryosunu yazıp ün
kazanmıştı.

ナームク・ケマルは小説を書く前に戯作を書いて名声を手にした。

Kurban Bayramı başlamadan önce kuzu almaya pazara gitmeliyiz.

僕らは犠牲祭がはじまる前に子羊を買いに市場へ行かねばならない。

語彙：çikolata チョコレート　zemin 地上、地面
fırçalamak ブラシをかけること　tiyatro 演劇　senaryo 脚本　ün 名声
Kurban Bayramı 犠牲祭　pazar 青空市場

(22.6)　-dikten sonra（-dikten/-dükten/-dıktan/ -duktan/-tikten/-tükten/-tıktan/-tuktan）「～したあとで」

　-dikten の後に後置詞 sonra を置くと「～したあとで」という意味の副詞節が形成される*。-dikten は i が 4 母音活用、e が 2 母音活用をして、-dikten/-dükten/ -dıktan/-duktan と変化する。また、動詞語根が無声子音末尾の場合には -tikten/ -tükten/-tıktan/-tuktan となる。

66　Ben masaya oturduktan sonra çayhanedekilere bakış attım.
　　私はテーブルについてから、喫茶店にいる人々を一瞥した。

66　Türkçe öğrendikten sonra Osmanlıca da öğreneceğim.
　　トルコ語を習得したあと、オスマン語を学ぶつもりです。

語彙：bakış 視線

*実際には副動詞ではなく後述の形動詞接尾辞 -dik- が用いられている。そのため、Ben okuldan döndüğümden sonra hemen yattım. のように所有人称接尾辞が伴う場合もあるが、この -dikten sonra に関しては慣用的に人称接尾辞を付さず用いられることが多いため、ここでは副動詞的表現として扱う。

22.7 -(y)ken「〜するとき」

　付属語 -(y)ken は、名詞、形容詞に付属して「〜のとき」、動詞活用形に付属して「〜するとき」という表現を形成する。後者の場合、「〜するとき」という一般的な現在時制には中立形が用いられる。

| 名詞・形容詞 | + | -(y)ken | = | 〜のとき |
| 動詞活用形（とくに中立形） | + | -(y)ken | = | 〜するとき |

名詞・形容詞に付属する場合

　　Sen öğrenciyken ben bu dünyaya bile gelmemiştim.
　　あんたが学生だったとき、俺はまだ生まれてさえいないよ。
　　Çocukken Ahmet çok sevimliydi.
　　子供のとき、アフメトはとても可愛らしかった。
　　İnternet yokken biz çok mektup yazdık.
　　インターネットがない頃、我々はたくさんの手紙を書いた。
　　Hala dünyamız yokken Allah "Varol" buyurup dünyayı yarattı.
　　いまだ世界が存在しないとき、神は「在れ」と仰り、世界を創造した。
　　Okuldayken ben epeyce tembeldim.
　　学校にいるとき、僕は相当に怠惰だった。
　　Padişahımız haremdeyken adeta çocuk gibi yaramaz.
　　我らが皇帝はハレムにいらっしゃるときは、まるきり子供のように腕白です。

動詞に付属する場合

　　Okuldan eve dönerken yağmur yağıyordu.
　　学校から家へ帰るとき、雨が降っていました。
　　O adam yalan söylerken gözlerini kıpıştırır.
　　あの男は嘘をつくとき、瞬きをする。
　　Tam evden çıkacakken deprem oldu.
　　ちょうど家から出ようとしているときに地震が起きた。

また、以下のように「〜する一方で」という表現となる場合もあり、文脈に応じて判断する必要がある。

İnsan zihni medeniyetinin gelişmesine fayda verirken sayısız felaketlerine neden oldu.
人間の知性はその文明の発展に寄与する一方で、数えきれない悲劇の原因ともなった。

語彙：dünyaya gelmek 生まれること　buyurmak 仰せになること
yaratmak 創造すること　harem 後宮　âdetâ まるで、さながら
yaramaz 腕白な　gözlerini kıpıştırmak 瞬きすること　hayrân 感嘆
tam ちょうど、まさに　zihin 知性（zihn- ＋母音）　gelişme 発展
fayda 利益　sayısız 数えきれない　felâket 災害、悲劇

練習3）　トルコ語にせよ。
1．若いときお前は忍耐のない愚か者だった。
2．子供のとき、君はどの地方にいたの？
3．あなたは学生のとき、どの分野についてとくに研究しましたか？
4．私は23歳のときに音楽を諦めて就職してからこの街に来ました。
5．無線も電話もなかった時分には、アナトリアの村人たちは口笛を使って遠くにいる人々とコミュニケーションを取った。
6．ウスキュダルへ行くとき、突然に雨が降った。
7．ちょうどバスへ乗ろうとしているときにアフメトが電話をかけてきた。
8．彼は小さな失敗を重ねる一方で、ときどき大成功を呼び込む。

語彙：sabırsız 忍耐のない　aptal 愚者　alan 領域、分野
araştırmak 研究する　vaz geçmek 諦めること　telsiz 無線　köylü 村人
düdük 口笛　iletişim kurmak コミュニケーションを取ること
birdenbire 突然　ufak tefek つまらない、細々とした

22.8 -(y)e -(y)e 「〜を幾度も行いながら」

動詞語根に -(y)e を付して2つ並べると「〜を幾度も行いながら」、「〜を反復するうちに」という反復性の高い連続した動作を言い表す。

Ben Fatma'nın masum yüzüne baka baka onu aldattım.
私はファトマの無垢な顔を見ながら彼女を欺いた。
Seve seve sizi üniversitemize kabul ederiz.
喜んであなたを我が大学へお迎えいたしますよ。

語彙：aldatmak 欺くこと

22.9 反復動作の慣用表現

上記の -(y)e -(y)e の前後の動詞を違えた以下のような慣用表現も散見される。参考までに頻用表現を挙げておく。

bata çıka	沈んだり浮いたりしながら
düşe kalka	四苦八苦しながら
ağlaya sızlaya	えんえん泣きながら
güle oynaya	笑いさんざめきながら
dura kalka	ぶらぶらしながら
kona göçe	あちこちふらふらしながら

22.10 -dikçe (-dikçe/-dükçe/-dıkça/-dukça/-tikçe/-tükçe/-tıkça/-tukça)「〜するにつれてますます」

動詞語根に -dikçe を付属させると「〜するにつれてますます」や「徐々に〜していくと」という段階的に推移する行為を言い表すことができる。-dikçe は i が4母音活用、e が2母音活用をして、-dikçe/-dükçe/-dıkça/-dukça と変化す

る。また、動詞語根が無声子音末尾の場合には -tikçe/-tükçe/-tıkça/-tukça とな
る。

66 İnsan yaşlandıkça zeki olur derler.
人は歳を取るにつれて賢くなると言う。

66 Annenle konuştukça ben ona aşık oldum.
君のお母さんと話せば話すほど、私は彼女に恋をした。
Türkçe öğrendikçe yeni zorluklar rastlanır.
トルコ語を学べば学ぶほど新しい難しさに出くわすものだ。

語彙：yaşlanmak 齢を重ねる　ki 〜だが
gözüne 〜 rastlanmak 〜に出くわすこと、〜が眼前に立ち現れること
zorluk 困難、難解

練習4）　トルコ語にせよ。
1．君は私たちを訪ねないうちに、お屋敷の住所を忘れてしまったようだね。
2．私たちはしぶしぶと彼女の主張を受け入れた。
3．その愛を知りながらも、私は彼を捨てた。
4．神学生たちは聖典を幾度も読みながらその全てを諳んじ、ハーフズとなる。
5．社会は発展するにつれてその構造も複雑になる。

語彙：konak 屋敷　iddiâ 主張　softa 神学生　Kurân-ı Kerîm 聖典
ezberlemek 暗記すること　hâfız ハーフズ　yapı 構造
karmaşık olmak 複雑になること

単語　病

hasta	病人	hıçkırık	しゃっくり
hastalık	病気	bilinç	意識
ağrı	痛み	bilinç kaybı	意識不明
kusma	嘔吐	öksürük	咳
ishal	下痢	hapşırık	くしゃみ
ateş	熱	baygınlık	気絶、卒倒
salgın	伝染病	zehirlenme	中毒
veba	腺ペスト、伝染病	kanser	癌
kabız	便秘	nöbet	発作
geğirme	げっぷ	kaşıntı	痒み
kramp	痙攣		

22

> **コラム 10**
>
> ### アゼルバイジャン語：
> ### 同族語はトルコ語と「互換」できるか？

石井　啓一郎

　トルコ語は、ユーラシアに広く分布するテュルク系の同族諸語を学ぶ入口でもある。アゼルバイジャン語は、最もトルコと地理的に近いイラン北西部とアゼルバイジャン共和国で使われる同族語である。トルコ人はよくアゼルバイジャン語とトルコ語は「同じだ」と躊躇なく断言するが、これを聞くと、この人は本当にアゼルバイジャン語を聞いたことはあるのだろうかと疑問になる。

　例えばトルコ語の -ip 形に相当する -ib の活用形は、トルコ語の「〜して」という付帯状況的用法が共用であると同時に、アゼルバイジャン語では時制の範疇で過去を示すことができる。次の例はその両方が併存している。

　Sənin atan əlli il mənə ilxıçılıq *edib*. *Qəzəblenib* onun gözlərini oydurdum.（Koroğlu）
　其の方の父は五十年、余の厩舎に<u>仕えていた</u>。怒って余はその両眼を抉った。

　いわゆる関係代名詞に似た機能を果たす動詞的形容詞では、アゼルバイジャン語もトルコ語同様に -an/ən 及び -dıq/dik 形は存在するが、アゼルバイジャン語の語法では前者が後者に比して使用頻度が高く、守備範囲が広くなる。たとえば Məlik *verən* rəqəmlər *olan* kağız（Anar）（マリクが伝えた番号を書いた紙片）は同一作品の A. Acaloğlu によるトルコ語訳では Melik'in *söylediği* rakamların yazılı *olduğu* kağıt となる。

　これはいかにもアゼルバイジャン語らしい表現のひとつだと思うが、

　Heydərbaba, kəndin günü *batanda*/Uşaqların şamın yeyib *yatanda*（Şəhriyar）
　ヘイダルババ、村の日は暮れる / 子供たちは夕飯を食べて床に就く

のように、動詞の an/ən 形分詞と位置格の助詞 da/də を組み合わせたものは、定動詞の代用に使うこともできる。

　確かに語彙に共通するものは多いので、ネイティヴならではの勘で理解可能なものを

否定はしない。しかし、ここに一端を紹介したように、アゼルバイジャン語を学ぶうえでは文法、語法でトルコ語と大きく異なる別言語と認識してかかった方が良い。

バクー、炎の塔

読書案内

廣瀬陽子（編著）『アゼルバイジャンを知るための 67 章』明石書店，2018.

塩野崎信也『〈アゼルバイジャン人〉の創出：民族意識の形成とその基層』京都大学出版会，2017.

23 講読 3
チャイの水面

次の短編小説を読んで和訳せよ。

Çay Bana Acı Gelir

Cebimi yoklaya yoklaya tâ Beşiktaş'a kadar yürüdüm. 21 Kasım, saat 16'ya 26 vardı. Hava açık, hafif ve soğuk rüzgar esiyordu. İleride Sinan Paşa Camii'ni gördüm. Avluda cenaze cemaati toplanıyordu. Nedense sağa dönüp camiden kaçtım. Yokuşu çıkarak tekrar cebimi yokladım, çakmak bulamadım. Bir bakkala girdim. Tezgahta benimle aynı yaşlarda bir adam oturuyordu, televizyona bakarak "Selamun aleyküm ağabey, buyurun" dedi.

"Aleyküm selam üstat, bir çakmak verir misin? Bir tane de Maltepe alayım."

"Maltepe kalmadı. İkibin vereyim mi size, ağabey?"

"Yok, bana acı gelir de. Onun yerine Wingston ver. Bozuk yok, üstü sende kalsın."

"Eyvallah sağ olun, ağabey."

Para ödeyip tam dükkandan çıkacakken bakkal "Ağabey dikkat et, yeni belediye başkanı 'yolda sigara içilmez' panoya manoya yazıp kasabanın her tarafına asmış, yapıştırmış. Zabıtalar sizi rahatsız edebilirler. Parka git, çay bahçesinde iç. İyi günler!"dedi. "İstanbul'da hala nazik insanlar var" diye düşündüm ve Yıldız Sarayı'na doğru yoluma devam ettim.

Kapıdan içeri girer girmez gözüme küçük bir çay bahçesi çarptı. Belki soğuktan dolayı, belki de Abdülhamid'in ikâmetgâhı İstanbulluların hoşuna gitmemiş olsa gerek, bilmiyorum, masalar bomboş idi. Her masada kül tablası vardı. Genç bir çırak tezgahta duran televizyon ekranındaki diziyi izliyordu. Genç beni görünce gülümsedi, hemen masaya gelip "Merhaba buyurun. Ne vereyim efendim?" dedi.

"Merhaba, bir çay ver."

Benim kuşağımdaki Türk erkeklerinin alışkanlığı olarak düşünmeden çay sipariş ettikten hemen sonra pişman oldum. Ben sigara içmek istiyordum, çay içmek istemiyordum. Çay benim için İkibin'den daha acıydı.

"Koyu mu olsun? Yoksa açık mı seversiniz?"

"Fark etmez, çay çaydır!"

Genç soğuk davranışıma hiç aldırmadan "Peki hemen getireyim" diyerek ocak başına döndü. Genç çayı hemen getirdi ve yine gülümseyerek masadan ayrıldı. Sıcak çay masaya konunca hemen soğudu. Ben bardağı tutup dumanlar tüten çayın yüzeyine baktım. Çayın yüzeyinde yaşlı bir adam surat asıyordu.

Bir yaz biz ailece —annem, babam, ben ve İskender— Arnavutköy'ün arkasındaki anne babadan kalma eski yalıda tatilimizi geçirmiştik. Ben ve yaşlı İskender 11 yaşındaydık. Her sabah ikinci kattaki geniş balkonda kahvaltı yaptıktan sonra ben İskender'le Boğaziçi'ne inip serbestçe yüzerken babam ve annem balkonda çay içerek arada bir deniz kıyısına göz atar, oğlu ve köpeğine bağırırdı: "Akıntıya dikkat!", "Uzağa gitmeyin!", "İskender'i gemiye yaklaştırma!" gibi uyarılara biz tabii ki kulak asmazdık. Babalar da fazla ısrar etmeden çay masasına, yani çocuksuz samimi karıkoca sohbetine dönerlerdi.

Yağmurlu günler ise ben ve İskender dışarı çıkmayıp yalıda, çoğu karanlık ve tozlu odalarda dolaşırdık. Küçük serüvenlerden bıkınca balkona çıkıp babam ve annemin çay masasına katılırdık. Babam ve annem ikisi de koyu çay severdi ancak ben sevmezdim. Benim için onlarınki fazla acıydı çünkü. Ben surat asarak çay içerken babam her zaman "Çay kederliler için acı gelir, neşeliler için tatlı gelir. Küçük aslanımın da endişesi mi var yoksa?" diyerek gülerdi. Bu özlü sözü babam nereden almıştı, bilmiyorum. Gerçekten atasözü olabilir diye araştırdım ama bulamadım. Böyle ancak bir sözü bir yazar hayal gücüyle bulabilirdi.

Aynı yazın sonunda bir gün dolu yağdı. Ben ve İskender pencereden yağmurlu güzel Boğaziçi'ne hiç bıkmadan bakıyorduk. Akşamüstü babam Beşiktaş'taki ofisinden döndü. Onun tatili çoktan bitmişti. O yorgun ve biraz sinirliydi. Ben yine surat asarak çay içiyordum ki, beni görünce şöyle dedi.

"Of be, neden çay sevmezsin. Gerçekten Türk müsün, aslanım?" Babam her zamanki gibi sözünü, adeta kıymetli bir atasözünü bir cahile öğretir gibi ekledi.

"Bu ülkede çaysız yaşayamazsın."

Babam annemden çay alınca yanımda ayakta durdu.

"Oğlum, insanlar için en önemli içecek nedir, biliyor musun?"

"Su."

"Vay be! Haklısın. Kuşkusuz su. Ama biz Türküz. Türkler için çaydan daha önemli içecek —yok diyemem ama — zor buluruz. Bazen çay sudan kıymetli olabilir. Bak oğlum, ilkokulunda çaycı ağabey çalışır değil mi? Hocalar ve misafirler için çay odasında demli çay yapıp getirir ya. Üniversitede, şirkette, belediyede, yahut komutanlıklarda, usta ressamların atölyesinde, bu ülkede çaysız bir yer bulamazsın. Kederli zamanlarda, neşeli zamanlarda, düğünlerde, cenazelerde, sünnetlerde, ya sofrada ya masada, her zaman her yerde çay içilir. Türkler çayla yaşar, çaysız yaşayamaz. ...Sen de çayı sev, surat asma."

Çocukken (bazen şimdi de) çok inatçıydım. Babamın bu sözü hiç hoşuma gitmedi. Hemen karşı çıktım.

"Babacığım, İskender'e söylesene. O da Türkiye'de doğdu, büyüdü, işte Türk köpeği. Ama o bugüne kadar bir bardak bile çay içmedi. Zaten ben çaydan daha çok kolayı severim."

Annem kahkaha atarak "Sen kaybettin. Aslanımız papağanımı yemiş!" dedi. Babam da omuz silkip "Ne yaramaz aslanım!" diye güldü.

Ondan sonra neler konuşmuştuk, hatırlayamıyorum. Galiba olağan, mutlu aile sohbetleri ettik.

Muhteşem bir yazdı.

Evet, muhteşem bir yaz idi. Yaz sonunda İskender öldü. Mekanı cennet olsun. Kışın annem hastalandı. Babam mutfakta acemice çay yapıp yataktaki anneme getirirdi. Hiç durmadan günde beş bardak getirirdi. Annem altı yüz doksan dokuz bardak çay içtikten sonra yedi yüzüncü bardağını içerken rahmetli oldu. Allah lütfen anneme rahmet eylesin.

Baharda satmadan önce babamla o eski yalıyı yine ziyaret ettik. Hava açık, güneşliydi. Balkonda çay içtik. Boğaziçi'den deniz kokusu geliyordu. Düdükleri dinleyerek tankerleri saymaya başladım ancak hemen bıktım. Babamın çayı benim için fazla ağırdı. Sessizliğe dayanamadım ve ona şöyle dedim.

"Baba, çay koyu. Acı. Anneminki daha açıktı."

Babam her zamanki suratıma baktı, bir şeye dayanır gibi bardağıma şeker koyup kaşıkla karıştırdı. Sonra önüme bardağı koyup yanıma oturdu.

"Canım, çaya baksana."

Çayın yüzeyinde suratım vardı.

"Cem'in büyülü bardağını biliyor musun?"

Hayır dedim, babam anlattı. Eski bir efsaneye göre İran'ın en eski şahı Cemşid hazinesinde Cihân-nümâ adlı büyülü bir çay bardağı varmış. Buna çay koyunca yüzeyinde dünyanın her yeri ve bütün gerçeği yansırmış. O yüzden buna Cihân-nümâ derlermiş. Cemşid buna göre hem insanları idare etmiş, hem de cinlere hakim olmuş. Sonra öğrendim ki Cemşid çağında çay yoktu, aslında Cihân-nümâ içki bardağının adıydı. Babam çocuk için bir 'uygulama' yapmıştı.

"Çayın yüzeyi gerçeği yansıtır." Babam beni arkadan kucaklayarak çayın yüzeyine baktı.

"Oğlum, ne görünüyor?"

Çay yüzünde iki surat vardı. İkisinin de gözleri yaşlıydı.

"Şimdi göremiyorum."

"Baban da göremiyor, aslanım."

Ağlayarak kucaklaştık. Çay ile gözyaşı, hangisi daha acıydı, hatırlayamıyorum.

O yazdan beri çay bana daima acı gelir. (Ryo Miyashita)

語彙：yoklamak さぐること、まさぐること　esmek 吹くこと、そよぐこと
avlu 中庭　tezgah 番台　üstat 師匠、匠、年上男性への丁寧な呼びかけ
Maltepe マルテペ（トルコ煙草のブランド）　tükenmek 消費されること、なく
なること　İkibin イキビン（トルコ煙草のブランド）　Wingston ウィンストン
（JT 煙草のブランド）　üstü お釣り　eyvallâh ありがとう　belediye 市役所
başkan 長　pano 看板　asmak 提げること　yapıştırmak 貼り付けること
zabıta 商業区域の警備員　Yıldız Sarayı ユルドゥズ宮殿　çarpmak ぶつかる
こと　Abdülhamid アブデュルハミト二世　ikâmetgâh 居住地
-se/-sa gerek 〜なのかもしれない　bomboş がらがら　kül tablası 灰皿
çırak 下働き、徒弟　ekran 画面　dizi シリーズ、テレビドラマ　-i izlemek 視
聴すること　kuşak 世代　alışkanlık 習慣　düşüncesizce 考えなしに
sipariş 注文　-den pişman olmak 〜に後悔すること　koyu （チャイが）濃い
açık （チャイが）薄い　davranış 振る舞い　aldırmak 取り上げること、拘泥す
ること　ocak başı 炉端　buğulu 湯気の　yüzey 表面　surat asmak しかめ面
を浮かべる　-den kalma 〜から伝わる、残る　yalı 避暑別荘　serbestçe 自由に
arada bir ときたま　akıntı 流れ　yaklaştırmak 接近させること　uyarı 警告
kulak asmak 耳を傾けること　ısrarlamak 固執すること、強く主張すること
tozlu 埃をかぶった　serüven 冒険　endişe 心配　ibretli 教訓に富んだ
gerçekten 本当に　araştırmak （学術的、専門的に）調査すること　hayal 幻想、
幻影　uydurmak こさえること、でっちあげること　dolu 雹　akşamüstü 宵の口
sinirli 苛立った　oh be おいおい、なんなんだ　kıymetli 貴重な　atasözü 諺
eklemek 付け加えること　ayakta durmak 突っ立つこと、仁王立ちすること
kuşkusuz 疑いなく　zor 〜するのが難しい　çaycı チャイ売り、チャイ係
usta 親方、熟達の　atolye 工房、工場　sünnet 割礼式　inatçı 頑固な
ikrâr etmek 反抗すること、反論すること　zâten もとより、本来
kahkaha atmak 大笑いすること　papağan 鸚鵡　omuz silkmek 肩をすくめる
こと　yaramaz 腕白、我儘　olağan 通例の　muhteşem 壮麗な　idi 〜だった
（-(y)di の独立形）　mekanı cennet olsun 天国へ行けますように（「彼、彼女の
居場所が天国となりますように」）　acemice 不慣れな様子で　hiç durmadan 絶
え間なく、間断なく　rahmetli olmak 神の御許に召されること

Allah rahmet eylesin 神よ故人に慈悲を垂れ給え　düdük 口笛、汽笛
işitmek 聴こえる　sessizlik しじま　-e dayanmak ～を我慢すること
karıştırmak かき混ぜること　efsâne 伝説　şâh 王　hazîne 宝物庫
büyülü 魔法のかかった　çağ 時代　dökmek 注ぐこと　su yüzeyi みなも
yansımak 映る、反映される　idâre etmek 統括すること　-e hâkim olmak ～
を支配すること　yansıtmak 映すこと、反映すること　dâima 常に

(23.1)　時間の表現

(23.1.1)　時刻に関連する語彙

zaman	時間
saat	時
dakika	分
dakiki	時間に正確な
saniye	秒
an	瞬間
buçuk	半、半時（30分）
çeyrek	四分の一、四半時（15分）
yarım	半分の～
saat kaç?	何時ですか？

(23.1.2)　時刻の言い方

　トルコ語において時間を述べる場合、以下のように長針の位置によって言い
方が変わる。

時刻の言い方

	長針の位置	
①	12時 6時	saat ～ saat ～ buçuk
②	1－29分	saat ～ i ～ geçiyor/geçe
③	31－59分	saat ～ e ～ var/kala

23

67 ①長針が 12 時、6 時にある場合

Saat altıda buluşalım.
6 時に会いましょう。
Sen saat dört buçukta bize gel.
お前は 4 時半に俺たちのところへ来な。

②長針が 1 – 29 分の間にある場合
　対象格と geçmek を用いて「〜時を…分過ぎている」、「〜時…分過ぎ」という言い方をする。

67 Şimdi saat yediyi on üç dakika geçiyor.
いまは 7 時 13 分です。

67 Operasyon saat on beşi on iki geçe başlayacak.
作戦は 15 時 12 分に開始する。
Siz saat dokuzu çeyrek geçe Haydarpaşa İstasyonu'nda onu beklemelisiniz.
あなたは 9 時 15 分にハイダルパシャ駅で彼を待たねばなりません。

語彙：operasyon 作戦　çeyrek　4 分の 1、15 分

③長針が 31 – 59 分の間にある場合
　方向格と var、kala を用いて「〜時へ…分ある」という言い方をする。

67 Şimdi saat ona yirmi sekiz dakika var.
いま 9 時 32 分です。

67 Saat dokuza iki dakika kala sınıfa girdim, hocam hala gelmedi.
8 時 58 分に教室へ入ると、まだ先生は来ていなかった。
Saat on bire çeyrek kala haber başladı.
10 時 45 分にニュースがはじまった。

(23.1.3) 所要時間の言い方

距離や重さ等の他の単位と同じく、数詞のあとに時間を示す語彙を置く。

-İstanbul'a trenle kaç saat? -Yaklaşık yarım saat.　　　　　　　　**67**

イスタンブルまで電車で何時間かかりますか？　おおよそ半時間です。

Biz meyhanede dört saat otuz sekiz dakika geçtikten sonra dairemize
dönüp yattık.

私たちは居酒屋で4時間38分を過ごしたのち、フラットに戻って寝た。

(23.2)　並列・羅列の前置詞的表現

　トルコ語には前置詞的表現がいくつか存在する。これらはいずれもオスマン
語に取り込まれたペルシア語からの借用表現が残存した結果である。いまも頻
用されるものをまとめておく。

hem...　hem de...　「〜も〜もまた」

Siz hem Japonca hem de Türkçe konuşabilirsiniz.　　　　　　　　**68**

あなたは日本語もトルコ語も話せる。

Ben hem döneri hem de pilakiyi beğeniyorum.

私はドネルもピラーキーもどちらも好きだ。

Ahmet hem kibarsızca davranır hem de pis kelimeler söyler ama kötü
insan değil.

アフメトは無礼な振る舞いもするし、汚い言葉も口にするが、悪い人間で
はない。

語彙：pilâkî インゲン豆の煮物料理　-i beğenmek 〜を好むこと
kibarsızca 無礼に、行儀悪く　davranmak 振る舞うこと　pis 汚らしい

23

245

belki... belki de... 「〜かもしれないし〜かもしれない」（現段階では分からない）

68 Oğlum gelecekte belki doktor belki de avkât olacak!
息子は将来、あるいは医者に、あるいは弁護士になるだろう！

yâ... ya da... 「〜か〜かどちらか」

68 Kızım ya doktor ya da öğretmen olmak istiyor.
娘は医者か教師のどちらかになりたがっている。

Ya Battar Gazi ya da Rüstem, hangisi daha yiğitli kahramandır?
バッタル・ガーズィーかロスタムか、いずれがより勇敢な英雄なりや？

語彙：yiğitli 逞しい、益荒男ぶりの　kahraman 英雄、主人公、登場人物

ne... ne de... 「〜でも〜でもない」
述部が否定形にならないので注意。

68 Ne Ahmet ne de Mehmet çalışıyor.
アフメトもメフメトも働いていない。

Yarınki toplantıda sen ne konuşacaksın ne de güleceksin.
明日の会議ではお前、話したり笑ったりするなよ。

ぼかしの表現

　ある名詞を2つ並べ、後者の語頭が母音の場合はmを付し、子音の場合はmに置き換えると、「〜やら何やら」、「〜みたいなもの」のように対象をぼかす表現となる。

Seninle evleneli şaka maka sekiz sene oldu.
君と結婚してからいつの間にやら（冗談やら何やら言う内にも）8年になったね。

Ben o mektubu bir kitabın sayfa mayfasına sokup unutmuştum.

私はその手紙を何かの本のページの間のどっかにでも挟んだようで忘れて
しまったのだった。

23

動名詞 1
動名詞一般形と動名詞活用形

24.1　動名詞

　5課で学習したように、動詞語根に -mek/-mak が付属している形は「～すること」を意味する動名詞である。本課ではこの動名詞についてより詳細に学ぶ。

　トルコ語の動名詞は、-mek/-mak の形を取る「動名詞一般形」と、-me/-ma の形を取る「動名詞活用形」の2種が存在する点で特徴的である。後述するが、後者は主に所有接尾辞や複合名詞接尾辞が付属する形である。

24.1.1　動名詞一般形 -mek (-mek/-mak)

　動名詞一般形は、とくに動作主体を限定せず、広く人々によって行われている行為を言い表すことの多い形である。また既習のように、否定の付属語 -me/-ma と併用することで「～しないこと」という否定の動名詞を、可能・不可能接尾辞 -(y)ebil-, -eme- と併用することで「～できること」、「～できないこと」などの可能・不可能の動名詞を形成する。

yazmak	書くこと
okumak	読むこと
gitmek	行くこと
etmek	すること
yemek	食べること
yazmamak	書かないこと
okumamak	読まないこと
gitmemek	行かないこと
etmemek	しないこと

yememek	食べないこと
yazabilmek	書けること
edebilmek	できること
okuyabilmek	読めること
yazamamak	書けないこと
edememek	できないこと
okuyamamak	読めないこと

Ben onunla görüşmek istiyorum. **69**
私は彼と会いたい。

Kitap okumak sizin için çok önemli. **69**
本を読むことは、あなた方にとってとても重要だ。

Her gün okula gelmek sana o kadar sıkıntı verir mi? **69**
毎日、学校へ来るのは君にそんなにも苦痛なのかい？

Dolandırıcıya para teslim etmemek gerek. **69**
詐欺師どもにお金を渡してはならない。

Hata yapmamak için neler yapmak gerek?
失敗をしないためには、どんなことをする必要があるだろう？

Kadrolara bir an önce maaş ödeyebilmek için daha gayret etmek lazım.
スタッフたちに一刻も早く給料を払えるためには、もっと努力することが
必要だ。

Ana dilini yazabilmek ve okuyabilmek kamuoyu oluşturmak için kaçı-
nılmaz unsurdur.
母語で読み書きができることは、世論を形成するために欠かせない要素で
ある。

Harfler okuyabilmek için çocuk eğitimi çok önemli.
文字を読めるようになるためには児童教育がとても大切だ。

24

語彙：sıkıntı 心労、退屈、苦痛、苛々　dolandırıcı 詐欺師
teslîm 引き渡し、降伏　gerek 必要な　bir an önce 一瞬でも早く

maaş 給金　lâzım=gerek 必要な　ana おっかさん　ana dili 母語
kamuoyu 世論　oluşturmak 成立させること　kaçınılmaz 欠かせない
harf 文字　eğitim 教育

練習1）　トルコ語にせよ。
1．占いを信じすぎない方が良い。
2．健康のために朝食を摂ることは必要でしょうか？　いえ、必要ありません。
　　過度に食べないことが大切なのです。
3．大学で学ぶことは、今日の社会構造を理解するために有益である。
4．敵に追従することは理外であり、味方に謙虚であることが理に適っている。
5．バスでは降りる前にボタンを押す必要がある。

語彙：fal 占い　fazla 過度に　sağlık 健康　gereksiz 不必要な
toplumsal 社会の、社会的　yararlı 有益な　yağcılık 阿諛追従
mantıksız 論理的ではない　mütevazî 謙虚な　mantıklı 論理的な

24.1.2　動名詞活用形 -me (-me/-ma)

　動名詞一般形からkを落とした -me/-ma の形を動名詞活用形という。一般形が動作主体を限定しないことが多いのに対して、動名詞活用形はむしろ具体的な動作主体を想定し、その動作主体を所有形＋所有接尾辞によって表示する。

A'in　　　動名詞活用形　＋　所有人称接尾辞
A が　　　　　　　　　　～すること

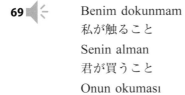

Benim dokunmam
私が触ること
Senin alman
君が買うこと
Onun okuması
彼が読むこと

Hasan'ın pişirmesi
ハサンが料理すること

Bizim tahmin etmememiz
私たちが推理しないこと

Sizin ulaşmamanız
あなたが辿りつかないこと

Onların duymamaları
彼らが聴かないこと

Elif'in doymaması
エリフは満腹しないこと

Benim girebilmem
私が入れること

Sizin işitebilmeniz
あなたが聴けること

Ali'nin yüzebilmesi
アリが泳げること

Benim hayal edememem
私が想像できないこと

Sizin çevirememeniz
あなたが翻訳できないこと

Onların memnun olamamaları
彼らが満足できないこと

語彙：dokunmak 触ること　tahmîn etmek 推理すること
ulaşmak 到達すること　işitmek 聴くこと

Senin spor yapman gerek.
君はスポーツをした方がいいよ。

Ne yazık ki sizin doktor olmanız imkansız.
遺憾ながらあなたが医者になるのは難しい。

69 🔊

Tuzun yemekte olması, aşkın hayatta olması mutlaka gerek.
塩が料理に、愛が人生にあることは必須だ。

Nezaketin ruhta olmaması, gülün şiirde olmaması gibi hayatın tadını azaltır.
気遣いがないということは、薔薇が詠まれない詩のように人生の妙味を減ずる。

Yaşlıların araba sürmeleri ciddi kazaya neden olabilir.
高齢者が車を運転するのは深刻な事故の原因になりかねない。

語彙：ne yazık ki 遺憾ながら　imkânsız 可能性のない（⇔ imkân 可能性のある）　tuz 塩　mutlaka 絶対に　nezâket 繊細さ、気遣い　gül 薔薇　tat 味　azaltmak 減らすこと

練習2）　トルコ語にせよ。

1．あなたたちは明日、警察署へ出頭し、身分証を提出する必要があります。
2．私たちがその意味を解さないまま聖句を口にするのは適切だろうか？
3．明日の祝祭日に、僕たちは基地に留まって待機する必要がある。
4．全人類が公明正大に生きることは不可能である。
5．政治活動家どもが通りでがなり立てるのはナンセンスだ、彼らは選挙結果を受け入れるべきだ。
6．私たちがここで食事するのは禁止でしょうか？　ここは図書館なのよ、食事するのも電話するのも禁止！

語彙：emniyet 警察署　kimlik 身分証明書
teslim etmek 明け渡すこと、降参すること　âyet 聖典の聖句、アーヤト
câiz （宗教的に）適切な、許された　üs 基地
doğru dürüst 品行方正に、公明正大に　siyasal 政治の　faaliyetçi 活動家
bağırmak 怒鳴ること　seçim 選挙　sonuç 結果

252

(24.2) 動名詞と格接尾辞

　動名詞一般形と動名詞活用形は、いずれも格接尾辞を伴っても用いられる。動名詞一般形では方向格、対象格が付属する際にはkが欠落して、動名詞活用形と同様の形になる。

　動名詞活用形は所有接尾辞を伴わずに格接尾辞を伴う例もあるが、okuma「読み、リーディング」やseçme「選択」のように一般名詞化した語彙である場合が多い。

動名詞 + 格接尾辞

	主格	位置格	方向格	起点格	対象格	共同・手段格
動名詞 一般形	-mek -mak	-mekte -makta	-meye -maya	-mekten -maktan	-meyi -mayı	-mekle -makla
動名詞 活用形	-me -ma	-mede -mada	-meye -maya	-meden -madan	-meyi -mayı	-meyle -mayla

gitmekte	行くことにおいて、行くときに
yemeye	食べることへ、食べることに対して
seçmekten	選ぶことから
satmayı	売ることを
söylemekle	述べることによって
benim anlamamda	私が理解することにおいて
senin konuşmana	君が話すことへ、話すことに対して
onun gelmesinden	彼／彼女が来ることから
bizim avlayabilmemizi	私たちが狩りをできることを
sizin iletememenizle	あなたが送信できないことによって

語彙：avlamak 狩ること　iletmek 送ること、届けること

24

70 Ben televizyon seyretmekten bıktım.
私はテレビを観るのに飽きた。

70 Sen evde cep telefonuyla oynamaktan başka hiç bir şey yapmıyorsun.
お前は家で携帯電話をいじくる以外に何もしていないね（oynamandan でも可。ただし、回りくどい印象）。

70 Özge dağa çıkmaktan, ormanda yürümekten çok hoşlanır.
オズゲは山を登ることや、森を歩くことが大好きです。

Bir şey kırmak bir şey yapmaktan daha kolay.
何かを壊すのは何かを作るより簡単だ。

Kalecinin kale önünde olmaması yenilgimize sebep oldu.
GK がゴール前にいなかったのが私たちの敗因です。

Sevgilim benim onu aramamama kızıyor.
私の恋人は、私が彼女に電話を掛けないことに怒っている。

語彙：avlamak 狩ること　-den bıkmak ～に飽くこと　orman 森
kırmak 壊すこと、折ること、砕くこと　kaleci ゴールキーパー
yenilgi 敗北　sebep 理由

練習3）　トルコ語にせよ。

1．君が煙草をやめたのを見て私は嬉しくなった。
2．こうしてメフメトは新しい職場で働きはじめた。
3．あなたが母語を完璧に理解することは、外国語を修得することよりも難しいかもしれない。
4．あんたが私を覚えていないのが、もんのすごく腹立たしかったものだわ！
5．私たちは政治と宗教の区別をする必要があります。
6．あなた方に蝶々がどんなふうに飛ぶのかを解説いたしましょう。
7．サウディ・アラビアは非ムスリムがメッカに入ることを禁じています。
8．よろしければそろそろお暇を告げることをお許し願います。
9．私たちは国際関係を発展させると共に、それを問題のない状態に保つことも重要である。

10. 今日の読者たちは長い物語のある小説を読むよりも、短い短編を読むのを
　　好んでいます。

語彙：bırakmak やめること　hatırlamak 思い出すこと、覚えていること
-i rahatsız etmek 〜を不快にすること　din 宗教　A'le B'i fark etmek A と B
とを区別すること　A'in -e gerek ＋所有人称接尾辞 var/yok A が〜する必要性
がある／ない　kelebek 蝶々　izâh etmek 解説すること　Suudi Arabistan サウ
ジ・アラビア　gayrimüslim 非ムスリム　Mekke メッカ　-i yasaklamak 〜を禁
じること　müsaade 許可　müsaadenizle よろしければ　izîn 許可（izn ＋母音）
dilemek 請うこと、望むこと　uluslararası 国際性　ilişki 関係
sorunsuz 問題のない　〜durumda tutmak 〜な状態を保つこと
hikâyeli 物語の、筋の　öykü 短編　-i tercih etmek 〜を好むこと

(24.3)　先行語の省略 1

　動名詞活用形においては、まわりくどさを避けるため動名詞節の先行語（動
作主体）が省略されることも多い。

　（Onun）Ehliyetiyle müracata gelmesi gerekti ama getirmemiş.
　（彼は）免許証を持って申し込みへ来る必要があったのに持って来なかった。
　（Sizin）Şimdi burada kontrat yapmanız şart, yoksa size satmayız.
　いまここで契約するのが条件です、でなければあなたに売りませんよ。

　語彙：ehliyet 免許　müracat 書類受付　kontrat 契約　şart 条件

複合名詞と動名詞
　動名詞を用いて複合名詞が作られる場合は、動名詞活用形が用いられる。数
は少ないものの複合名詞接尾辞を伴わない慣用語も散見されるので、これらに
ついてはその都度、記憶すればよい。

24

değerlendirme sistemi	評価システム
okuma becerisi	読解力
okuma yazma	読み書き、識字能力
konuşma dili	口語
anlama gücü	理解力
toplama noktası	集合地点

コラム 11

トルコ古典詩素描：
マンスール・アーゲヒーと船乗りの言葉

山下　真吾

　古典期以降のオスマン朝では「ディーワーン詩」の分野が花開きましたが，詩人の多くは学者や官人としても活躍しました。そんな詩人たちの中で少し変わった詩を書いたのがマンスール・アーゲヒーです。アーゲヒーはオスマン海軍が遠征から帰還した後に，船乗りの言葉を盛り込んだ詩によって有名になりました。アーゲヒーの詩は，想い人との逢瀬の後の別れから始まります。私は想い人への気持ちから心が千々に乱れます：

Bâd-ı ışkun alavand eyledi sabrum gemisin
İlevend oldı gönül tıflı senün derdünden

恋心の風が私の忍耐の船に吹き付け
私の平穏な心は海賊のように荒々しくなった

ここでは「逆風が吹く」(alavand) という船乗りの言葉が使われています。また、「風」と「船」、「海賊」が縁語として使われています。この詩では、この後さらに恋のライバルが登場して主人公の悩みはさらに増すのですが、詩人は海に乗り出すべきと説きます：

Ey gönül, nice yatursın bu liman-ı tende
心よ、どうして体の港に横たわっていられようか
Himmetün lengerin al, mevsimi-dür, aç yelken
努力の錨を上げよ！ 時が来た。帆を張れ！

　この詩は、トルコ学者の Andreas Tietze によって校訂されています。

オスマン艦隊

読書案内
宮下遼『多元性の都市イスタンブル：近世オスマン帝都の都市空間と詩人，庶民，異邦人』大阪大学出版会，2018.

25 動名詞 2
動名詞を用いた諸表現

25.1 動名詞と後置詞の併用 1

動名詞は後置詞や、それに類似の後置詞的表現と共に用いられることでさまざまな表現を形成する。本課ではそれらのうち主要なものを学び、表現力の拡充を期す。

25.1.1 için 「～するために」

「～するために」という目的を表す副詞句、形容詞句を形成する。動名詞は時制表示を伴わないので、句の時制は主文に従う。

Ben okula girmek için para biriktiriyorum.
私は学校へ入るために貯金しています。
Hata yapmamak için neler yapmamız gerekecek?
失敗しないためには何をすることが必要とされるだろうか？
Bizim rahatça yaşayabilmemiz için manevi tesellimiz bulmalıyız.
私たちが安楽に生きるため精神的な慰めを見つけねばならない。
On sene önceki felaketin unutulmaması için anılığını yayımladım.
10年前の災害が忘れられないように私は回顧録を出版した。

語彙：biriktirmek 貯めること　gerekmek 必要となること、必要とされること
manevî 精神的な　tesellî 慰め　anılık 回顧録
yayımlamak 出版すること、放映すること

(25.1.2) -den dolayı 「〜するために」、「〜するので」

「〜するために」、「〜するので」という理由を表す副詞句を形成する。için に
比して理由、原因の意味が強い。

Ayşe Hanım'ın hiç uyanmamasından dolayı kocası çok endişe ediyormuş. **71**
アイシェ夫人がまったく目を覚まさないので夫はとても心配しているそうだ。
Sevgilimi dövmemden dolayı yakalandım.
恋人を殴ったので逮捕されました。
Uzun zamandır savaşın olmamasından dolayı halk barışın değerini
unutur.
長いこと戦争が起こっていないので、民衆は平和の価値を忘れている。

語彙：bariş 平和　değer 価値

(25.1.3) -e rağmen 「〜する／したにも拘らず」

「〜する／したにも拘らず」という逆説の副詞句を形成する。

Bir ay önce internette sipariş etmeme rağmen ürün bir türlü gelmiyor. **71**
1か月前にインターネットで注文したにも拘らず、製品が一向に来ない。
Elif'in Arapçayı analayabilmesine rağmen anlamamış gibi davrandı.
エリフはアラビア語が理解できるにも拘らず、分からないとばかりに振舞っ
た。
Yoksulluk probleminin hızla büyümesine rağmen etkili önlemler henüz
bulunmaz.
貧困問題が急速に拡大しているにも拘らず、効果的な対策はまだ見つから
ない。

語彙：yoksulluk 貧困　büyümek 大きくなること、拡大すること
etkili 影響力のある　önlem 対策

25

練習1） 動名詞と için, dolayı, rağmen を用いて単文にし、和訳せよ。

1．Siz çok kitap okuyorsunuz. Çünkü siz üniversitede sosyal bilimler araş-
tırmak istiyorsunuz.
2．Camiler sakin. O nedenle ben camii seviyorum.
3．Şehir canlı ama gürültülü. Onun için Ali şehirden taşraya taşındı.
4．Ahmet koyun kesti ama etleri komşularına ikrâm etmedi.
5．Türkiye'nin toprağı bereketli ama fakir ziraatçılarla doludur.

語彙：sosyal bilimi 社会学　canlı 活気のある　taşınmak 引っ越すこと
ikrâm etmek 無料で差し出すこと　bereketli 豊かな、豊饒な
ziraatçı 農業従事者

25.2　先行語の省略2

　文章自体の主語と、動名詞節の先行語が一致している場合には、文章が煩雑
になるのを避けるため往々にして先行語が省略され主語だけが残される。

71

Ahmet ('in/onun) gerçeği bilmesine rağmen bizden sakladı.
アフメトは事実を知っているにも拘らず、俺たちに隠しやがったんだ。
O yönetmen ('in/onun) güzel yeteneğe sahip olmasına rağmen yeni
filmini hiç çekmez.
あの監督には素晴らしい才能があるにも拘らず、一向に新作を撮らない。

語彙：saklamak 隠す、預ける、仕舞う　yönetmen 映画監督　yetenek 才能

25.3　動名詞と後置詞の併用2

25.3.1　üzere 「～する目的で」、「～という条件で」

　動名詞一般形と用いられて「～する目的で」、「～という条件で」という目的
や条件、「～しそうになる」という緊迫した様態などを表す。目的の意味の場合

260

は için で置換できることも多い。

Türkçe öğrenmek üzere İzmir'e geldim.　　　　　　　**71**
トルコ語を学ぶ目的でイズミルにやって来た。
Mevlüt liseyi bırakmamak üzere babasını yardım etmeye başladı.
メヴリュトは高校をやめないという条件で父の手伝いをはじめた。
Çok yoruldum, ölmek üzereyim.
ひどく疲れた、死にそうだ。
En kısa zamanda görüşmek üzere.
近いうちまた会おうね。（慣用表現）

語彙：yorulmak 疲れること

(25.3.2)　-mekte（-mekte/-makta）　「～しているところである」

　動名詞一般形に位置格を付属させると「～しているところである」という現在進行の意味が付与された所在文を形成する。動詞現在形で置換できる場合も少なくないが、-mekte においては「（いままさに）～している最中である」という現在進行の意味がより強調される傾向がある。

Siz şu anda hangi alanda çalışmaktasınız?　　　　　　**71**
あなたは目下、どの分野でお仕事をなさっているんですか？
Beş gün önce ben iskelede arkadaşımı beklemekteydim.
5日前、私は桟橋でとある友人を待っているところでした。

語彙：alan 分野、領野　iskele 埠頭、桟橋

(25.3.3)　zorunda「～しなければならない」, zorunda kalmak「～せざるをえない」

　zorunda は「～しなければならない」という強い義務、zorunda kalmak は「（意に反して）～せざるをえない」をいう強制の意味を持つ。zorunda は gerek と比較して、より強い義務を表す。

25

71 Sen memlekete dönmek zorundasın.
君は故郷へ帰らねばならない。（「帰るべき」というよりは「帰らなければならない」）
Bahçedeki dökülmüş yaprakları toplamak zorunda değilsin.
庭の落ち葉を片付けるのは君の仕事じゃない。

71 Darbe nedeniyle ben memleketimden ayrılmak zorunda kaldım.
クーデターのため、私は故郷を離れざるを得なかった。
Esirler acımasız efendilere itaat etmek zorunda kaldılar.
捕虜たちは残酷な主人たちに従わざるを得なかった。

語彙：dökülmüş 落ちた、零れた　toplamak 集めること、片付けること
darbe クーデター　名詞＋nedeniyle ～の原因で　esir 捕虜、戦争奴隷
acımasız 情け容赦のない　efendi 主人
itaat etmek 忠誠を誓うこと、従うこと

練習2）　動名詞を用いてトルコ語にせよ。
１．急いで、私たちバスを逃しそうよ。
２．トルコは発達している最中です。
３．我々は自分の理想を実現するためにあらゆる困難に耐えねばならない。
４．外国にいる同胞たちがとても辛い状況で生活することを余儀なくされている。

語彙：kaçırmak 逃す、逸すること　ülkü 理想　zorluk 困難
-e katlanmak 耐えること　yurtdışı 国外（複合名詞）　acı 痛ましい、辛い

(25.4) 動名詞と間接話法⇔直接話法の書き換え

日本語に比してトルコ語は間接話法の使用頻度が高い。そのため自然な日本語に訳す際には直接話法と、動名詞を用いた間接話法の相互の書き換えが重要となる。

直接話法⇔間接話法の書き換えにおける述語動詞の置換例

直接話法文内	間接話法文
"平叙文" +demek 「〜です」と言う	-i söylemek 〜ということ／〜することを言う
"命令文" +demek 「〜しろ」と言う	-i emretmek 〜ということ／〜することを命じる
"提案 / 推奨文" +demek 「〜しようよ」と言う	-i teklif etmek/-i tavsiye etmek 〜ということ／〜することを薦める
"依頼文" +demek 「〜してください」と言う	-i istemek 〜ということ／〜することを求める

（直）Ahmet "Ben dün çok uyudum" dedi.
アフメトは「僕は昨日、よく眠った」と言いました。

（間）Ahmet (onun) dün çok uyumasını söyledi.
アフメトは昨日よく眠ったと言った。

（直）Ben sana "Yine hata yapma" dedim.
私は君に「二度と失敗するな」と言った。

（間）Ben sana (senin) yine hata yapmamanı emrettim.
私は君に二度と失敗しないよう命じた。

25

（直）Siz Ayşe'ye "Benimle beraber sinemaya gidelim" dediniz.
あなたはアイシェに「私と一緒に映画館に行きましょう」と言いました。

↓ ↑

（間）Siz Ayşe'ye（onun）sizinle beraber sinemaya gitmesini teklif ettiniz.
あなたはアイシェに一緒に映画館へ行こうと提案した。

（直）Garson bey bize "Önce mezelerimizin tadına bakabilir misiniz?" dedi.
ウェイターさんは私たちに「まずは私どもの前菜のお味を
見て頂けますでしょうか？」と言った。

↓ ↑

（間）Garson bey bize（bizim）önce mezelerinin tadına bakmamızı tevsiye etti.
ギャルソンさんは私たちにまずは前菜の味を見てはどうかと薦めた。

（直）Hatice oğluna "Kapıyı açmaya yardım eder misin？" dedi.
ハティジェは息子に「扉を開けるのを手伝ってくれない？」と言った。

↓ ↑

（間）Hatice oğluna（onun）kapıyı açmasına（onun）yardım etmesini istedi.
ハティジェは息子に扉を開けるのを手伝うよう求めた。

練習3）　間接話法に書き換え、和訳せよ。

1．Ahmet "Dün bisiklete bindim" dedi.
2．Siz geçen hafta "Ben sigara içmem" dediniz, değil mi?
3．Türkler her zaman "Dünyanın en güzel ülkesi Türkiye'dir" derler.
4．Annem "Ayşe güzel bir kız" diyor.
5．Ahmet bana "Bugün belediyeye gidiyorum" dedi.
6．Baba kızına "Bugün birlikte sinemaya gidelim mi?" dedikten sonra ortadan kayboldu.
7．Padişah askere "Hemen atımı getir！" dedi.
8．Ben hizmetçiye "Her pazartesi temizlemeye gelin" dedim.

語彙：ortadan kaybolmak 失踪する、行方不明になる
hizmetçi お手伝いさん、家政婦　temizleme 掃除

25.5　疑問詞を含む動名詞節

　以下のように、疑問詞と動名詞を併用して疑問詞節を作ることができる。ただし、多くの場合は後出の形動詞を用いるため、やや稀な用法である。

　Siz Japonların nasıl bir millet olmalarını istiyorsunuz?
　あなたは日本人がどんな民族であって欲しいんですか？
　Ayşe'nin kaç tane ekmek almasını söylemeliyim.
　アイシェに何個パンを買うか言ってやらないと。

　語彙：millet 民族

コラム 12　エルトゥールル号事件：日土関係の出発点

小野　亮介

　エルトゥールル号事件とは、オスマン帝国から日本に派遣され、帰途に就いた軍艦エルトゥールル号が1890（明治23）年9月に現在の和歌山県串本町・紀伊大島の樫野埼沖で座礁・沈没し、500名以上の犠牲者を出した遭難事件を指す。島民によって救助された生存者69人は神戸で治療を受けた後、日本の軍艦比叡・金剛によって翌1891年1月にイスタンブルに送り届けられた。

　美談ゆえに様々な「伝説」が一人歩きしがちなこの事件だが、近年では、事件の周辺に関する様々な新事実が明らかになっている。エルトゥールル号の目的には、日本への使節派遣だけでなく、インド、東南アジアの寄港地の、つまりヨーロッパ列強の支配下にあったムスリムたちに対し、スルタン・アブデュルハミト2世のイスラーム的権威をアピールすることもあったとされる。更にアブデュルハミト2世は日本にイスラームを普及させるため、エルトゥールル号にウラマー（知識人、学者）を乗船させようとしたが、適切な人材が見つからず実現しなかった。

　事件後に日本国内で集められた義捐金を届けるために、山田寅次郎、野田正太郎という二人の日本人がイスタンブルを訪れた。当初から貿易事業を強く志していた山田は、民間大使としてこの地で長らく活動することになる。野田はオスマン側の要請により、1891年2月から1892年12月の約2年間、士官学校で7人の将校に日本語を教えた。教え子の一人が編纂し、約4,000語を収録したオスマン語・日本語・フランス語対照辞書 *Mecmua-i Lugat*（1893年、日本語タイトルは『字引』）が近年イスタンブルの図書館で発見され、初の土日辞書として研究が進められつつある。

　このようにエルトゥールル号事件は、日本とオスマン帝国／トルコ共和国の関係にとって重要な出発点であると言えるだろう。

樫野埼のトルコ軍艦遭難慰霊碑（串本町提供）

読書案内
　山田邦紀，坂本俊夫『東の太陽，西の新月』現代書館，2007.
　和多利月子（編著）『明治の男子は，星の数ほど夢を見た』産学社，2017.

コラム 13　日本をイスラーム世界に紹介した「鞍韃の志士」：アブデュルレシト・イブラヒム

海野　典子

　1910年代初頭、イスタンブルで『イスラーム世界—日本におけるイスラームの普及』というタイトルのオスマン語ユーラシア旅行記が刊行されました。著者のアブデュルレシト・イブラヒム（1857-1944）はロシア出身のタタール人ムスリムで、ジャーナリストとしてオスマン帝国でも活躍した人物です。日露戦争で強国ロシアに勝利した日本の協力を得て、西洋の帝国主義からイスラーム世界を解放するという構想を抱いていたイブラヒムは、1908年から1910年にかけて行ったユーラシア旅行の途中、半年間ほど日本に滞在します。そこで彼が交流を持った日本の政治家、軍人、アジア主義者の中には、日本のアジア進出のために、世界に広がるムスリムのネットワークやイブラヒムの知名度を利用しようと考える者もいました。

　日本におけるイスラームの普及にも尽力したイブラヒムは、ムスリムに求められる清潔さ、忠誠心、信頼といった美徳を全て備えた日本人は、近い将来イスラームに改宗するだろうと『イスラーム世界』に書き記しました。こうした記述は、オスマン帝国や中央アジアのムスリムの日本観に大きな影響を与えたと言われています。また、明治末期の日本社会を鮮明に描き出した同書は、ムスリムによる初の本格的な日本論としても、当時の日本人の異文化認識を知る手がかりとしても、貴重な史料です。

　大旅行の後イスタンブルに戻ったイブラヒムは、1933年に再来日を果たし1944年に東京で逝去するまで、東京モスクの初代イマーム（宗教指導者）を務めながら、日本の対イスラーム工作に関与しました。『イスラーム世界』の日本旅行記部分は日本語にも翻訳されているので、ぜひ現代トルコ語版とあわせて読んでみましょう。

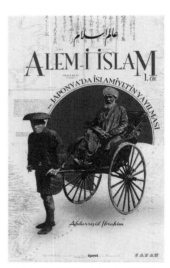

現代トルコ語訳版『イスラーム世界』

読書案内

アブデュルレシト・イブラヒム『ジャポンヤ：イブラヒムの明治日本探訪記』小松香織，小松久男（訳），岩波書店，2013.

小松久男『イブラヒム，日本への旅：ロシア・オスマン帝国・日本』刀水書房，2008.

26 分詞

26.1 分詞

　トルコ語には動詞を形容詞化するために用いられる分詞として、現在分詞接尾辞 -(y)en、過去分詞接尾辞 -miş、未来分詞 -(y)ecek が存在する。分詞接尾辞は「飛ぶ鳥」や「旅立った男」、「来る予定の客」のように「分詞化した動詞」とその「行為者」が一致する場合にのみ用いられる。

分詞の概要

	肯定	否定	例外動詞
現在分詞	-en/-an/-yen/-yan	-meyen/-mayan	etmek → eden gitmek → giden yemek → yiyen demek → diyen
過去分詞	-miş/-müş/-mış/-muş	-memiş/-mamış	—
未来分詞	-ecek/-acak/-yecek/-yacak	-meyeecek/-mayacak	etmek → edecek gitmek → gidecek yemek → yiyecek demek → diyecek

26.1.1 現在分詞接尾辞 -(y)en (-en/-an/-yen/-yan)

　現在分詞 -(y)en は 2 母音活用をし、動詞語根に付属して「～する～」という現在時制の形容詞を形成する。動詞語根が母音末尾の場合には y を介在する。また、下の例にあるように可能動詞語根／不可能動詞語根や受身動詞語根などとも併用される。

Gökte uçan bir kuş	空を飛ぶ鳥	**73**
Müezzin olan bir genç	ミュエッズィンである若者	
Seyahate çıkmayan adamlar	旅へ出ない男たち	
Kitap okumayan bir kadın	本を読まない女	
Türkçe konuşabilen bir Japon	トルコ語を話せる日本人	
Birbirleriyle anlaşamayan sevgililer	お互いに理解し合えない恋人たち	
Kabul edilen bir anlaşma	受諾された合意	
Süpheliye itiraf ettiren bir polis	容疑者に自白させた警官	

　先述の通り分詞は、「分詞化した動詞」とその「行為者」が一致する場合にのみ用いるので、たとえば以下のような例は誤りである[*]。

×	Sen yapan iş bu.	君がする仕事はこれです。
×	Ben dün izleyen film mükemmeldi.	
		昨日私が見た映画は完ぺきだった。

　語彙：müezzin　ミュエッズィン（礼拝の呼びかけを行う職業）

[*]いずれも後で学ぶ形動詞によって書くのが正しい。yaptığın bu. ／ Benim dün izlediğim film mükemmeldi.

İstanbul'dan gelen detektifin adı İbrahim'dir.　**73**
イスタンブルからやって来た探偵の名前はイブラヒムである。

Eski ve geleneksel türküleri iyi bilen ozanlar çok azaldı.　**73**
古く、伝統的な民謡に通暁する吟遊詩人はとても少ない。

Hakikat çoğu zaman söz edilmeyen sözler arasında bulunur.
真実とは往々にして言葉にされなかった言葉の中にある。

　語彙：detektif 探偵　İbrahim イブラヒム（男性名）　türkü 民謡
azalmak 減ること　ozan 吟遊詩人　mesele 問題
çoğu zaman たいてい、多くの場合

26

練習1）　トルコ語にせよ。

1．黙る教師
2．答えない学生
3．死なない猫たち
4．重要ではない人間たち
5．変化する時代
6．放棄され得ない希望
7．結ばれている紐

語彙：çağ 時代　değiştirmek 変えること　amaç 目的
terk etmek 放棄すること　umut 希望　bağlamak 結ぶこと　ip 縄、紐

練習2）　トルコ語にせよ。

1．トルコ語の叙事詩をよく暗記しているあの教師はアメリカ人だそうな。
2．学者である父は公務員の私の苦労をまったく理解してくれない。
3．最近、通りを徘徊する犬ころどもは毎晩、喧嘩しながらわんわん吠えている。
4．権力によって強制された学術研究は、学術的業績というよりはむしろ政治的所産と言える。
5．オスマン人たちは、美しい詩を詠むことのできる詩人を小夜啼鳥に譬えたものだ。

語彙：destan 叙事詩　ezberlemek 誦んじること　bilgin 学者、識者
emek 苦労　it 犬ころ　havlamak わんわん吠えること　zorlamak 強制すること
bilimsel 科学的な、学術的な　araştırma 研究　katkı 業績、貢献
Osmanlı オスマン人　bülbül 小夜啼鳥
-e benzetmek ～に似せること、比すこと

26.1.2 過去分詞接尾辞 -miş (-miş/-müş/-mış/-muş) **73**

　過去分詞接尾辞 -miş は、形の上では動詞伝聞・推量形と同じであるが、意味としては「～した～」という過去あるいは完了時制の形容詞を作る。

Az önce ölmüş ninem	ついさきほど死んだ私の祖母
Hiç açılmamış bir sandık	まったく開かれなかった衣装箱
Yangında yanmamış bir konak	火事で燃えなかった屋敷
Pazarda satılmış köleler	市場で売られた奴隷たち
Tamamlanmamış bir resim	完成されなかった絵画
Nihayet inşa edilebilmiş bir cami	ようやく建てられることができたモスク

語彙：sandık 衣装箱、宝箱　köle 奴隷　nihâyet ついに、ようやく
tamamlanmak 完成すること、完了すること

Geçen hafta meyhanede masamıza katılmış kızlı saçlı kadın Almancı'ydı. **73**
先週、居酒屋で私たちのテーブルに加わった赤毛の女性はトルコ系ドイツ人でした。

Efendiye itaat etmemiş köleler adaya sürgün edildiler.
主に忠誠を誓わなかった奴隷たちは島流しにされた。

Sanatçı olmak istemiş ama olamamış ben sanatçı olan anneme saygı **73**
duyuyorum.
芸術家を志すも果たせなかった私は、芸術家である母を尊敬しています。

Kuzey Osaka'dakiler dökülmüş yaprağını kızartarak Tempura yapıp yermiş.
北大阪の人々は落ち葉を揚げて天ぷらを作って食べるらしい。

Bir cinayetin netleşmemiş hakikatini takip etmiş bir gazeteci ortadan kayboldu.
ある殺人の明らかになっていなかった真実を追ったある記者が行方知れずになった。

26

Dün Teşvikiye Camii'nde yapılmış milli cenazeye emekli profesörler de katıldılar.

昨日、テシュヴィキイェ・モスクで催された国葬には、退官した教授たちも参列した。

AB'ne ait gelişmiş ülkelerin önderleri çeşitli küresel problemler hakkında tartıştılar.

EU に所属する先進国の指導者たちは、さまざまな世界的問題について議論した。

語彙：kızlı 赤い　Almancı トルコ系ドイツ人　efendi 主人
-e itaat etmek ～に従うこと、忠誠を尽くすこと　ada 島
sürgün 強制移住、ディアスポラ　dökülmüş yaprak 落ち葉
kızartmak 炒めること、揚げること　cinâyet 殺人
netleşmek 明らかとなること
-i takip etmek ～を追跡すること、追いかけること　cenâze 葬式
emekli 引退した、退職した　gelişmiş ülkele 先進国　önder 指導者
küresel 全球的、グローバル

練習3）　トルコ語にせよ。

1．現われた問題
2．よく育った豚たち
3．お金を返さなかったイマーム
4．故郷へ帰還した王
5．ドアを閉じた門番
6．家へ帰ることができた家族
7．完成されなかった辞書

語彙：ortaya çıkmak 現れること　geri vermek 返却すること
memleket 故郷　kral 王　imâm イマーム、導師　kapıcı 門番

練習4）　トルコ語にせよ。

1．先月、僕の美しい花嫁となったソンギュルさんは、僕と同じ学部を卒業した通訳です。

2．十分に発達した社会においては、市民は十分な教養を備えた個人として行動することが求められる。

3．アンティオキアへ達した野蛮な十字軍は早速、街を略奪しはじめた。

4．近代以降、無二の価値観となった「人権」が、ときに人間らしさから遠ざかって、さまざまな悲劇を起こしている。

語彙：gelin 花嫁　fakülte 学部　tercüman 通訳　vatandaş 市民
okumak 教養を修めること　birey 個人　davranmak 振る舞うこと
istenilmek 求められること　Antakya アンティオキア　vahşi 野蛮な
Haçlı 十字軍　yağmak 略奪すること　Modern Çağı 近代期
eşsiz 並ぶもののない　değer yargısı 価値観　insan hakkı 人権
insanlık 人間性、人間であること　fâcia 悲劇、災難

(26.1.3)　未来分詞接尾辞 -(y)ecek (-ecek/-acak/-yecek/-yacak)

　未来分詞接尾辞 -ecek は、形の上では動詞未来形と同じであり、「～する予定の～」という未来時制の形容詞を形成する。

Yarın ilan edilecek milli takım	明日、発表されるナショナル・チーム
Öğleden sonra kalkacak hızlı tren	午後に出立予定の高速列車
Yarınki konferansta konuşulmayacak konu	明日の会議では話されないであろう論題
Sonra elinize ulaşacak bir belge	あとでお手許に届く書類
İki gün sonra yapılabilecek bir tören	明後日に行われる可能性のある式典
Hiç unutulamayacak şehitler	決して忘れられ得ないであろう戦没者たち

　語彙：millî takım ナショナル・チーム　tören 儀式　şehit 戦没者、殉教者

26

73 İzmir'den gelecek misafirimiz saat kaç gibi bize ulaşacak?
イズミルから来る予定のお客さんは何時くらいにうちに着くの？

73 Beşiktaş'tan kalkıp kuzeye gidecek otobüslerin çoğu Zincirlikuyu'dan geçer.
ベシクタシュ発の北に向かうバスの大半はズィンジルリクユを通ります。

Gelecek yüzyılda gerçekleşecek yeniliklerini hayal ederiz.
来るべき世紀に実現するであろう革新について想像してみよう。

Hayatımız hemen akıp giderek yok olacak, tekrar elimize geri dönmeyecek şeylerle doludur.
私たちの人生は、すぐに流転し、去り、喪失してしまい、ふたたび手に入れることのできないもので満ちている。

語彙：saat 〜 gibi 〜時くらいに　yenilik 革新、イノベーション
akmak 流れること　yok olmak なくなること　geri dönmek 戻ってくること

練習5）　トルコ語にせよ。
1．そよ風に震えるであろう菫
2．風で揺れるであろうブランコ
3．すぐに滅びるであろう王朝
4．決して解かれ得ないであろう謎々
5．すぐに集められ得るデータ群
6．容易には立証され得ない定義

語彙：esinti 微風　titremek 震えること　menekşe 菫　sallanmak 揺れること
salıncak ぶらんこ　çökmek 滅びること　hânedân 王朝、王族
muamma 謎々　veri データ　teyît 立証、証明　tanım 定義

練習6）　トルコ語にせよ。
1．沈むだろう船に乗る人間はいないが、沈まない船もまたない。
2．私たちのホテルの受付はツアーに予約をなさるお客様のため24時間開いて

おります。

3．明日、公布される予定の新しい法律について君はどう思う？

4．オスマン帝国の医師たちは、精神の病に対する治療となり得るだろう対応策が音楽を聞かせることだと知っていた。

語彙：sıradan 月並みの　tur ツアー　abone カスタマー、顧客　ilân 公布、公表
yasa 法律　hekim 内科医　manevi 精神の　tedavi 治療　tedbir 措置、対策

（26.2） 分詞の複合時制　現在進行時制と過去完了時制

　ここまで学んだ3種の分詞、および動名詞の現在進行表現等の組み合わせによって、現在進行時制、過去完了時制の分詞が形成される。ただし、やや回りくどい表現であり、それぞれ現在分詞、過去分詞で置換されることも少なくない。

分詞の複合時制

現在進行	～している最中の～	-mekte olan
過去進行	～している最中だった～	-mekte olmuş
未来進行	～している最中であろう～	-mekte olacak
過去完了	すでに～された～	-miş olan

Gelişmekte olan ülkelerde maaşlar düşük seviyede kalır.　**74**

発展途上国においては賃金は低い水準に留まっている。

Muhalefet partisinin mecliste tartışılmakta olan gündeme aniden onaylaması iktidar partisini şaşırttı.　**74**

野党が国会で議論中の協議事項に突然、賛成を表明したことは与党を驚かせた。

26

語彙：gelişmekte olan ülke 発展途上国　sevîye 水準、レベル
aniden 唐突に　onaylamak 賛成すること、同意すること

(26.3) 分詞の名詞化

　トルコ語の分詞は、そのままの形で「〜する人」や「〜する物」という意味
の名詞としても用いられる。人・物いずれを指すのかは文脈に応じる。

kullanan	使用する人・物、使用者
oturanlar	座っている人々、住んでいる人々
okumuşlar	学んだ人々、教養人
binecekler	乗る予定の人々、搭乗予定者
okulda olanlar	学校にいる人々、物
masada olanlar	机の上にある物

75 Hadi içmeye gideriz, benimle gelen kim?
さあ飲みに行こう、私と来るのは誰？

75 Beni en etkileyen onun esrarengiz bir bakışıydı.
私をもっとも感動させたのは、彼女の秘密めいた眼差しだった。

75 Bu aleti yapanlar acayip zeki olmalıydı.
この道具を作った人々はとんでもなく賢かったに違いない。

Dolmuştan inmek isteyenin "Kaptan bey, inecek var!" demesi gerek.
乗り合いバスから降りたい人は「バスの運転手さん、降り人あり！」と言
わねばならない。

　語彙：hadi さあ　etkilemek 影響を与えること　esrârengîz 神秘的な
kaptan バスの運転手

練習7）　名詞化分詞を用いてトルコ語にせよ。
１．病院へ来る人

2．私を手助けしてくれる人

3．受け入れない人々

4．昨日、死んだ猫

5．昔、この部屋に住んだ人々

6．明日、学校へ来る人々

7．将来、実現するであろうこと

練習8）　トルコ語にせよ。

1．この儚い現世には幸福な者もいれば幸福でない者もいる。

2．その小説を最初に読んだ人々は、その物語や登場人物に感嘆したのだった。

3．彼女の姿を私の眼前に甦らせたのは、龍涎香の香りだった。つまり私の古い恋に光を当てたのは鯨の分泌物だったわけだ。

語彙：fânî 儚い　hattâ さらには、それどころか

kahraman 英雄、主人公、登場人物　gözün önü 眼前

canlandırmak 惹起すること、蘇らせること　amber 龍涎香　koku 香り、匂い

-e aydınlatmak 〜を照らすこと　balina 鯨　salgı 分泌物

(26.4)　分詞的に用いられる動詞

　分詞ではないが、以下のように中立形動詞がそのまま形容詞として用いられる慣用語も存在する。下記にいくつか記しておこう。

çalar saat	目覚まし時計	（鳴る時計）
döner kebap	ドネル・ケバブ	（回る焼肉）
akarsu	流れ、川	（流れる水）
çıkmaz sokak	行き止まり道	（出ない通り）
çıkar yol	突破口	（出る道）
tükenmez kalem	ボールペン	（尽きない筆）

26

形動詞 1
形動詞とその時制

27.1 形動詞の概要

　形動詞とは「私の住む家」、「彼らの読まない本」のように、形動詞の付属した動詞が形容する対象語と、その動作主体が別々の場合に用いられる。網掛け部が形動詞接尾辞である。

　　Benim oturduğum ev　　　　　　僕の住む家

　　Onların okumayacakları kitap　　彼らの読まないであろう本

　形動詞を作る際には上記のように、動作主体が所有形を取り、動詞語根に形動詞接尾辞と所有接尾辞が付属する。形動詞には現在および近過去時制の形動詞接尾辞 -dik- と、未来時制の形動詞接尾辞 -(y)ecek- の2種類があり、このほか動名詞や分詞と併用することで完了時制や現在進行時制などが表現される。以下に形動詞の時制変化の概要を示しておこう。

各時制の形動詞

形動詞の時制	肯定	否定	疑問
過去〜現在 Aが〜するB Aが〜したB	-dik-/-tik-	-medik-	-(y)ip -medik-
未来 Aが〜する予定のB	-ecek-/-yecek-	-meyecek-	-(y)ip -meyecek-
現在進行 Aが〜しているB	-mekte olduk-	-mekte olmadık-	-mekte olup omladık-
完了 Aがすでに〜したB	-miş olduk-	-miş olmadık-	-miş olup olmadık-

27.1.1 形動詞現在接尾辞 -dik- (-dik-/-dük-/-dık-/-duk-/-tik-/-tük-/-tık-/-tuk-)

現在時制の形動詞接尾辞 -dik- は -dik-/-dük-/-dık-/-duk- という4母音活用をし、動詞語根が無声子音末尾であれば -tik-/-tük-/-tık-/-tuk- の形に変化する。-dik- の後に付属する所有人称接尾辞が母音で始まっている場合は、k が ğ に変化する。また否定の場合には、動詞語根と形動詞接尾辞の間に否定の -me/-ma が置かれる。なお、動名詞活用形の場合と同様に先行語が省略されることも多い。

A'in　動詞語根有声子音末尾 + -dik-/-dük-/-dık-/-duk- +所有人称接尾辞　B
　　　動詞語根無声子音末尾 + -tik-/-tük-/-tık-/-tuk-　 +所有人称接尾辞　B
Aが　　　　　　　　　　〜する〜／〜した〜　　　　　　　　　　　　　　B

Benim yazdığım hikaye
私が書く／書いた物語
Senin ona attığın top
君が彼女に投げる／投げた球
Onun yazdığı cümle
彼が書く／書いた文章

Bizim kütüphanede keşfettiğimiz nüsha
我々が図書館で発見する／発見した写本

Sizin benimle gittiğiniz sinema
あなたが私と行く／行った映画館

Onların hiç görmedikleri birīsi
彼らがまったく会わない／会わなかった人物

Elif'in okuduğu kitap
エリフが読む／読んだ本

Hastanenin kabul etmediği hasta
病院が受け入れない／受け入れなかった患者

Benim anlatabildiğim sebep
私が説明できる／できた理由

Sizin içemediğiniz içecek
あなたが飲めない／飲めなかった飲み物

語彙：top 球　keşfetmek 発見すること　nüshâ 写本　birey 人物、個人
sebep 理由

76 Benim sürdüğüm arabanın markası Otosan'dır.
私が運転している車のブランドはオトサンです。

76 Orhan benim verdiğim kitabı kaybetti, hayret bir şey!
オルハンが私のあげた本を失くしたの、信じらんない！

76 Askerler（onların）icra ettikleri görevden kaçıp bir yere saklandı.
兵士たちは彼らが実行している任務から逃げ出し、どこかへ身を隠してしまった。

İnandığımız dine göre içki içenler cennete gidemeyecekler.
私たちが信じている宗教に照らせば、酒を飲む者たちは天国に行けない。

語彙：kaybetmek 失くすこと　hayret 驚くべき（否定的な場合が多い）
icrâ etmek 実行すること　saklanmak 隠れること

練習1） トルコ語にせよ。

1. 私の好きな美徳
2. 君が憎む不道徳
3. 彼が作った装置
4. 私たちが会えなかった説教師
5. あなたたちが生活できる物価
6. 彼らが消費しない富
7. テュルク諸語が結ぶ一つの世界

語彙：vicdan 美徳　-den nefret etmek 憎むこと　ahlaksızlık 不道徳
cihaz 装置　hatip 説教師　eşya fiyatları 物価　Türk Dilleri テュルク諸語

練習2） 形動詞を用いてトルコ語にせよ。

1. 私が観光した古城は東部アナトリアにあります。
2. 図書館へ来たものの、僕はあなたが話していた雑誌を見つけられません。
3. 当然のことだが、日本人が食べる食べ物とトルコ人が好む食べ物は異なっている。
4. 一番最近あなたと私が喋った話題を覚えていますか？
5. 私たちがお客様に紹介できるアパルトマンの多くは、都市の中心部にあります。

語彙：kale 城　-le ayrı 〜と異なる　en son 最新の、一番最近　abone 顧客
merkez 中心、センター

27

(27.1.2) 形動詞未来接尾辞 -(y)ecek- (-ecek-/-acak-/-yecek-/-yacak-)

形動詞接尾辞 -ecek は活用に際して、所有接尾辞を取る。すなわち、2 母音活用をし、動詞語根が母音末尾であれば y を介在して -yecek の形をとる。意味としては「A が～するだろう／する予定の B」という未来時制を表す。

A'in　　動詞語根 + -ecek-/-acak-/-yecek-/-yacak- + 所有人称接尾辞　　B
A が　　　　　～する予定の　　　　　　　　　　　　　　　　　　　　B

76

Kemal'in açıklayacağı sır
ケマルが明かす予定の秘密

Benim kazanacağım maaş
私が獲得する予定の給与

Senin söyleyeceğin laflar
君が口に出すであろう言葉

Onların terk etmeyecekleri memleket
彼らが捨て去らないであろう故郷

Milletin onaylayamayacağı antlaşma
国民が同意し得ないであろう条約

Senin şikayet edilemeyeceğin usul
君が批判されないであろうやり方

　　語彙：laf ことば　antlaşma 条約　usûl やり方、様式

76

Yarın bizim arayacağımız otel Arnavutköy'dedir.
明日、私たちが電話する予定のホテルはアルナヴトキョイにあります。

76

Patronunuz olarak sizin reddedeceğiniz kontrata imza atamam.
雇い主として、私はあなたたちが拒否するであろう契約書にはサインできません。

76

Benim ziyaret edeceğim tapınak bin yıl önce inşa edilmiş.
私が参拝する予定の寺院は、千年前に建設されたらしい。

Bir hafta sonra şirketimizin kabul edeceği projesinin başarılı olacağını içten umuyoruz.

1週間後、弊社の受け入れる新しいプロジェクトが成功することを心から願っています。

Hiç kimsesinin denemeyeceği yeni usulla yepyeni bir metot kurana dahi derler.

誰も試みないであろう新しい方法によってまったく新しい方法論を構築する者を天才と呼ぶ。

語彙：reddetmek 拒否すること　kontrat 契約書　tapınak 寺院、神殿
içten 心から　denemek 試すこと　metot メソッド、方法
kurmak 築くこと　dahi 天才

練習3）　トルコ語にせよ。

1．ファトマが身に着けるだろう耳飾り
2．僕が立ち止まるであろう角
3．君が食べられないであろう食物
4．彼女が驚くであろう吉報
5．私たちが出くわすであろう困難の数々
6．あなたが敬意を表するであろう業績
7．彼らが尊敬するだろう研究者

語彙：küpe 耳飾り　şaşırmak 驚くこと　müjde 吉報
rastlamak 遭遇すること、出くわすこと　hürmet 敬意
hürmet etmek 敬意を表する　çalışma 研究、仕事、業績

27

練習4) トルコ語にせよ。

1. いつの日か私の娘が読むだろう手紙を、私は親友に送った。
2. この出来事は、私がいつか執筆予定の物語で重要な位置を占めるに違いありません。
3. あなたが国際会議で接触する予定の男は、スパイかもしれない。

語彙：kaleme almak 執筆すること　yer almak 位置を占めること
ulusalararası 国際的な　konferans 会議、会合　temâs etmek 接触すること
ajan スパイ

(27.1.3) 形動詞の現在進行時制

　以下のように動名詞の現在進行表現と併用することで、形動詞も現在進行時制を形成する。

A'in	-mekte/-makta	olduk- + 所有人称接尾辞	B
A が	～している最中である		B

76 Benim incelemekte olduğum kazanın arka planında bir şeyler olabilir.
私が調査している事故には裏には何かがありそうだ。

76 Şu anda yapmakta olduğunuz projeleri tamamlamak için daha neler gerekiyor?
いまあなたが進めている最中の企画を完成させるためには、あとどんなものが必要なのですか？

(27.1.4) 形動詞の完了時制

　以下のように過去分詞 -miş と併用することで、形動詞も完了時制を形成する。

A'in	-miş/-müş/-mış/-muş	olduk- + 所有人称接尾辞	B
A が	～し終わった		B

284

Bizim çoktan kaybetmiş olduğumuz saflık ancak çocuklar arasında **76**
bulunur.

私たちがとうの昔に失ってしまっている純粋さは、ただ子供の間にのみ残っ
ている。

Bir hafta önce almış olduğum aşk mektubunu defalarca okudum. **76**

私は1週間前に受け取った恋文を幾度も読み返した。

Olayın o zamanlarda gazetecilerin yazamamış oldukları ayrıntılarını anlatayım.

事件の、当時は新聞記者たちが書くことのできなかった詳細についてお話
しましょう。

語彙：saflık 純粋さ、純心　ancak しかし、～だけ　gazeterci 新聞記者
ayrıntı 詳細

練習5）　トルコ語にせよ。

1．彼女が執筆している最中の作品は、いまだその名前さえ明らかではない。
2．専門家たちは、8世紀に突厥が書いた石碑に Bökli として言及される国は、
　朝鮮半島にあった高句麗だと推定している。

語彙：uzman 専門家　Göktürk 突厥　taş yazıtı 石碑
bahsetmek 言及すること　yarımada 半島　Goguryeo 高句麗
tahmin etmek 推理すること

(27.2) 形動詞節と格接尾辞

　形動詞には格接尾辞が付属して節を形成する。この点では動名詞と相似し、実際に動名詞・形動詞のいずれを用いても文意に大きな変化のない文章も少なくない。そのうえで、動名詞と形動詞の大きな相違は以下の3点にまとめられる。

- 形動詞としか用いられない後置詞、後置詞的表現がある。（次課参照のこと）
- 形動詞は、動名詞節では言い表せない「〜であるかどうか」という疑問節を言い表せる。
- 動名詞節の品詞は名詞であるが、形動詞は形容詞である。従って、「〜することは〜です」のように頻繁に文章の主語となる動名詞節とは異なり、形動詞節が主語節になることはそれほど多くはない。

　このほかの動名詞と形動詞の使いわけや微妙な意味合い（ニュアンス）の相違については、トルコ語の読解・翻訳という実践過程において把握して欲しい。

77　Yöneticiler çalışanların neler yaptıklarına her zaman dikkat etmeli.
　マネージャーは、部下が何をしているのかを常に注視していなければならない。

77　Ben İshak Bey'in mutlaka geleceğine inanıyorum.
　私は、イスハクさんは必ずやってくるって信じています。

　Köpeğimin birdenbire mezarın karanlığına havladığından çok korktum.
　犬が墓場で暗闇に向かって突然、吠えたのが怖かった。

　Ben (sizin) geçen sene kitap yazdığınızı bilmedim.
　私はあなたが去年、本を書いたのを知りませんでしたよ。

　(Benim) ne yapacağımı anlıyor musun?
　私が何をするつもりかあんた分かるのか？

　語彙：yönetici マネージャー　İshak イスハク（男性名）　birdenbire 突然

karanlık 暗闇、暗がり　havlamak 吠えること

練習6）　形動詞を用いてトルコ語にせよ。
１．私たちはアフメトに、今日はキャンパスのゲートで落ち合おうと伝えた。
２．まずはじめに、私は自分が気に入らない仕事は決してするつもりはないと、
　　あなた方にお伝えしておきましょう。
３．政治家たちはトルコが近い将来、先進国の仲間入りを果たすであろうと主
　　張する。
４．私の恋人は私が煙草を吸っているのを嫌がっているけど、私は彼と一緒に
　　いることに苛々しているのよね、だから煙草をやめられないわけ。
５．現代の若者がイブン・アラビーの描写した天国の光景に影響されているの
　　を見ると、人間の想像力がなんと力強いことかと驚嘆する。

語彙：ilk önce まずはじめに　-den iğrenmek ～を厭うこと、苦々しく思うこと
-den sinirlenmek ～に苛々すること　çağdaş 現代、現代の
İbn Arabî イブン・アラビー（1165-1240、イスラーム神秘主義思想家）
tasvîr etmek 描写すること　-den etkilenmek ～に影響を受けること

(27.3)　形動詞疑問節

　　形動詞は、以下のように副動詞 -(y)ip と併用することで、動名詞では表現
し得ない「～したかどうか」という、ある行為の実行・非実行を問う疑問節を
形成する。なお、「～できるかどうか」という可能・不可能を問う疑問節を作る
際には、下記のように形動詞にのみ不可能接尾辞を付属させる。

A'in　動詞語根＋-(y)ip　動詞語根＋-medik-/-meyecek-＋人称接尾辞
A が　～するか、～したか／～する予定か　　　　どうか

A'in　動詞語根＋-(y)ip　動詞語根＋-(y)emedik-/-(y)emeyecek-＋人称接尾辞
A が　～できるか、～できたか／～できる予定か、～し得る予定か　　　どうか

78 Cüzdanımı getirip getirmediğimi unuttum.

自分の財布を持ってきたかどうか忘れてしまった。

78 Ahmet'in ölüp ölmediğiyle ilgilenmiyorum.

アフメトが死んだかどうかなんて興味ないわ。

78 Haftaya bugün aynı saatlerde ofise gelip gelmeyeceğinizi öğrenebilir miyim?

来週の今日、同じくらい時間帯に事務所へ来るかどうか、教えてもらってもよいですか？

Müşterim benim Japon olup olmadığımı sordu.

お客様は私が日本人かどうか尋ねた。

Memur mültecilere belgelerindeki tarihlerin doğru olup olmadığını sorarak sonunda izin vermedi.

役人は難民たちに彼らの書類にある日付が正しいか否かを尋ね、最終的には許可を与えなかった。

語彙：-le ilgilenmek 〜に関心を寄せること　müşteri お客、お得意
mülteci 難民

練習7）　トルコ語にせよ。

1. 私の恋人は、私が彼女を愛しているかどうかを知ろうとしてそのバルコニーから身投げしたのです。
2. 私は彼が才能あふれる芸術家かどうかを確かめたいのであって、ハンサムかどうかやら、英語の運用能力があるかどうかやらには興味がないわ。
3. 私たちはただ君がトルコ語を話せるかどうかを尋ねているのであって、何ができるかどうかなど尋ねていない。
4. 誰が参加する予定かどうかに応じて、来週のパーティーを計画します。
5. 10年前、イスタンブルへやってきました。当時は街になじめるかどうか心配でなりませんでした。

語彙：balkon バルコニー　marifetli 天賦の才ある

teyit etmek 確認する、確定すること　ancak　しかし、ただ　-i endişe etmek ～を心配すること

(28) 形動詞2
形動詞の諸表現

(28.1) 形動詞と後置詞の併用

　形動詞の後に後置詞や格接尾辞を付属させることで、さまざまな意味の表現が形成される。本課ではその主なものを学習する。

(28.1.1) -dik- zaman/-dik- + -de 「〜が〜するとき」

　形動詞の後に zaman を置くか、あるいは位置格を付属させると「〜が〜するとき」という表現ができる。

79 Evime gelmek istediğiniz zaman hiç çekinmeden söyleyin.
うちへ来たくなったら遠慮しないで言ってね。

79 Tam evden çıkacağımızda imam efendi gelir.
ちょうど家から出ようというときに限ってお坊さんがやって来る。

　　語彙：çekinmek 遠慮すること　iman 導師

(28.1.2) -dik- sırada 「〜が〜する頃には」

　形動詞の後に sırada を置くと「〜が〜する頃には」、「〜が〜する間に」という一定の時間帯を指す表現ができる。なお、文脈によっては -dik- zaman によって置換が可能な場合もある。

79 Mehmetçiklerin olay yerine geldiği sırada teröristler çoktan kaçmıştı.
トルコ兵が事件現場へやって来た頃には、テロリストたちはとうの昔に逃げてしまっていた。

Yolcular girişte bekledikleri sırada güvenlik kadroları tarafından kontrol **79**
edildiler.
旅客たちは入り口で待っている間に、保安スタッフによって身体検査された。

語彙：Mehmetçik メフメト君（トルコ兵の愛称） yolcu 乗客、旅客

(28.1.3) -dik- + -den bu yana/-dik- + -den beri 「〜が〜して以来ずっと」

形動詞に起点格を付し、bu yana あるいは後置詞 beri を置くと、「〜が〜して以来ずっと」という表現ができる。

Üniversiteye girdiğinizden bu yana ancak Türkçe öğreniyorsunuz.　　　**79**
君たちは大学に入ってからずっとトルコ語ばかり学んでいる。
Günde 5 kilometre yürümeye alıştığımdan beri önceden daha sağlıklı
olduğumu hissediyorum.
日に５キロ歩くのを習慣にして以来、以前よりもより健康になったのを実
感しています。

(28.1.4) -dik- için/-dik- + -den dolayı 「〜が〜するために」、「〜するので」

形動詞の後に後置詞 için を置くか、起点格を付して dolayı を置くと「〜が〜するために」、「〜するので」という表現ができる。

Gayret etmediğim için param gitti, işten atıldım, ailemi kaybettim.　　**79**
努力しなかったので金を失い、仕事を追われ、家族を失いました。
Ahmet günlerce çalıştığı için hastalığını fark etmedi.　　　　　　　　**79**
アフメトは何日も働きづめだったので、病気に気が付かなかった。

28

(28.1.5) -dik- halde 「～が～するにも拘らず」

形動詞の後に halde を置くと「～が～するにも拘らず」という表現ができる。

79 Dün erken uyuduğum halde sabah kalkamadım, yaşlanmışım yâ.
昨日は早くに休んだのに朝起きられなかった、歳を取ったようだ。

79 Bir ay sonra evleneceğimiz halde hazırlıklarımızı tamamlayamıyoruz.
1か月後には結婚する予定であるにも拘らず、準備を終えられていない。

語彙：hazırlık 準備、身支度

(28.1.6) -dik- gibi 「～が～するように」

形動詞の後に後置詞 gibi を置くと「～が～するように」という表現ができる。

79 Evvelki E-Mailde endişe ettiğiniz gibi Süleyman eve kapanmış.
前のメールであなたが心配していたように、スレイマンは引きこもりになっ
てしまったらしい。

Gençler düne kadar olduğu gibi olağan hayatı devam edeceğini istemezler.
若者は、昨日までそうであったようなありきたりな生活が続くことを好ま
ない。

語彙：kapanmak 閉じこもること　olağan よくある、ありきたりの

練習1) 形動詞を用いてトルコ語にせよ。

1. アンカラに住んでいたとき、よくアナトリアの街々を車で巡ったものです。
2. 君がフラットにいないときにハサンが君の奥さんを訪問してきたぞ。
3. 消防隊が到着する頃には、私の家は我が切手コレクションともども灰燼に帰していた。
4. イスタンブルに来て以来、私は絶えず咳をしている。
5. あなたにご迷惑をおかけしないために、まず電話をしてからオフィスを訪ねる予定です。
6. 雇い主が気に入らないので、私は仕事を辞めて山荘に引きこもった。
7. 何百人もの勇者たちが何千回も挑戦したにも拘らず、彼らのうちの誰1人として恐ろしい怪物の謎々を解けなかった。
8. 詩人は小夜啼鳥が歌うように美しい声で詩を詠んだ。
9. 料理人はお客たちに、自分たちの料理はおいしいかどうか尋ねた。
10. 私はトルコ人の友人に私にとってトルコ語の発音は簡単かどうか尋ねられた。

語彙：itfaiye 消防隊　pul 切手　koleksiyon コレクション　kül 灰
dinmek 止むこと　öksürmek 咳をすること　yiğit 益荒男　kere 回数
canavar 怪物　bilmece 謎々　aşçı 調理人　telaffuz 発音

練習2) 以下の文章を和訳せよ。

1. Ben anneme（benim）bugün akşam yemeği istemediğimi söyledim.
2. Yüz sene önce bir bilgin eserinde Türklerin artık yeterince batılılaşmış olduklarını yazdı.
3. Eskiden hocamız bize Türkçe'nin zor bir dil olmadığını söyledi ama o/söylemesi tamamen yanlıştı.
4. Ben küçük kardeşime（onun）hemen odamdan def olmasını emrettim.
5. Ben ona onda arabasının olup olmadığını sordu.
6. Ben dostuma bana yardım edip etmeyeceğini sordum.
   Ben dostuma bana yardım edip edemeyeceğini sordum.

28

7. Kemal Kurban Bayramında teyzesini ziyaret etmesi gerektiğinini ama onda zamanının olamadığını söylüyor.
8. Serdar bana（benim）kedi besleyip beslemediğimi sordu.

語彙：bilgin 知識人　batılılaşmak 西欧化すること　Serdar セルダル（男性名）beslemek 養うこと、飼うこと

コラム 14　トルコの吟遊詩人：アーシュク・ヴェイセル

山下　真吾

　トルコの伝統的な吟遊詩人であるアーシュクはバーラマという複弦の楽器の音色にのせて民衆の心情を歌ってきました。20世紀に活躍したアーシュク・ヴェイセルは、流行り病で肉親を失い自身も盲目になった境遇にも負けず、吟遊詩人として活躍するようになりました。ヴェイセルは曲の中で人生の悲喜こもごもをうたいました。そうしたアーシュク・ヴェイセルの代表曲のひとつは「黒い土」（Kara Toprak）です。同曲の中では、土を耕す農民の心情が歌い上げられています。

　また、アーシュク・ヴェイセルの別の代表曲としては「細く長い道を歩く」（Uzun ince bir yoldayım）があります。この曲においては、長く細い道を歩き続ける人間の心情が歌い込まれています。そして、生まれたその瞬間から歩き続けることを宿命づけられた人間の境遇と、歩き続けた結果としての到達点についての深い示唆が織り込まれています。

　この曲をカバーした歌手としては例えば、トルコの国民的ロック歌手であり親日家でもあったバルシュ・マンチョがいます。また現代トルコのポップ歌手としてヨーロッパでも有名になったタルカンも同曲をカバーしました。

バーラマ

読書案内

　ベハール，ジェム『トルコ音楽に見る伝統と近代』新井政美（訳），東海大学出版会，1994.
　斎藤完「現代におけるアーシュクの意義：トルコ共和国における「吟遊詩人」の現在」『東洋音楽研究』2002-67，2002，pp. 43-59.

想定の表現
仮定形と条件形

　トルコ語において「もし〜なら〜だ／〜する」というような何かを想定する表現には、「仮定形」と「条件形」の 2 種が存在する。仮定形は仮定接尾辞 -se（-se/-sa）を、条件形は条件付属語 -(y)se（-(y)se/-(y)sa）をそれぞれ用いる。仮定する行為そのものが重んじられている前者と、仮定の内容が重んぜられる後者では、意味や活用法が異なる。まず下に全体像を示す。

想定の表現：仮定形と条件形、および条件接尾辞の人称活用

	主語		〈仮定接尾辞 -se〉
仮定形	ben sen o biz siz onlar	動詞語根　＋	-sem/-sam -sen/-san -se/-sa -sek/-sak -seniz/-sanız -seler/-salar
条件形	ben sen o biz siz onlar	名詞、形容詞など　＋ 動詞活用形　＋	〈条件付属語 -(y)se〉 -(y)sem/-(y)sam -(y)sen/-(y)san -(y)se/-(y)sa -(y)sek/-(y)sak -(y)seniz/-(y)sanız -(y)seler/-(y)salar

(29.1) 仮定形と仮定接尾辞 -se（-se/-sa）

　仮定形は動詞語根に直接、仮定接尾辞 -se を付属させる。-se は 2 母音活用をする。肯定文においては副詞 keşke「もしも」と、疑問文では副詞 acaba「もしかして／〜かしら」と併用されることも多い。

　仮定形は、話者がある事態を「仮定していることそれ自体」を重視する。たとえば、「もしも〜したなら…であった（のに残念だ）」や、「もしも〜していたなら…だったろうから（良かったのに）」、「もしも〜すれば…せねばなるまい」のように、話者の予測や情動が強く託された場合に用いられる活用形である。

　　Keşke buraya annem gelse.
　　もしも、ここに母さんが来てくれたらなあ。（いいのになあ／どうなってしまうんだろう等）
　　Keşke rahat yaşamak için para gerekmese.
　　もしも、安楽に暮らしていくためにお金が必要なければなあ。（そんな世界はないがそうであったらいいのに）

　また仮定接尾辞 -se に過去の付属語 -(y)di を付属させれば過去完了時制の仮定形となる。

　　Keşke o zaman sizi iyi dinleseydim.
　　もしもあのとき、あなたの言葉に耳を貸していたならなあ。（失敗しなかったのに等）
　　Keşke oğlum olsaydı.
　　もしも息子がいたんだったらなあ。

練習 1）　仮定形を用いてトルコ語にせよ。
1. もしも雨が降れば。（いいのになあ）
2. もしもこの世に戦争がなかったのなら。（いいのに）
3. もしも君がもっとまじめな態度で働いたのだったらなあ。（首にならなかったのに等）

29.2 条件付属語 -(y)se (-se/-sa/-yse/-ysa)

29.2.1 動詞文

　条件形は、条件付属語 -(y)se を用いて作られる。前の語の末尾が母音である場合に -y- を介在する点が、仮定接尾辞 -se とは異なる。条件付属語 -(y)se は2母音活用をし、動詞活用形、およびその他の殆ど全ての品詞に付属する。ただし、動詞語根には付属しない。副詞 eğer「もし〜」と併用されることが多い。また、現在時制の条件文を作る際には、現在形ではなく中立形を用いる。

　条件形は、話者が想定・想像する「状況」や「事象」の方に重点が置かれる。たとえば、

　　　Eğer ben köpek olursam bütün gün uyurum.
　　　もし僕が犬になったら一日中、寝て過ごすことだろう。

と言った場合、話者は犬になれるか否かは措いて「犬になったらどうするだろう、一日中寝ているだろうな」という想定を行っているにすぎず、彼・彼女はここで想定している事態に対して仮定形における「そうだといいのに」、「そうだといやだな」のような好悪の感情などは抱いておらず、あくまで中立的である。一般に「もし〜」ではじまる文章を作る際にはこの条件形が用いられる。

81

　　　Eğer sen Türkçe öğrenirsen Türiye'de rahatça arkadaş bulabilirsin.
　　　もし君がトルコ語を修得すれば、トルコでは楽に友人を見つけられるだろう。

　　　Tatil gelirse evvela ne yaparım?
　　　休暇が来たらまずは何をしようかな？

81

　　　Eğer o kötü sevgilisinden kurtulabilirse Elif hemen mutlu olabilecek iyi huylu bir kız.
　　　もしあの悪い恋人を捨てられるなら、エリフはすぐにでも幸せになれるだろう気立ての良い娘だ。

　　　Eğer süpermarkete gidiyorsan soğan da alsın.

もしスーパーに行くところなら、玉ねぎも買って帰ってきてちょうだい。

Eğer iki sene önce kocam ölmediyse mutlu yaşayacaktım.

2年前、夫に先立たれなければ、私は幸せに暮らすはずだった。

Eğer vatanımı bırakmalıysam ben Almanya'ya firar edeceğim.

もし祖国を捨てねばならないのなら、私はドイツに亡命します。

Dün suçlu görülmüşse o hala bu mahalle içerisinde kalabilir.

昨日、犯人が目撃されたのであれば、奴はまだこの地区の中に留まっているのかもしれない。

Eğer Ankara'dan gelmişseniz Sakarya Caddesi'ni tanımalısınız.

もしアンカラからいらっしゃったのでしたら、サカルヤ大通りはご存じでしょうね。

語彙：evvelâ まず、はじめに　huylu 気立ての
süpermarket スーパーマーケット　firâr etmek 脱出すること、亡命すること

練習2）　条件付属語を用いてトルコ語にせよ。

1．もし流暢なトルコ語を話したいのなら、最低トルコに半年は滞在することをお勧めします。

2．もし休暇が取れたら、今年はアメリカへ旅行に行こう。

3．もしもしハサン兄さん、いまどこ？　もしまだ空港へ向かってるところならすぐに家に戻ってください。

4．来年、大学院に入ることができたら、奨学金を取ってイスタンブルで1年間過ごす予定です。

5．もしいま私の言葉を信じられないようなら友情もここまでです。

6．途中でお腹がすいたら、弁当箱の中のサンドウィッチをお食べなさい。

7．もし1か月前にロシア人たちの提示した条件に同意していたら、我が社は崩壊したことだろう。

8．彼女の写真を撮ったのなら私にも見せてくださいますか？

9．もし僕がマネージャーになる方がよいなら、喜んで引き受けましょう。

10．もしあらゆる会計検査の結果を当局と共有せねばならないなら、秘密主義

に捕らわれるであろう会社経営者は少なくない。
11. もしこのシリーズの最新号を買ったんならあとで私にも貸してくれる？
12. もしフェリーでの喫煙が禁止されたっていうなら、なんでみんないまだに煙草を吸ってるんだ？

語彙：akıcı 流れるような、流暢な　en azında 最低でも
yüksek lisansı 大学院　burs 奨学金　-e son vermek 〜に終止符を打つこと
aç kalmak 空腹を覚えること　sefer tasıp 弁当箱　sandviç サンドウィッチ
-e razı olmak 〜に同意する　çökmek 破滅すること　yönetici マネージャー
memununiyet 満足感、喜び　denetim 監査 (とくに会計関連)
otorite 当局、当局者　-le -i paylaşmak 〜と〜を共有する
gizemlilik 秘密主義　işadamı ビジネスマン　seri シリーズ　cilt 巻
yasaklamak 禁止する

(29.2.2) 動詞文以外の条件形

　条件付属語 -(y)se を名詞、形容詞、後置詞、格接尾辞等に付属させれば、平叙文や存在文、所在文に「もし〜であるなら」という条件の意味を付与することができる。また -(y)se の独立形 ise は、「〜はというと」のような並列の表現にも用いられる。

81 Eğer hava açıksa yürümeye giderim, değilse evde kalırım.
もし天気が晴れなら散歩に行こう、晴れでないなら家にいよう。

81 Fikrim mantıksızsa düzeltebilir misiniz?
私の考えが非論理的であるなら、修正して頂けますか？

81 Kütüphanedeysen dersim için *Cihân-nümâ*'nın modern Türkçe tercümesini alıp getirir misin?
図書館にいるなら授業のために『世界の鏡』の現代トルコ語訳を借りてきてくれないかい？

Eğer insanda sesten başka iletişim aracı yoksa medeniyet gelişmesi daha yavaşlayabilmişti.

もし人間に音声以外のコミュニケーション手段がなかったなら、文明の発
展はもっと遅かったやもしれない。

Ne kadar para varsa ömrümüz sınırlı.

どんなに金があろうとも、寿命は有限だ。

Allah yoksa dünya yoktu, hikmet de yoktu. Hikmet yoksa müminler
Allah'ı da tariki de bulamazdılar.

神なくば現世はなく、知恵もなかった。知恵なくば信徒は神も正道も見出
し得なかった。

İktisadi haller sağlam ise bankalar devamlı bir şekilde kobilere yatırım
yaparlar.

経済状況が健全であったら、銀行は継続的に中小企業に投資を行う。

Ben öğretmenim, babam da öğretmen, küçük kardeşim bankacı, annem
ise sanatçıdır.

私は教師で、父も教師、弟は銀行員ですが、母はというと芸術家です。（並
列の ise）

語彙：düzeltmek 直すこと、正しい状態にすること
Cihân-nümâ『世界の鏡』（17 世紀の史書） tercüme 翻訳、通訳、訳本
iletişim aracı コミュニケーション手段
yavaşlamak 鈍化すること、遅くなること ömür 寿命（ömr- ＋母音）
hikmet （神の与えた）知性、知恵 mümin 信徒、ムスリム tarîk 正道
iktisadî 経済的な sağlam 健全な devâmlı 継続的な kobi 中小企業

練習3）　条件付属語を用いてトルコ語にせよ。

1．子供が健康でさえあれば他に何もいらない。
2．私が美人だからってあんたに関係ある？
3．小銭を持ってるなら少し借りてもいいかしら？
4．世界に大気がなければ動物が1秒とて生きられないように、君が傍らになければ私はすぐにも死んでしまうだろう。
5．ご都合がよろしければ、夏にあなたを私たちの夏用別荘へお招きします。
6．もしあらゆる民族に共通の常識が存在するのであれば、もっと平和な世界が実現し得たかもしれない。
7．豊富な天然資源がトルコにあれば、我が国はさらに発展できることだろう。

語彙：güzeli 美しい人　yazın 夏に　yalı 避暑別荘、ヤル
ortak 共通の、共同の　sağduyu 常識、良識　doğal kaynak 天然資源
daha da もっと、さらに 副

302

コラム 15

東洋か西洋か、アジアかヨーロッパか：
イスタンブール文化圏

宮下 遼

　東洋か西洋か、アジアかヨーロッパか―トルコを語れば必ず出会う問いかけです。この答えについて考えてみましょう。まず注意すべきは、西方キリスト教を中心とする西方（オキシデント）を「西洋」、イスラームや東方キリスト教圏を念頭に置く東方（オリエント）を「東洋」とする文明史的区分たる前者と、ボスポラス海峡を境としてアジア、ヨーロッパ両大洲を分かつ地理概念たる後者の微妙な差異です。前者に従えばトルコは東洋、後者に従えばその一部（イスタンブール県を中心とするマルマラ地方）がヨーロッパという答えになるでしょう。

　では「文化圏」という視座から再考してみましょう。文化というのは、言語や生産物、芸術作品、法規範、生活基調、心性等のもやもやとした不可視の総体であるため把握は難しいのですが、少なくともそれらを多く生産し、その範となり、ときに制度化する中心と、それらの文化的影響力が薄まっていく周縁から成る地理的広がりを持ちます。これが文化圏です。歴史的にトルコは、キリスト教文化圏とイスラーム文化圏の周縁に当たります。しかし、トルコの最たる特徴は、支配者や住民たちの言語や宗教が変化してもなお、いっかな揺らぐことのない絶対的中心を保持した点です。イスタンブールです。4世紀以降、ローマに代わってローマ帝国（ビザンツ帝国）の帝都として東方キリスト教とギリシア文化の中心となり、15世紀以降にはイスラームの覇者オスマン帝国の都としてイスラーム文化圏の中心となった都市です。330年から1922年までのおおよそ1600年間、バルカン、アナトリア、黒海沿岸の諸地域は、イスタンブールと緊密に結ばれた地域世界を形成し、その周囲には帝国の領土の伸長に応じて広大は周縁地域が広がりました。この地域世界を、アラブ人やペルシア人は「ルーム」、トルコ人は「ルームの地（ルーメリ）」と呼びました。ルームはローマの意。東方の人々にとってローマとはこの「イスタンブール文化圏」とでも称すべき世界であったわけです。そして、この東西南北の交通路が交錯し大帝国の中心領域に住む人々は、ビザンツ人であれオスマン人であれ、とうの昔に最初の問いかけに答えを出しています。すなわち、ここは東洋でも西洋でもない、アジアでもヨーロッパでもない「世界の中心」そのものである、と。すべての道はルームに通ずというわけです。

イスタンブール市の市章。中心にローマと同じコンスタンティノポリスの七つの丘を模した三角形が意匠化されている。

読書案内

フリーリ、ジョン『イスタンブール：三つの顔をもつ帝都』鈴木董（監修）、長縄忠（訳）、NTT出版、2005.

橋口倫介『中世のコンスタンティノープル』講談社学術文庫、1995.

30 講読 4
「民族の調べ」、「母語への敬慕」

以下は思想家ギョカルプがトルコ語詩の韻律について論じた文章である。和訳せよ。

Millî Vezin

Eski Türklerin vezni, hece vezniydi. Kaşgarlı Mahmud'un lügatındaki Türkçe şiirler, hep hece veznindedir. Sonraları Çağatay ve Osmanlı şairleri taklit yoluyla, İranlılardan aruz veznini aldılar. Türkistan'da Nevaî, Anadolu'da Ahmed Paşa aruz veznini yükselttiler. Saraylar, bu vezne kıymet veriyorlardı. Fakat halk, aruz veznini bir türlü anlayamadı. Bu sebeple halk şairleri, eski hece vezniyle şiirler söylemekte devam ettiler. Ahmed Yesevi, Yunus Emre Kaygusuz gibi tekke şairleri ve Aşık Ömer, Derdli, Karacaoğlan gibi saz şairleri hece veznine sadık kaldılar.

Türkçülük zuhur ettiği zaman, aruz vezniyle hece vezni yan yana duruyordu. Güya birincisi havasın, ikincisi avamın terennüm aletleriydi. Türkçülük, dildeki ikiliğe son verirken, vezindeki bu ikiliğe de kayıtsız kalamazdı. Hususiyle terkipli dil aruz vezninden, aruz vezni de terkipli dilden ayrılmadığı için, bu iki Osmanlı müessesesi hakkında aynı hükmü vermek lazımdır. Bunun üzerine, Türkçüler, terkipli dille beraber, aruz vezninin de Milli Edebiyatımızdan kovmağa karar verdiler.

Sade dil, aruz veznine pek uymuyordu. Halbuki, hece vezniyle sade dil arasında samimi bir akrabalık vardı. Sarayın ihmaline rağmen halk, sade Türkçe ile hece veznini, iki kıymetli tılsım gibi, sinesinde saklamıştı. Bu sebeple Türkçüler, bunları bulmakta güçlük çekmediler.

Bununla beraber hece vezni, bazı şairlerimizi yanlış yollara götürdü. Bunlardan bir kısmı, Fransızların hece vezinlerini taklide kalkıştılar. Bu şiirler, halkın hoşuna gitmedi. Çünkü, halkımız hece vezninin ancak bazı şekillerinden zevk alıyordu. Milli vezinlerimiz halk tarafından kullanılan bu sınırlı ve belirli vezinlere münhasırdır. Halk vezinleri arasında, (6 + 6) şekli yoktur; bunun yerine (6 + 5) vezni vardır. Tecrübe ile anlaşıldı ki, Türk halkı, bu son vezinden çok hoşlanıyor. Bu tecrübe, aynı zamanda, başka milletlerden vezin alınamayacağı kaidesini de meydana attı. Bu suretle, bizdeki hece vezni taraftarlığı başka dillere ait hece vezinlerini taklit demek olmadığı ve Türk halkına mahsus hece vezinlerini canlandırmadan ibaret bulunduğunu ortaya koydu.

Hece veznini yanlış yola götüren şairlerden bir kısmı da yeni vezinler icadına kalkıştılar. Bunların yoktan var ettiği vezinlerden birçoğunu da halk kabul etmedi. Bu suretle anlaşıldı ki, milli vezinler, halkın eskiden beri kullanmakta olduğu vezinlerle sonradan kabul edebildiği vezinlere inhisar eder. Halkın hoşlanmadığı vezinler, hece tarzında olsa bile, milli vezinlerden sayılamaz.

（Ziya Gökalp, "Millî Vezin," *Türkçülüğün Esrarı*, Ankara, Matbûât ve İstihbârât Matbaası, 1923 所収。）

語彙：vezin 詩の韻律、詩の調べ　lügat 辞書　hece 音節　hece vezni 音数律　lügat 大辞典　taklit 模倣　arûz vezni アラブ式韻律　bir türlü（否定文において）ほとんど～ない　sadık 忠実な　Türkçülük 汎トルコ主義　zuhûr 出来、出現　yan yana 並び立って、隣同士に　güyâ まるで　havas 選良層　avam 庶民　terennüm 歌唱　ikilik 二重性、二元性　kayıtsız kalmak 無関心・無頓着でいる　hususiyle とくに　terkip 言葉遣い、修飾　terkipli dil 複合語（ここではペルシア語のイザーフェで連結した定型表現を主に指す）　müesseses 基礎、基本　hüküm vermek 決断を下すこと　kovmak 追い払うこと　sade 純粋な、混ざり物のない　halbuki それにも拘らず、その一方で　ihmâl 無視、軽視　tılsım 護符　sîne 美しい胸元　güçlük çekmek 苦労すること　-e kalkışmak ～を試みること　zevk 歓び　sınırlı 限られた　belirli 重大な　-e münhasır ～に限定された　tecrübe 経験　kaide 基本、指針　meydana atmak 詳らかにすること、

指摘すること　suret　形、見かけ　bu suretle　この方法で、このようにして
-e mahsûs　～に固有の、～に属する　ortaya koymak　公開すること　icat　発明
-e inhisar etmek　～に限定すること　tarz　様式

以下は古典文学（ディーワーン文学）研究者レヴェンドが母語について論じた
文章である。和訳せよ。

Ana Dile Saygı

Ana diline saygı, önce onu bilerek sevmek, sonra da doğru ve düzgün
kullanmakla olur. Bu saygının yüksek katı ise, ana dilini yabancı dillerin
salgınından koruyarak kendi yapısı içinde işleyip zenginleştirmeye çalışmakla
gösterilir. Bu da sanatçıların, bilginlerin ve eli kalem tutan bütün yazarların
görevidir. Dilini doğru kullanmayı beceremeyenlerin, yabancı kelimeleri
dillerinden bir türlü söküp atamayanların, ana diline sevgiden ve saygıdan söz
etmeleri gülünç olmaktan öteye geçemez.

Konuyu bu açıdan ele alacak olursak, hiçbir abartmaya kapılmadan
söyleyebiliriz ki divan şairlerimiz, ana diline gerçek saygı ve sevgiyi göster-
memişlerdir. Bu ünlü yazarların hepsi de Türkçeyi benimseyerek işleyecekleri
yerde, Arapça ve Farsça kamuslarla ferhenklerden topladıkları kelimeleri, bu
dillerin kurallarıyle birlikte dilimize sokmuşlar, böylece anlaşılmayan ve
hiçbir yerde konuşulmayan yapma bir dil meydana getirmişlerdir. Bu durum
karşısında, ana dil "avam dili" diye küçümsenmiş kendi hâline bırakılmıştır.
Bu durumdan yakınan Aşık Paşa:

Türk diline kimsene bakmaz idi
Türklere hergiz gönül akmaz idi

derken, sevmeden çok acıma duygusu içindedir. Acıma ise gerçek sevme
sayılmaz. Şüphesiz Aşık Paşa ana dilini seviyordu. Hatta, düşüncelerini halk
yığınlarına yaymak için Türkçeye başvurmakla, ana dilinin bu konudaki
gücünü anladığını göstermiş oluyordu. Ancak, burada bizim belirtmek iste-

306

diğimiz, bunun da üstünde, kıskanç bir sevgi, bilince erişmiş yüksek bir saygıdır. İşte asıl eksik olan budur. XV. yüzyılda Ali Şir Nevaî'den başka hiçbir şair ve düşünür, bu bilince erişememiştir.

Eskiler "Türk" kelimesine nasıl "bilgisiz, görgüsüz, kaba, köylü" anlamlarını yakıştırmaya kalkmışlarsa, Türkçeyi de bayağı, yetersiz ve kısır görerek ondan kaçınmışlardır.

Bakınız Beyanî, yazdığı şairler tezkiresinde, Yavuz Sultan Selim'in şiirlerini Farsça yazdığını anlatmak için ne diyor: "Ulüv-i himmetlerinden Türkî şiir dimeye tenezzül etmeyüp bînazir Farsî eş'arı ve Acemane güftarı vardır."

Bu söz, bilinçsizlikten doğan ihanetin (İhanet, Arapçada hakaret demektir.) çok acı bir örneğidir. Bir Türk yazarı ana dili için bunu nasıl söyleyebilir? Bunu söyleyebilenlerden ana dili sevgisi ve saygısı nasıl beklenebilir? Sonra, cümledeki sakatlık da yazarlarımızın dil bilgisinden ne denli yoksun olduklarını gösterir.

Bunlar Türkçeyi sevmemişler de acaba çok özendikleri Osmanlıcayı sevip saymışlar mıdır? Osmanlıcayı benimseyip bir kuyumcu gibi işlediklerine göre, elbet sevmişlerdir. Ama saydıklarını söyleyemeyiz. Çünkü özenerek kullandıkları Osmanlıca cümleler de yanlışlarla doludur.

Divan edebiyatı çerçevesi içinde sanatçı için amaç, "hüner ve marifet" göstermek olduğuna göre, kaleme alınacak yazı, kelime oyunları, sanat cambazlıkları, zincirleme tamlamalar, bileşik isimler ve sıfatlarla doldurulup anlaşılmaz hâle getirildiği oranda ustalık gösterilmiş olacaktır.

Herhangi bir kavramı tek kelime ile ya da onu belirterek bir iki sıfatla anlatmak ayıp sayılır. Örneğin, bir yazıda şöyle bir cümleciğe rastlarsınız: "Kadem-residegâh-ı mevleviyyet ve mahfil-şinas-ı icra-yı şeriat olan mevali-i ızam." Bunu okuyunca, kelimelerin ve sıfatların yardımıyla anlarsınız ki yazarın söylemek istediği "kadılar"dır. Ama kelimeyi yalnızca söylemek yakışık almaz.

Osmanlıcanın divan edebiyatı çerçevesi içindeki durumu işte budur.

Tanzimat devrinde, Osmanlıca türlü nedenlerle açıklık kazandı. Süslü yazmak, "hüner ve marifet" göstermek, merakı yine sürüp gitmekle birlikte, "anlatım açıklığı" ön plana alındı. Bu devirde, Osmanlıcayı da Türkçeyi de en iyi bilen ve ustalıkla kullanan Muallim Naci'dir. Çünkü ana dilini sevmiş, dil bilincini sezmiştir. Naci'nin eserlerinde dil bilgisi ve "selika" yanlışı bulamayız. Yazılarında kelimeler ve tamlamalar doğru, cümleler sağlam, söyleyiş düzgün ve pürüzsüz, "selika" Türkçeye uygundur.

Ana dilini sevme ve sayma, Meşrutiyet devrinde Türkçülük ve Türkçecilik akımının başlamasıyle bilinç kazanmıştır. Bu akımın heyecanı içinde yetişen şairler, hikayeciler, romancılar ve yazarlar, ana dilini benimseyerek işlemeye koyulmuşlardır, eserlerinin sanat değeri ne olursa olsun, kendi devirlerinin özelliği içinde, temiz Türkçenin ilk ürünlerini vermişlerdir.

Ana dili bilinci, asıl Cumhuriyet devrinde, dil devrimiyle gerçek anlamını ve değerini kazanmıştır. Ancak üzüntü ile söylemek gerekir ki bu bilinç, toplumdaki bütün çevrelerde henüz yayılmış değildir. Osmanlıcayı hâlâ zorla sürdürmeye çalışanlar, öz Türkçeyi bilgisizlik ve beceriksizlik yüzünden sakatlayanlar, Batı'dan sızmakta olan yabancı kelimeleri anlaşılmaz bir inatla kullananlar, bu bilincin yayılmasına engel olmaktadırlar.

(Agah Sırrı Levend, "Ana Diline Saygı," *Türk Dili*, Vol. XVIII, Sayı 195, pp. 193-195 所収。宮下がオスマン語の一部を一般的な表記に改めた)

語彙：salgın 伝染、伝染性の　yapı 構造　işlemek 手を加えて良くすること、涵養すること、作用させること　zenginleştirmek 富ませること　becermek 得意とすること、上手にこなすこと　sökmek 引き抜くこと、解読すること　gülünç 可笑しい　dîvân ディーワーン、詩集　divan şairi ディーワーン詩人　benimsemek 我がものとすること　kâmûs 大字引　ferhenk 大辞典　yapma 作り物の　kimsene=kimse　hergîz=herkes　acıma 憐れみ　yığın 藁の積山、大量（の）　bilinç 意識　asıl 本当の　düşünür 思想家（やや古）　görgü 経験、作法　bayağı 低俗な　kısır 不毛の、不妊の　-den kaçınmak ～を控えること、避けること　tezkiresi 詩人列伝　ulüv-i himmet 高い志、大望

dimek = demek tenezzül 落ちぶれること　bî-nazîr 身の丈に合わない、不均等
の　eş'ar = şiirler Acemâne ペルシア風の　güftar（güfte）歌　ihânet 背信
hakâret 中傷　sakatlık 欠損　-den yoksun olmak ～から奪われること
özenmek 心を砕くこと　saymak 数えること、尊重すること　çerçeve 枠
yazı 書き物　cambâzlık 曲芸、まやかし　zincirlemek 鎖で繋ぐこと、縛ること
tamlama 名詞句の作成　isim 名前、名詞　sıfat 形容詞　kavram 概念
belirtmek 明らかにすること　kadı 法官、カーディー　açıklık 空白、空隙
sürüp gitmek（習慣などが）続くこと、滞りなく進むこと　ön plana almak/
çıkmak 顕在化すること　selika 美文を認める能力　pürüz 粗さ、粗雑
Meşrutiyet 立憲政期(ここでは第 2 次を指す)　işleme はたらき、作用、加工
ürün 産物　devrim 革命、改革　üzüntü 心配、悲しみ　öz Türkçe 純粋トルコ語
sızmak 漏れること、忍び込むこと

付　録

1.　文法用語と略語

疑：疑問詞

慣：慣用表現

副：副詞

形：形容詞

名：名詞

接尾辞：語彙の末尾に付されてさまざまな意味を形作る。

動詞活用：正確には「動詞活用接尾辞」。動詞の時制、法を変化させる。

付属語：独立形を持つが前の語に付属する語。

格接尾辞：正確には「格接尾辞接尾辞」であり接尾辞に一種といえる。日本語の助詞に相当する
　　　　接尾辞。

動名詞：動詞の名詞形、トルコ語動詞の基本形に当たる。

動作主体：動名詞節や形動詞節においてその動詞を行う者／もの。行為者、先行語という言い方
　　　　も見かける。

後置詞：語彙のあとに非付属状態で置かれる。先行する語が人称代名詞であれば所有接尾辞を、
　　　　一般名詞であれば複合名詞接尾辞を、それぞれ伴うことが多い。

2.　文章のイントネーションと発音

　トルコ語のアクセントは文章によって移動し、文全体を通して特定のイントネーション（tonlama）を形成する。最終音節にアクセントがない単語や、常にアクセント移動を起こさない単語など例外も多いが、下記にいくつかの文例を挙げるので基本的なイントネーションのパターンとして把握しておくとよいだろう。

　なお、トルコ語の文章を発音する際には、主語、目的語、副詞節、述語など、意味の塊の切れ目に一拍を置く。これについては後の「文章におけるイントネーションの一例」も見ること。

▲　　　強く発音する

△　　　▲より弱く発音する

∨　　　一拍置く

平叙文

Ben ˇ öğrenciyim.

Ben ˇ öğrenci değilim.

Sen ˇ öğrenci misin?　　　　　　疑問の mi の前にアクセントが置かれる

動詞文

O ˇ okula gidiyor.

Biz ˇ okula gitmiyoruz.　　　　　否定の -me- の前にアクセントが置かれる

Sen ˇ okula gelmedin.　　　　　　否定の -me- の前にアクセントが置かれる

Siz ˇ okula　gelecek misiniz?　　　疑問の mi の前にアクセントが置かれる

Onlar ˇ okula gelecek mi?　　　　　疑問の mi の前にアクセントが置かれる

文章におけるイントネーションの一例

Gâliba ˇ size ˇ biraz ˇ adanın geçmişinden söz etmem ˇ gerekiyor. Bu ıssız adayı ˇ yıllar önce ˇ

çok zengin bir adam ˇ almış.

3.　トルコ語のカタカナ音写について

　開音節文字であるカタカナを用いてアルファベを転写するには限界がある。昨今では、おおむ
ね原音主義に則り、下記のようになるべくトルコ語の原音に近い音写が行われている。

Atatürk	アタテュルク	△	アタチュルク
Aziz Nesin	アズィズ・ネスィン	△	アジズ・ネシン
Umurâniye	ウムラーニィェ	△	ウムラーニエ

311

その一方で、たとえ原音に近くとも二重子音以外では「ッ」は用いない。

Mehmet	メフメト（人名）	△	メフメット
Orhan Pamuk	オルハン・パムク	△	オルハン・パムック
Satsat	サトサト（会社名、ウレウレ社の意）	△	サットサット
Kelebek	ケレベキ（蝶々）	△	ケレベッキ

　また、下記のように原音に忠実な音写とは言えないが、すでに日本社会に定着している表記に関してはそのまま用いられる傾向が強い。

I. Süleyman	スレイマン１世	△	スュレイマン１世
Üsküdar	ウスキュダル	△	ユスキュダル
Selimiye Camii	セリミイェ・モスク、セリミエ・モスクのいずれも見られる。		

4. -li を伴わない主な国名と国民名

国名	国民名	日本名
Türkiye	Türk	トルコ共和国、トルコ人
Japonya	Japon	日本国、日本人
Türkmenistan	Türkmen	トルクメニスタン共和国、トルクメン人
Özbekistan	Özbek	ウズベキスタン共和国、ウズベク人
Kazakistan	Kazak	カザフスタン共和国、カザフ人
Moğolistan	Moğol	モンゴル国、モンゴル人
Fransa	Fransız	フランス共和国、フランス人
Rusya	Rus	ロシア連邦共和国、ロシア人
Almanya	Alman	ドイツ連邦共和国、ドイツ人
İngiltere	İngiliz	グレートブリテン及び北アイルランド連合王国、イギリス人
Arnavutluk	Arnavut	アルバニア共和国、アルバニア人
Yunanistan	Yunan/（Rum）	ギリシア共和国、ギリシア人（ローマ人）
Macaristan	Macar	ハンガリー、ハンガリー人
Ermenistan	Ermeni	アルメニア共和国、アルメニア人

5. 「〜ずつ」

以下のような形をとる。

birer	1つずつ
ikişer	2つずつ
üçer	3つずつ
dörder	4つずつ
beşer	5つずつ
altışar	6つずつ
yedişer	7つずつ
sekizer	8つずつ
dokuzar	9つずつ
onar	10ずつ
on birer	11ずつ

Şu visküvileri altışar tane alabilir miyim?

そのビスケットを6個ずつ頂けますか？

Erkek ve kızı yirmi üçer kişi getir.

少年と少女を23人ずつ連れてこい。

6. 疑問の mi の位置について

　　トルコ語の疑問文においては、話者がもっとも尋ねたいと考えている対象の直後に疑問の mi を置くこともできる。発音は通常の文章と同じく疑問の mi の直前がもっとも強く発音される。

Sen bugün üniversitede Merter'le görüşecek misin?

君は今日、大学でメルテルと会う予定かい？（会う予定か否か訊いていることになる）

Sen bugün mü üniversitede Merter'le görüşeceksin?

君が大学でメルテルと会う予定なのは今日かい？

Sen bugün üniversitede mi Merter'le görüşeceksin?

君は今日メルテルと大学で会う予定なのかい？

Sen bugün üniversitede Merter'le mi görüşeceksin?

君が今日大学で会う予定なのはメルテルなのかい？

7. 動詞語根接尾辞

7-1. 相互の動詞語根接尾辞 -(i)ş

動詞語根に -(i)ş を付けることで「〜をし合う」という「相互」の意味を表す。また「〜し交う」、「〜散る」のように動作主体がばらばらに動き回るさまを表す場合もある。

動詞語根	+ -iş(-iş/-üş/-ış/-uş)
動詞語根母音末尾	+ -ş
〜し	あう

görmek	見ること、会うこと	görüşmek	相まみえること、会うこと	görüşme	会見
bulmak	見つけること	buluşmak	落ち合うこと、会うこと	buluşma	接見
anlamak	理解すること	anlaşmak	理解しあうこと	anlaşma	合意
uçmak	飛ぶこと	uçuşmak	飛び交うこと、飛び散ること		
kaçmak	逃げること	kaçışmak	逃げ散ること、逃げ惑うこと		

Gelecek ay İstanbul'da olacağım, nerede buluşalım acaba?

来月イスタンブルに行きます、どこで会いましょうかね？

Eşinizle alcıyla tanıştınız mı?

あなたは配偶者の方と結婚世話人を介して知り合ったのですか？

Şimdi hazırladığımız derleme kitabı hakkında bir kaç hocalarla yazışıyorum.

いま準備しているエッセイ集について、幾人かの先生方と連絡を取り合っています。

Taksim Meydanı'nda kalabalık kaçışıyor.

タクスィム広場で群衆が逃げ惑っている。

7-2. 重複使役、相互使役の動詞語根接尾辞

理論上、動詞語根接尾辞はいくつでも重ねることができるが、日常生活では相互使役 -(i)ştir 「〜させあう」、重複使役 -dirt 「〜させる行為をさせる」程度まで扱えれば事足りる。

Yarın boşum, peki saçımı kestireceğim.

明日は空いている、そうだ髪の毛を切りに行こう。

Bugün meşgulüm, peki anneme saçımı kestirteceğim.

今日は忙しいなあ、そうだお母さんに髪を切ってもらおう。

Doydum, tabaklarımı garsona kardırtsana.

腹いっぱいだ、僕の皿をギャルソンに片づけさせてくれよ。

Kurban Bayramı Türkiye'deki bütün ailelerini kendi evlerinde buluşturur.

犠牲祭にはトルコ中の家族が自分の家で一堂に会します。

語彙：kestirmek 髪を切りに行くこと　kestirtmek 髪を切らせること

kaldırtmak 片付けさせること

7-3. 動詞化接尾辞 -le-/-la-　-leş-/-laş-　-leştir-/ -laştır-

　トルコ語には名詞や形容詞の後に付属して、それを動詞にする接尾辞も存在する。日本語における「～化する」、「～化させる」に類似する。造語能力に優れる反面、上記の接尾辞によってあらゆる名詞、形容詞を動詞化できるわけではないので注意も必要である。

-le-/-la- 「～の状態にする」

　主に名詞に付属し、その事物を用いた行為や、その状態を志向する動詞を形成する。

kut	幸福、神聖さ	kutlamak	祝うこと
kucak	懐	kucaklamak	抱擁すること
tuzak	罠	tuzaklamak	罠を張ること
selam	挨拶	selamlamak	挨拶すること
tasar	計画	tasarlamak	企図・企画すること
temiz	清潔さ	temizlemek	綺麗にすること

-leş-/-laş- 「～化する」　-leştir-/-laştır- 「～化させる」

　-leş- は名詞、形容詞に付属し、「～化する」という、その状態になることを表す動詞や、ときには「～し合う」のようにそれを用いた行為を互いに行う動詞を形成する。一方、-leştir- は -leş- の用いられた動詞を他動詞化する働きをする。

| gerçek | 現実、現実の | gerçekleşmek | 現実のものとなること、実現すること |
| | | gerçekleştirmek | 現実のものとすること、実現させること |

315

selam	挨拶	selamlaşmak	挨拶を交わすこと
haber	知らせ	haberleşmek	連絡を取り合うこと
mektup	手紙	mektuplaşmak	手紙をやり取りすること
batılı	西の、西欧	batılılaşmak	西欧化すること
		batılılaştırmak	西欧化を行うこと
modern	近代、現代	modernleşmek	近代化すること、近代的になること
		modenleştirmek	近代化を行うこと
güzel	美しい	güzelleşmek	美しくなること
		güzelleştirmek	美化すること、美しくすること
iyi	良い	iyileşmek	良くなること、回復すること
		iyileştirmek	良くすること、改善させること
sâde	純粋な	sadeleşmek	純粋になること
		sadeleştirmek	純化を行うこと
türk	トルコ人	türkleşmek	トルコ化すること
		türkleştirmek	トルコ化を行うこと
yer	場所	yerleşmek	落ち着くこと、定住すること
		yerleştirmek	落ち着かせること、定住させること

8. さまざまな接尾辞

トルコ語には名詞や形容詞などに付属してさまざまな意味を付与する接尾辞が多く存在する。ただしそれは、すべての語彙に対して規則的に付属するわけでもなければ、必ずしも対称的な意味を持つとは限らないので注意。以下に主立ったものを挙げておく。

8 - 1. -siz (-siz/-süz/-sız/-suz)

接尾辞 -li の対義。名詞に付属し、「〜なしに」「非〜」という意味の形容詞を作る。

akıl	知性	akılsız	愚かな	（akıllı	賢い）
bulut	雲	bulutsuz	雲のない	（bulutlu	曇り空の）
süt	牛乳	sütsüz	牛乳抜きの	（sütlü	牛乳入りの）
şeker	砂糖	şekersiz	砂糖抜きの	（şekerli	砂糖入りの）

8－2. -sel（-sel/-sal）-(y)î

名詞を形容詞化する接尾辞には -li の他に -sel（-sel/-sal）-(y)î などが存在する。

siyaset	政治	siyasal/siyasi	政治的な
tarih	歴史	tarihsel/tarihi	歴史的な
din	宗教	dinsel/dini	宗教的な
bilim	学問、科学	bilimsel	学術的な
toplum	社会	toplumsal	社会的な

8－3. -hâne

名詞に附属して「〜館」、「〜院」のようにその行為を行う場所を示す。ペルシア語「家」に由来する接尾辞である。

çay	チャイ	çayhâne	喫茶店
kahve	珈琲	kahvehâne	珈琲店
posta	郵便物	postâne	郵便局
hasta	病人	hastâne	病院

8－4. -iş（-iş/-üş/-ış/-uş）

動詞語根に付属し、その行為を名詞化する。ただし、あらゆる動詞語根に付されるわけではない。

gitmek	行くこと	gidiş	行くこと、往路
gelmek	来ること	geliş	来ること、到来
dönmek	戻ること	dönüş	変えること、復路
	gidiş dönüş	往復、行き来	

8－5. -ici（-ici/-ücü/-ıcı/-ucu）

動詞語根に付属し、「〜する〜」というその行為の働きかけを行う形容詞や名詞を形成する。ただし、あらゆる動詞語根に付されるわけではない。

etkilemek	影響すること	etkileyici	効果的な

etmek	すること		edici		～する
	ikna edici		騙すような		
	huzursuz edici		不安にさせるような		

8–6. -daş (-daş/-taş)

名詞に付属し、それを共有する者を表す。

arka	背中	arkadaş	友人
yol	道	yoldaş	同志
çağ	時代	çağdaş	同時代人、同時代の

8–7. -lik (-lik/-lük/-lık/-luk)

名詞、形容詞に付属して「～であること」「～である状態」のように語彙を抽象化、概念化する接尾辞。共同手段格が付属して副詞になる語彙もある。

iyi	よい	iyilik	良さ、美点		
kötü	悪い	kötülük	悪さ、欠点		
özel	特別な、私的な	özellik	特徴	özellikle	とくに

8–8. -ci (-ci/-cü/-cı/-cu/-çi/-çü/-çı/-çu)

名詞に付属して「～する人」を意味する。

bakkal	雑貨商店	bakkalcı	雑貨商
kitap	書籍商	kitapçı	書籍商
çay	チャイ	çayci	チャイ屋、チャイ運び

8–9. -eli (-eli/-alı)

動詞語根に附属して「～して以来」という -den beri, -den bu yana と類似の意味を表す。

Türkiye'ye geleli on gün oldu.
トルコへ来て 10 日が経った。

Sigara içmeyeli şişmişim.

煙草を吸わなくなってから太った気がする。

9. 擬音語、擬態語

トルコ語には数多くの擬音語、擬態語がある。ごく一部を下に示しておく。

mışıl mışıl	すやすや
çıtır çıtır	かりかり、ぱりぱり
şakır şakır	ざあざあ
lapa lapa	こんこん、しんしん
lık lık	ごくごく、とくとく
lıkır lıkır	ごっくんごっくん、とくとく
homur homur	ぶつぶつ、ぼそりぼそり、ぐうぐう
kıkır kıkır	くすくす
kıs kıs	くすくす（忍び笑い）
pırıl pırıl	ピカピカ、きらきら
tıkır tıkır	さらさら、すらすら
hışır hışır	かさかさ、ばさばさ
fısır fısır	ぱちぱち、しゅうしゅう
fışır fışır	さらさら、さわさわ、さやさや（流水、葉鳴）
pofur pofur	もくもく
fısıl fısıl	ひそひそ
şırıl şırıl	ちょろちょろ
vızır vızır	びゅんびゅん、ひゅんひゅん
kütür kütür	ばりばり、がりがり
gıcır gıcır	きいきい、ぎいぎい、ぴかぴか
langır langır	ごろごろ、がらがら
çatır çatır	がたごと、がたんごとん、ばりばり
gürül gürül	ごうごう
hüngür hüngür	おいおいと、わんわんと（泣く）

コラム執筆者一覧（五十音順）

石井啓一郎（コラム 10）　　　　独立研究者・翻訳家

磯部加代子（コラム 9）　　　　　通訳・翻訳家

海野　典子（コラム 13）　　　　早稲田大学

小野　亮介（コラム 12）　　　　早稲田大学

鈴木　郁子（コラム 3）　　　　　通訳・翻訳家

宮下　　遼（コラム 1、2、4、5、7、15）　大阪大学

山下　真吾（コラム 6、8、11、14）　放送大学

宮下　遼（みやした　りょう）

1981年、東京生まれ。東京外国語大学外国語学部卒業、東京大学大学院総合文化研究科博士課程修了。現在は大阪大学言語文化研究科准教授。専門はトルコ文学（史）。著書に『無名亭の夜』（講談社）、『多元性の都市イスタンブル：近世オスマン帝都の都市空間と詩人、庶民、異邦人』（大阪大学出版会）、『物語 イスタンブールの歴史：「世界帝都」の1600年』（中公新書）、訳書にオルハン・パムク『私の名は赤』、『僕の違和感』、『雪』、『無垢の博物館』（いずれも早川書房）、ラティフェ・テキン『乳しぼり娘とゴミの丘のおとぎ噺』（河出書房新社）などがある。

大阪大学外国語学部　世界の言語シリーズ16

ト ル コ 語〔改訂版〕

発　行　日　2024年11月1日　初版第1刷

著　　　者　宮下　遼
発　行　所　大阪大学出版会
　　　　　　代表者　三成賢次
　　　　　　〒565-0871
　　　　　　大阪府吹田市山田丘2-7　大阪大学ウエストフロント
　　　　　　電話　06-6877-1614
　　　　　　FAX　06-6877-1617
　　　　　　URL　https://www.osaka-up.or.jp
印刷・製本　株式会社 遊文舎

Ⓒ R. Miyashita　2024

Printed in Japan

ISBN 978-4-87259-816-2 C3087

JCOPY 〈出版者著作権管理機構 委託出版物〉

本書の無断複製は著作権法上での例外を除き禁じられています。複製される場合は、その都度事前に、出版者著作権管理機構（電話 03-5244-5088、FAX 03-5244-5089、e-mail: info@jcopy.or.jp）の許諾を得てください。

大阪大学外国語学部

世界の言語シリーズ **16**

トルコ語〔改訂版〕

［別冊］

大阪大学出版会

大阪大学外国語学部　世界の言語シリーズ　16

トルコ語〈別冊〉

講読の日本語訳と練習解答例

第1課　文字と発音

練習1）省略

練習2）

123	yüz yirmi üç
552	beş yüz elli iki　（突厥帝国建国）
932	dokuz yüz otuz iki　（カラ・ハン朝のサトゥク・ハン、仏教からイスラームへ改宗）
1071	bin yetmiş bir　（マラーズギルドの戦い）
1299	bin iki yüz doksan dokuz　（オスマン1世によりオスマン帝国建国）
1453	bin dört yüz elli üç　（コンスタンティノポリス征服）
1839	bin sekiz yüz otuz dokuz　（恩恵改革開始）
1923	bin dokuz yüz yirmi üç　（トルコ共和国建国）
1980	bin dokuz yüz seksen　（9.12クーデターによる軍政、1983年より第3共和政開始）
1999	bin dokuz yüz doksan dokuz　（イズミット地震発生）
2001	iki bin bir
12345	on iki bin üç yüz kırk beş
678912	altı yüz yetmiş sekiz bin dokuz yüz on iki
3456789	üç milyon dört yüz elli altı bin yedi yüz seksen dokuz

練習3）

1.
「こんにちは、私はメフメトです、君は？」
「こんにちはメフメト。私はファトマよ。お会いできてうれしいわ！」
「僕もうれしいよ！」
発音
メルハバ、ベン　メフメト。セン？
メルハバ　メフメト。ベン　ファトマ。タヌシュトゥウムザ　メムヌン　オルドゥム。
ベン　デ　メムヌン　オルドゥム！

2.
「こんにちは、オズゲ。調子はどうだい？」
「こんにちは、セルカン。ありがとう、元気よ。あんたは？」
「僕も元気だよ、ありがと！」
発音
メルハバ　オズゲ。ナスルスン？
メルハバ　セルカン。サー　オル、ベン　イイイム。セン　ナッスルスン？
ベン　デ　イイイム、サー　オル！

3.
「こんにちは、ギュルカンさん（男）、ご機嫌いかがですか？」
「こんにちは、エリフさん（女）。ありがとうございます、元気ですよ。あなたはご機嫌いかがかしら？」
「ありがとうございます、私もとても元気です。」
発音
メルハバ　ギュルカン　ベイ、ナスルスヌズ？
メルハバ　ファトマ　ハヌム。サー　オルン、ベン　イイイム。セン　ナスルスン？
サー　オルン、ベン　デ　チョク　イイイム！

2

第2課　母音調和

練習1）
telefonlar
televizyonlar
radyolar
kapılar
melekler
şeytanlar
insanlar
hayvanlar
cinler
Japonlar
Türkler
Araplar
Amerikalılar
bebekler
odalar
pencereler
masalar
defterler
kalemler
mektuplar
mesajlar
sanatçılar
futbolcular
yabancılar
ülkeler
eller
yemekler
havalar

練習2）
İyi günler.
İyi akşamlar.
İyi geceler.
İyi çalışmalar.
İyi yolculuklar.
Teşekkürler.

練習3）
şekerli	砂糖入りの
tuzlu	塩入りの
etli	肉入りの
balıklı	魚付きの
sebzeli	野菜入りの
domatesli	トマト入りの
patatesli	じゃがいも入りの
biberli	ピーマン入りの

練習4）
İzmirliler
Urfalılar
Sivaslılar
Doğubayazıtlılar

İranlılar
Kanadalılar
Iraklılar
Suriyeliler

練習5）

arkadaş mı?	友人ですか？
anne mi?	母ですか？
baba mı?	父ですか？
oğul mu?	息子ですか？
kız mı?	娘ですか？
güzel mi?	美しいですか？（いいですか？）
iyi mi?	良いですか？（元気ですか？）
kötü mü?	悪いですか？
doğru mu?	正しいですか？
yanlış mı?	誤っていますか？
büyük mü?	大きいですか？
küçük mü?	小さいですか？
açık mı?	開いていますか？
kapalı mı?	閉じていますか？
zor mu?	難しいですか？
kolay mı?	易しいですか？
geniş mi?	広いですか？
dar mı?	狭いですか？
uzun mu?	長いですか？
kısa mı?	短いですか？
ağır mı?	重いですか？
hafif mi?	軽いですか？
pahalı mı?	高価ですか？
ucuz mu?	安価ですか？

第3課　平叙文1

練習1）

1．-Bu ne? Bu kilise. -Bu çok büyük bir kilise.
2．-O ne? -O mu? O öğretmenler.
3．Cengiz öğrenci değil, öğretmen.
4．-Songül erkek mi? -Hayır, Songül erkek değil. O güzel bir kız.
5．Geniş bir ev pahalı.
6．Dar bir apartman ucuz.
7．Fatih akıllı bir öğrenci değil.
8．Hasan akılsız bir çocuk.
9．Mehmet uzun boylu bir adam.
10. Ayşe kısa boylu bir kadın değil.
11. O küçük hayvanlar ne?
12. O yakışıklı adamlar Amerikalı.

練習2）
「これはなに？」
エルジャン　：こんにちは、タカコさん。ようこそ！
タカコ　　　：お世話になります、エルジャンさん！
エルジャン　：どうぞ、ホテルはこちらですよ。
タカコ　　　：エルジャンさん。これは何ですか？
エルジャン　：これはメドレセです、つまり昔の学校ですね。
タカコ　　　：なるほど、それじゃあ、あの建物は何ですか？

エルジャン　：どの建物ですか？　あの大きな建物ですか？
タカコ　　　：はい、あの赤い色の建物です。
エルジャン　：あの建物はアヤフソフィアですよ。世界的に有名な建物です。
タカコ　　　：つまり？　どういう建物なんですか？
エルジャン　：歴史的な遺産です。昔の教会であり、モスクであり……。
タカコ　　　：教会、モスク……。つまるところ教会なんですか、それともモスクなんですか？
エルジャン　：ふううむ、とても良い質問ですね。いまは教会でもモスクでもありません。いまはアヤソフィアは博
　　　　　　　物館です。
タカコ　　　：分かりました、ありがとうございますエルジャンさん。それならこの建物は何ですか？
エルジャン　：どの建物ですか？　それですか？
タカコ　　　：いいえ、これ、これ！　この小さくて少し古い建物です。
エルジャン　：ここはホテルです。どうぞ、タカコさん！

第4課　平叙文2：人称代名詞と人称接尾辞

練習1）
1．Ben doktorum.
2．Sen mühendissin.
3．O yazar.
4．Biz şairiz.
5．Siz askersiniz.
6．Onlar garson(lar).
7．Biz siyasetçiyiz.
8．Sen satcısın.
9．O aşçı.
10．Biz dükkancıyız.
11．Siz ustasınız.
12．Onlar Amerikalı(lar).
13．Ben naziğim.
14．Biz utangacız.

練習2）
1．-Anne, ben akıllı mıyım? -Hayır, sen akıllı değilsin.
2．-Sen köpek misin? -Hayır, köpek değilim.
3．O güzel değil ama nazik.
4．-Biz sağlıklı mıyız? -Yoksa (biz) hasta mıyız?
5．-Siz genç misiniz? -Yok yok, biz artık yaşlıyız.
6．-Onlar Azerbaycanlı(lar) mı, yoksa Tatar(lar) mı? -Hayır, Türk değiller, İranlılar.

練習3）
「授業は難しいかい、簡単かい？」
コルクト　　：こんにちは、アイシェさん、ご機嫌いかがですか？
アイシェ　　：こんにちはコルクト。元気よ、ありがとう。あんたはどうだい？
コルクト　　：ありがとうございます。僕も元気です。
アイシェ　　：そうかい、大学はどうだい？
コルクト　　：大学はとても楽しいです、いま僕はとても幸せですよ。
アイシェ　　：本当に？　授業は難しいかい、簡単かい？
コルクト　　：それほど難しくはありません、でも簡単でもないですね……。
アイシェ　　：とくにどの授業が難しいんだい？
コルクト　　：英語、フランス語、ドイツ語、アラビア語、ペルシア語……。つまるところ外国語はひどく難しいです。
　　　　　　　もちろん歴史や文学のような授業も簡単ではないですし……。
アイシェ　　：つまり全部の授業が難しいってこった。頑張んな！

第5課　動詞現在形

練習1）
veriyor
anlatıyor
okuyor
alıyor
satıyor
vuruyor
geliyor
konuşuyor
yapıyor
başlıyor
söylüyor
gidiyor
ediyor
yiyor
diyor

練習2）
Ben bakıyorum.
Sen görüyorsun.
O söylüyor.
Biz diyoruz.
Siz konuşuyorsunuz.
Onlar anlıyor(lar).
Ben takmıyorum.
Sen tasarlamıyorsun.
Biz tüketmiyoruz.
Siz unutmuyorsunuz.
Onlar utanmıyor(lar).
Biz varıyor muyuz?
Sen söylüyor musun?
O seziyor mu?
Biz satıyor muyuz?
Siz yiyor musunuz?
Onlar yazıyor(lar) mu(/mı)?

練習3）
1．私は愛が欲しいのです、お金が欲しいのではありません。はん、あんたは嘘を言ってるな。
2．いらっしゃいませ、何をお求めですか？　私は筆を1本に学習帳2帖、鋏を1本買いたいのです。
3．あなたは音楽が聴きたいですか？　それともテレビが観たいですか？　どっちもしたくありません。
4．私たちは切符と雑誌を購入したいです。

第6課　格接尾辞：方向格、位置格

練習1）
anneye
babaya
dedeye
büyük anneye
kıza
erkeğe
adama
kadına

kardeşe
ağabeye
ablaya
dayıya
amcaya
teyzeye
halaya
yeğene

練習 2)
1. Ben istasyona gidiyorum.
2. Sen bir çocuğa kızıyorsun.
3. O otele girmiyor.
4. Biz kahvehaneye uğruyoruz.
5. Siz bu kitaba ilgi gösteriyor musunuz?
6. Onlar o sözlüğe çok para ödüyorlar.
7. Biz büyük bir şehre gitmek istiyoruz.
8. Vatandaşlar şehitlere acıyorlar.
9. Biz bu apartmana sahip oluyoruz.
10. Küçük dikkatsizlik kazaya neden oluyor.
11. Ben ağabeye benziyorum ama ablaya benzemiyorum.
12. Sultanahmet'e doğru yürüyorum.

練習 3)
1. Ben ona mektup yazıyorum ama hala bitirmiyorum.
2. Mehmet Bey size bakıyor.
3. Fatma Hanım bana inanmıyor.
4. Sen hiç ona konuşmuyorsun. Ona kızıyor musun?
5. Türk arkadaşlar bize çok hediye veriyor.
6. Biz nereye gitmek istiyoruz?
7. Sen oraya gidiyor musun?
8. Siz buna ne diyorsunuz?

練習 4)
arkadaşta
düşmanda
sevgilide
yabancıda
vatandaşta
kapıda
evde
konakta
yalıda
toprakta
gökte
havada
dükkanda
bulvarda
caddede
sokakta
şehirde
mahallede
kasabada
köyde

練習 5）

1．Üniversitede öğrenciler her gün Türkçe öğreniyorlar.
2．Sınıfta kızlar gülüyorlar.
3．Ben bugünlerde saat dokuzda kalkıyorum, saat on birde uyuyorum.
4．Biz bu işte onur buluyoruz.
5．Siz nerede futbol oynuyorsunuz?

練習 6）

セルカン　：おはよう、ミネアキ。どこに行くんだい？
ミネアキ　：おはよう、セルカン兄さん。今日は大学へ行くんだ。つまり授業へ行くんです。
セルカン　：そうなの？　でも君、随分と早く起きているじゃないか。まだ 4 時にもなってないぞ！　今日は初回の授
　　　　　　業に行くんだよね？
ミネアキ　：ええ、そのとおりです。今日が最初の授業です。だから授業に遅刻したくないんです。
セルカン　：まあ、わかるけどさ。大学はどこ？　遠くかい？
ミネアキ　：いいえ大学は遠くはありませんよ、近くもないですけど。
セルカン　：で、どこ？
ミネアキ　：ベシクタシュです。
セルカン　：対岸か！　いまはきっとフェリーも動いてないよ。それとも歩いて行くのかい？
ミネアキ　：ええ、歩いて行くんです。今日は天気も晴れだし、風もいい感じで吹いてるし、薔薇やチューリップも
　　　　　　香って……。
セルカン　：まるで詩人みたいだね！　じゃあ良い勉強を！　良い散歩を！
ミネアキ　：ありがとうございます、良い仕事を！

第 7 課　存在、所在、所有

練習 1）

1．-Evde araba var mı? -Hayır, evde araba yok, ama bisiklet var.
2．O adres artık yok.
3．Bu dünyada çeşitli hayvanlar var.
4．-Bu dükkanda kahve var mı? -Evet, kahve var ama neskafe yok.
5．Sofrada ekmek, peynir ve çay var ama zeytin ve taze domates yok.
6．-Japonya'da çay, kahve var mı? -Evet ikisi de var.
7．-Bu evde büyük pencereler yok mu? -Evet, büyük pencereler yok, sadece küçük pencereler var.
8．Bu mahallede büyük evler çok var.
9．Belediyede asansör yok, sadece merdiven var.
10．Dünyada zengin insan ve yoksul insan var, ikisi de mutlu değiller.

練習 2）

1．Hasan bu odada değil, şu meydanda.
2．Yasemin Hoca sınıfta değil, kütüphanede.
3．（telefonda）-Ben Türkiye'deyim. Siz neredesiniz? -Biz de Türkiye'deyiz!
4．-Sen şimdi evde misin? -Hayır, evde değilim, sokaktayım.
5．-Siz akşam bu şirkette misiniz? -Hayır, akşam ben şirkette değilim, çoğu zaman meyhanedeyim.
6．Onlar şimdi üniversitede değiller, parktalar.
7．Cumhurbaşkanı şimdi Ankara'da.
8．Ben kırk beş yaşındayım, Kemal altmış altı yaşında.

練習 3）

1．Bende ehliyet var ama kimlik yok.
2．Bizde akıllı telefon（lar）yok.
3．Onlarda sevgili var mı?
4．Onda büyük bir ev var.
5．-Yağmur yağıyor, sende şamsiye var mı? -Maalesef bende yok. Onda var.
6．Bu müzede çok sayıda çiniler var.

8

練習4）

ミネアキは日本人で、買い物のために雑貨商店に来ている。今日はハサン兄さんが店にいる。

ミネアキ　：こんにちは、ハサン兄さん。ご機嫌いかがですか？
ハサン　　：ありがとよ、神様のおかげで元気もりもりよ。お前さんはどうだい、元気かい、ミネ？
ミネアキ　：うん、元気だよ。でもちょっと疲れててね、甘いものが食べたくなっちゃってさ。あなたのとこに甘いものは置いてますか？
ハサン　　：当たり前だろ！　お前さんはどのお菓子が食べたいんだい？
ミネアキ　：それならチョコレートはありますか？
ハサン　　：もちろんあるさ、あらゆる種類のチョコがあるぞ、うちには。ちょい待ち。お前さんに一番いいチョコをやるよ。（ハサン兄さんは引き出しの中にチョコレートを探している）……はいよ、若人よ！
ミネアキ　：ありがとう、兄さん。
ハサン　　：いいってことよ。……ミネ、そりゃ何だい？
ミネアキ　：どれです？
ハサン　　：紙がポケットに入ってるじゃないか。書類か何かい？
ミネアキ　：ああ、これ？　いいや、兄さん。これは手紙ですよ。
ハサン　　：いいねえ！　最近の若いのは携帯電話やスマホしか使わないからな。ボタンを押して、娘っ子にメール書いて、そのくせ手紙は書かないときた。手紙はもう古い文化になって過去の遺産になりつつあるよ！
ミネアキ　：おっしゃる通り、日本人も同じような状況にいるよ。ところで近くに郵便局ってある？
ハサン　　：郵便局？　生憎と近くにはないな。ちょっと遠くにはあるが、ここいらにはない。手紙は誰宛なんだい？
ミネアキ　：東京に日本人の友達が住んでいてね、彼女に送るんだ。……さあて兄さん。チョコはおいくら？
ハサン　　：本当は3リラだが、お前さんには2リラで売るよ。
ミネアキ　：どうもありがとう、ハサン兄さん。良い一日を。
ハサン　　：いい一日を、またな！

第8課　動詞過去形、過去の付属語、起点格接尾辞

練習1）

aldı	almadı
döndü	dönmedi
yazdı	yazmadı
öldü	ölmedi
çaldı	çalmadı
anladı	anlamadı
anlattı	anlatmadı
gitti	gitmedi
uçtu	uçmadı
etti	etmedi
yaptı	yapmadı
yedi	yemedi
kesti	kesmedi
kestirdi	kestirmedi

練習2）

Ben aradım.
Sen terlemedin.
Biz göstermedik.
O ağrıdı.
Siz vardınız mı?
Ben tuttum mu?
Biz dövdük mü?

練習3）

1．Geçen hafta biz futbol oynadık.
2．Dün ben ata bindim ve düştüm.

9

3. Sen gerçekten üniversitede okudun mu?

4. Abdüllah üç gün önceki kazada ölmedi ama sonra hasta oldu.

練習4）

1. On yıl önce o gerçekten sevimli bir çocuktu.

2. Siz mühendis miydiniz?

3. Onlar Almancılar mıydı?

4. Eskiden Türkiye'de Yeniçeri adlı askerler vardı.

5. Dün sen odada değildin, neredeydin?

6. Geçen yıl biz üniversitede değildik.

7. Onlar İngilizce konuşuyorlardı.

練習5）

1. Ondan sana yeni mektup geliyordu.

2. Bu dağ o dağdan daha yüksek.

3. Sen ondan daha yakışıklı değilsin ama benden daha yakışıklısın.

4. Sonuç süreçten daha önemli mi, yoksa süreç sonuçtan daha önemli mi?

5. Milletvekilleri geçen hafta toplantıda iktisadi sorunlardan söz ettiler.

6. O turistler nereden nereye gidiyor?

7. Orhan "Ben hayaletten hiç korkmuyorum" dedi.

8. Sen bu hatadan utanmıyor musun?

9. Ben hayattan bıktım ama ölmek istemedim.

10. Biz yemeklerden memnun olduk.

11. Öğrenciler dersten sonra meyhanede içki içtiler.

12. Benden başka herkes o partideydiler.

13. Başkentte çok binalar yandı.

第9課　講読1：家に忘れてきたのさ

訳

　ミネアキは日本人の学生です。現在、トルコはイスタンブルでトルコ語を学んでいます。彼は2か月前にこの街へやって来て、ベシクタシュに狭いながらも快適で静かな一間を借りました。当然ながらトルコ語はまだそれほど分からないものの、徐々に生活や言語に慣れつつあります。ミネアキは昨日、路面電車に乗りました。車内では老年の男性と隣り合わせました。男性が彼に尋ねました。

　「何時かな？」

　ミネアキはすぐさま時計を見ましたが、ありませんでした。ミネアキは男性に答えました。

　「残念ですが、僕は時計を持っていません。家に忘れたんです」

　ミネアキがそう答えると、どうしたことか男性は驚いた様子で彼をまじまじと見つめました。

　「お国はどこかな、お若いの？　カザフ人かな、それとも中国人かな？」

　「いいえ、ご老人、僕は日本人です、2か月前にここへ来たんです」

　男性は微笑んだ。

　「2か月でよくトルコ語を勉強したね、見上げたもんだ！　私はトルコ語を習得するのにはもっと時間がかかったっていうのに」

　今度はミネアキが驚いて男性に訊きました。

　「あなたはトルコ人のようですけど、トルコ人じゃないんですか？」

　「私はクリミア・タタール人だよ。バフチェサライで生まれたんだ。美しく、古い都だよ。ロシアの詩人プーシキンも詩を捧げたんだよ、あの街にね。クリミア・タタールのことを知ってるかね？」

　ミネアキが「いいえ」と答えると、男性はふたたび微笑んで語りはじめました。

　クリミアにモンゴル人が到来し、定住したのは13世紀のことです。彼らは15世紀までにはトルコ化し、この時代にクリミア・ハーン国を建国しました。16世紀には強勢を誇って、しばしばロシアやポーランドへ遠征し捕虜を集め、トルコへ大量の奴隷を売却しました。奴隷たちの中にはオスマン帝国の後宮へ入る者もおりました。オスマン帝国もまたクリミア・ハーン国に重きを置いて厚遇し、ときにハーン家の姫が輿入れすることもありました。かくしてオスマン家とチンギス・ハーンの末裔は親戚となったわけです。クリミア・ハーン国は1783年に滅亡しますが、クリミア・タタール人はクリミアに留まりました。1944年、ヨシフ・スターリンが「彼らはドイツを援助している」といってクリミア・タタール人を疑い、中央アジアへ流刑に処しました。最低でも20万人がクリミアからウズベキスタンや

そのほかの地域へ強制的に送られました。その途上で 1 万人が、1 年で 5 万人が死にました。この老人——つまりカプラン氏——は小さな子供で、収容所で育ちました。両親は餓死しました。1967 年、強制移住は終わりました。クリミアへ戻る人もいるし、トルコへやって来る人もいました。当然、トルコは受け入れました。カプラン氏もまたこの時期にトルコへ避難し、50 年に亘ってグランド・バザールでチャイ売りとして働き、ときには高校でロシア語を教えもしました。28 歳で結婚し、子供と孫に囲まれて快適に暮らしています。

　　「ウズベキスタンではご機嫌な仲のいい隣人に恵まれたんだ」

　カプラン氏は楽しそうに言いました。

　　「ロシア人ですか？」

　　「まさか！　日本人さ！」

　日本人たちは戦争で捕虜になり、ロシア人たちがそこへ送ったのでした。収容所にはほかにもさまざまな民族がいましたが、クリミア・タタール人と日本人は隣り合わせに暮らしていたのです。彼らは祖国からはるかに遠い草原でともに働き、ともに木を伐り、運び、1 か所に集めました。そうやって鉄道を作ったのです。収容所には辛い労働と冷たい風のほかには何もありませんでした。クリミア・タタール人が大工道具を持っていなければ日本人たちが木材からこさえましたし、日本人たちにセーターがなければクリミア・タタール人たちが羊毛から作ってやりました。クリミア・タタール人と日本人は何でも共有し、互いに助け合ったのです。その後、第 2 次世界大戦が終わり、日本人たちは故郷へ帰っていきました。戦争から 8 年か 10 年が経った頃、日本から 1 つの荷物が届きました。中身は豪華で値の張る時計でした。クリミア・タタール人たちは時計を見て一瞬だけ黙り込み、それから一斉に大笑いしました。

　　「本当にいい値がついてね、古き隣人に心から感謝したもんだよ」

　　「カプランさん、日本人はなぜ時計を送ったんですか？　なんでまた大笑いしたんです？」

　カプラン氏は答えず、言いました。

　　「君はスルタンアフメトへ行くんだったね？」

　ミネアキも窓から通りへ目をやりました。路面電車は昔の大宰相府を通り過ぎるところです。スルタンアフメトまであと少しです。ミネアキは渋々、座席から立ち上がりました。

　　「カプランさん、もっとお話していたいのですが……」

　　「いいや、いいさ。楽しいお喋りだったよ。ありがとう、会えてよかった」

　　「こちらこそ、ありがとうございました」

カプラン氏とミネアキは親しげに抱擁を交わし、互いの頬に接吻しました。

　　「どうして大笑いしたんですかって尋ねたね。私たちの間だけの冗談だったんだ」

ミネアキの背中にカプラン氏がそう声をかけました。

　　「あそこには何もなかった。何もだ。何もかも故郷に置いてきたから。そう、置いてきたんだ、忘れてきたんじゃなく。ありとあらゆる身の回りの日用品、財産、家、思い出を……。もちろん時計だって、幸せな時間と一緒に置いてきた。忘れてきたんじゃないんだ。だからこそ、私たちはいつも『いま何時だい？』と尋ねては、冗談めかしてこう答えたもんさ。『ご生憎様、時計は持ってないんだ、家に忘れてきちまってね』とね。さて、良い一日を！」

第 10 課　動詞未来形

練習 1）

kazacak	kazmayacak	kazacak mı?
saklayacak	saklamayacak	saklayacak mı?
çalacak	çalmayacak	çalacak mı?
deneyecek	denemeyecek	deneyecek mi?
sevecek	sevmeyecek	sevecek mi?
sevinecek	sevinmeyecek	sevinecek mi?
beğenecek	beğenmeyecek	beğenecek mi?
emredecek	emretmeyecek	emredecek mi?

練習 2）

Ben alacağım.

Sen bulacaksın.

O anlamayacak.

O anlatacak mı?

Biz satacağız.

Siz takmayacaksınız.

Onlar teklif edecek(ler) mi?

Sen arayacak mısın?

Siz kapatmayacaksınız.

Biz açmayacağız.

練習3）

1．Beş saat sonra biz İstanbul'a varacağız.

2．Onlar bir sonraki istasyonda inecek(ler) mi?

3．O hemen gelecek.

4．Siz çok dikkatlisiniz, mutlaka hata yapmayacaksınız.

5．Siz yarınki toplantıya katılacak mısınız?

6．Ben ona satmayacağım.

7．Türkiye Cumhuriyeti çok gelişecek.

練習4）

1．Gelecek yıl siz Türkiye'de olacaksınız.

2．Biz yarın burada olacağız.

3．Otuz dakika sonra orada olacağım!

4．Yarın hava sıcak olacak. Ama gelecek hafta hava soğuk olacak.

5．Gelecek yıl ekonomi iyi olacak mı, yoksa kötü olacak mı?

6．Altı yıl önce Mahmut evlenecekti.

7．Ben o uçağa binecektim ama binmedim.

8．Siz dün araba kullanacak mıydınız?

9．Sen dünkü toplantıya katılacak mıydın?

練習5）

タカコはあるホテルへ予約のために電話をしているところです……。

ホテル ：こんにちは、ホテル・アイドゥンです。どうぞ。

タカコ ：こんにちは、イスタンブルからかけてるの。来週、アンカラへ行く予定なんだけど。

ホテル ：はい、何曜日にいらっしゃるご予定ですか？

タカコ ：月曜日に到着する予定よ。

ホテル ：ちょっと待ってくださいね……。申し訳ありません、来週の月曜日はいっぱい（満室）です。

タカコ ：本当に？　困ったわね。それじゃあ次の日は空きはあるかしら？　つまり火曜日ね。

ホテル ：ちょっとお待ちを……。ええ、火曜日には空きます。ご予約なさいますか？

タカコ ：ええ、お願い。1人、4泊滞在する予定。

ホテル ：はい、かしこまりました。お煙草は吸われますか？

タカコ ：ええ、吸うわ。

ホテル ：はい、朝食はご入用ですか？

タカコ ：ええ、お願い。部屋で食べたいんだけど。

ホテル ：わかりました、お部屋に朝食サービスをご所望ですね。夕食も注文なさいますか？

タカコ ：ええ、部屋で食べたいです。ええと、待って、ちょっと考えたいの……。ううん、表で食べることにする。

ホテル ：了解いたしました。それでは6月13日にお待ちしております。何時頃にチェックインなさいますか？

タカコ ：列車は12時半にイスタンブルを出る予定。アンカラには夕方4時に着くわ。

ホテル ：それでしたら、おそらくは5時くらいにホテルへご到着ということですね。その時間帯にあなたをお待ち
いたします。

タカコ ：どうもありがとう！

第11課　動詞伝聞・推量形、伝聞・推量の付属語、対象格接尾辞

練習1）

Sen denemişsin.

O dememiş.

Siz sohbet etmiş misiniz?

Onlar kabul etmemiş.

Ben açıklamış mıyım?

O bozulmuş.

Siz düşünmüşsünüz.

O inanmamış.

練習2）
1．Bir hafta önce bu otele meşhur şarkıcı gelmiş, bir gece kalmış.
2．O erkek defalarca bahane etmiş ama hiç yalan söylememiş.
3．Ben dün ona kaç lira ödemişim?
4．Türkler yürüyerek şehre girmemişler.
5．Devrim ağabey çok iyi maaşalmış.
6．Sen bu yemekler pişirmiş misin?

練習3）
1．Hatice ofisteymiş, evde değilmiş.
2．O saatlerde siz okulda mıymışsınız?
3．-Kenan nerede doğmuş? -Bilmiyorum ama Japonya'da büyümüş.
4．Sen dün bana telefon etmişsin, değil mi?
5．O şu an yeni metni inceliyormuş.

練習4）
1．O bu romanı her gün yazıyormuş/yazmış.
2．Ben buldum, o konağı!
3．Ben bu lezzetli ekmeği yemek istiyorum, şu tatsız ekmeği istemiyorum.
4．Sen bugün onu görecek misin?
5．Biz balık seviyoruz, özellikle bu balığı seviyoruz.
6．Siz yarın onu arayacak mısınız? (cf. -e telefon etmek)
7．Eskiden ben bu apartmanı ziyaret ettim.

練習5）
ケマル　　：今日、セルカン兄さんを見かけてないな。母さん、セルカンはどこ？
ファトマ　：昨日、彼から聞いてたじゃないのよ、あんたすぐに忘れちゃうのねえ。
ケマル　　：どゆこと？　僕、なんか忘れてるっけ？
ファトマ　：セルカンは『明日はチャムルジャへ行くつもりだ』って言ったじゃないのさ。
ケマル　　：本当に？　完全に忘れちゃったみたい。僕も行きたいな！
ファトマ　：セルカンはあんたに『お前も来るかい？』って聞いてたよ。
ケマル　　：僕はなんて答えてたの？
ファトマ　：知らないよ、きっと答えもしなかったんじゃないのかしら。だってあんた、テレビを観てたもん。
ケマル　　：答えを返したのか、返さなかったのか、覚えてないや……。

第12課　所有1：所有形、共同・手段格接尾辞

練習1）
1．Benim adım Aslan. Sizin adınız ne?
2．Bizim soyadımız Ölmez.
3．Benim elim temiz değil.
4．Senin arkadaşın burada mı?
5．Onun cüzdanı kaybolmuş, sonra bulunmuş.
6．Bizim ülkemiz zengin.
7．Sizin cebiniz gerçekten boş mu?
8．Onların dolabı dolu.
9．Benim dedem 1950 lerde doğdu.
10．Senin paran bankada değil.
11．Onun çantası epeyce pahalıymış.
12．Bizim mezarlığımız çok sakin.
13．Sizin diliniz bana çok tuhaf geliyor.
14．Onların ruhları cesetlerde değil, berzahta.

練習 2)

1. Japonların gözleri siyah, saçı da siyah.
2. İnsanın duygusu karmaşık.
3. Bu bahçenin manzarasının güzelliği meşhur.
4. Kitabın değeri ve onun kapsamının değeri eşit değil.
5. Bu konteynerler mültecilerin yemekleri.
6. Onların çoğu Türkçe anlamamışlar.
7. Bizim üniversitemizin kampüsünün genişliği yaklaşık yirmi yedi bin metrekare.

練習 3)

1. Japonlar çubukla yemek yiyorlar.
2. Ayşe İsmet'le evlendi ama hemen boşandı.
3. Marangoz çeşitli aletlerle tamir etti.
4. O profesör öğrenciler(in)e ancak önemsiz noktaları işaret ediyor.
5. Ahmet bizimle beraber/birlikte seyahate çıkacak.
6. Ben şimdiye kadar onunla hiç kavga etmedim.
7. Onlar sinemaya sahte biletle girmişler.
8. Yeniçeriler bazen şiddetle padişahları kaldırdılar.
9. Hasan kötü niyetle senden şikayet etmedi.

第 13 課 所有 2：複合名詞、所有接尾辞と格接尾辞、疑問詞

練習 1)

çay bahçesi	野外喫茶店
cep telefonu	携帯電話
güneş gözlüğü	サングラス
yemek odası	食堂
dünya kupası	ワールドカップ（スポーツなどの）
hafta sonu	週末
çeşme başı	井戸端
ocak başı	炉端
saz şairi	吟遊詩人
ders kitabı	教科書
aslan sütü	獅子の乳（ラク酒のこと。水を加えると白濁するため）
Avrupa Birliği	ヨーロッパ連合（略称 AB）
Amerika Birleşik Devletleri	アメリカ合衆国（略称 ABD）
Osmanlı İmparatorluğu	オスマン帝国
Ayasofya Müzesi	アヤソフィア博物館
Teşvikiye Camii	テシュヴィキイェ・モスク

練習 2)

1. Hasan yemek odasında, onun erkek kardeşi yatak odasında.
2. Turistler hafta sonundan beri sizin evinizde kalıyorlarmış.
3. Ben cep telefonuyla konuşuyorum.
4. Biz şu anda Mehmet Bey'in konağında kalıyoruz.
5. Benim sevgilimin dairesine genç bir kadın girdi.
6. Geçen hafta bizim misafirimiz bu salon penceresinden Marmara Denizi manzarasına bakıyordu.
7. Hezâr-fen Ahmed Çelebi Galata Kulesi'nin yüksek tepesinden ahşap kanadıyla uçmuştu.

練習 3)

1. Gelecekte biz ne yapacağız?
2. Ne güzel bir şiir!
3. Siz bu cihazı nasıl kullandınız?
4. Şu roman nasıl bir hikayeydi?
5. -Kaç bardak çay istiyorsun? -Beş bardak lütfen.

6. Kaç tane elma alacaksın?
7. -Merhaba buyurun, kaç kişisiniz? -Merhaba, biz yedi kişiyiz.
8. -Şimdi saat kaç? -Saat beş.
9. O yaptı?
10. -Siz kaç yaşındasınız? -On sekiz yaşındayım.
11. -Alo, sen kaçıncı kattasın? -Dördüncü kattayım.
12. -Siz üniversitede kaçıncı sınıftasınız? -Birinci sınıftayım.
13. -Odada kim var? -Kimse yok.
14. -O bayan kim? -O bayan Gülten Hanım.
15. Neden siz beni sevmiyorsunuz?
16. -Niçin evde yemek yok?
17. -Zafer Bayramı ne zaman? -30 Ağustos ya, yaşasın Türkiye Cumhuriyeti!
18. -Özge ne zaman uyuyor? -Bilmiyorum ama sabah erken kalkıyor.
19. -Bu ne kadar? -700 Lira.
20. O evini kaça satmış?
21. Siz nerede oturuyorsunuz?
22. Bu ses nereden geliyor?
23. Şimdi nereye gidiyorsun?
24. -Sen nerelisin? -Ben Tokyoluyum.

第14課 後置詞、後置詞的表現

練習1）
1. Gülüm Hanım ailesi için bütün gün çalışıyor.
2. Sınav için hiç bir şey yapmak istemiyorum.
3. Ben senin için para kazanıyorum.
4. Ben kariyerim için Türkçe öğreniyorum.
5. Siz ne için yaşıyorsunuz?
6. Öğrenciler için yeni Japonca-Türkçe sözlüğünü hazırladım.

練習2）
1. Siz bizim gibi hata yapmayacaksınız.
2. Türkler kurt gibi özgür millet.
3. Dinozor horoz gibi yumurtadan doğmuş.
4. Japonlar saat gibi dakiki millet, ne tuhaf.
5. Sen hikaye kahramanları gibi parlak bir hayatı arzu ediyorsun.

練習3）
1. Sen baban kadar çalışkansın.
2. Sen onlar kadar güzel Türkçe konuşmuyorsun.
3. Bu yol Kudüs'e kadar uzanıyor.
4. Ben bu işi akşam saat altıya kadar tamamlayacağım.
5. Ben şimdiye kadar senin kadar akıllı bir çocukla hiç görüşmedim.

練習4）
1. Dersten önce kantinde bir şey alacağım.
2. Siz sınavdan sonra bir yere gidecek misiniz?
3. Savaştan önce burada büyük bir şehir vardı.
4. Cinayet olayından sonra yaşlı bir başkomiser evime geldi.
5. İstiklal Harbi'nden bir yıl sonra halklar Türkiye Cumhuriyeti'ni kurdu.

練習5）
1. Geçen yazdan beri onun hastalığı iyileşmiyor.
2. Yeni yasanın ilanından bu yana kazalar azaldı.
3. On İki Eylül Darbesi'nden beri oğlum Almanya'da.

練習6）

1．Ona göre şüpheli hala kaçıyor.
2．Bu makaleye göre meşhur bir terörist yakalandı.
3．Halklar Taksim Meydanı'na doğru koştular.
4．Sabaha doğru silah sesi duydum.
5．Bakan ekonomik problemlere dair bir açıklama yaptı.
6．Onun işine dair sizden bir ricam var.
7．Elektrik sayesinde hayatımız kolaylaştı.
8．Bizim sayemizde sen ölmedin.
9．Biz yeni bir proje hakkında çok tartıştık.
10．Bilgisayar hakkında Serdar uzman.
11．Sizin yerinize onu İstanbul şubesine yollayacağım.
12．Ben sigara yerine çay içiyorum.

第15課　所在の付属語 -ki

練習1）

1．Kırk yedi kilometre uzaktaki bir kasabaya kadar yürüdüm.
2．Hamdi Bey'in konağındaki bahçe çok geniş.
3．Bilgisayarımın ekranındaki kızım gülümsüyordu.
4．Gökteki bulutun şekli hiç durmadan değişiyor.
5．Bir saat önceki sunumum başarısız oldu.
6．Biz bir sonraki istasyonda ineceğiz.
7．Bir ay önceki toplantı deprem nedeniyle iptal oldu.
8．Dünkü kazada yaralı var mıydı?
9．Bugünkü manşetteki haberlere göz attınız mı?

練習2）

1．Masadakilerden seçeceğim.
2．Filmdekiler gibi olmak istiyorum.
3．Eski mahalledekiler biraz kibirli.
4．Bu evdekiler çete.

練習3）

1．Biram ılık, seninki nasıl?
2．Şirketin aracı eski ama patronunki yepyeni
3．Sandım ki fikrim seninkiyle aynı, değil mi?
4．Hepimiz biliyoruz ki insan çok kırılgan bir varlık.

第16課　講読2：珈琲小史

訳

「あなたの国の民族的文化において伝統的な飲料は何ですか？」

　あなたならこの問いにどう答えますか？　おそらく日本人たちは「私たちにとって茶にまつわるさまざまな儀式は私たちの食文化において重要な役割を果たしました」と答えるでしょう。トルコにもまた大変に多様な伝統的飲料が見られます。アイラン、ボザ、サーレプ、チャイ等々……。しかしながらトルコ人にとって珈琲ほど特別な飲み物はありません。

　トルコ珈琲はジェズヴェという名前の特殊な鍋で作られ、ヨーロッパにおける珈琲のようにフィルターを必要としません。（そのためトルコ人はトルコ珈琲を普段はたんに「珈琲」と呼び、ヨーロッパ式の珈琲のことは「フィルターコーヒー」、あるいはたんに「ネスカフェ」と呼ぶのです）

　たとえばあなたが珈琲店へ行ったとしましょう。あなたは珈琲を飲み、満喫することでしょう。すると珈琲カップには珈琲の澱が残ります。そうしたらあなたはカップをソーサーへ裏返します。なぜなら珈琲占いはこの澱を使って行われるからです。少し待ってカップがよく冷めればあなたのテーブルへ占い師がやって来ることでしょう。占い師はカップを開き、珈琲の澱の（描き出す）形によって直感とともにあなたの過去や未来を読むのです。どうか彼女たちが素晴らしい運命や吉報を読みとってくれますように……。ですが、いまは珈琲占いではなく珈琲について少しだ

けお話しましょう。

　珈琲はトルコの伝統的飲料文化を代表すると同時に、歴史的観点から見て人と人の間の社会的関係やコミュニケーション手段をも完全に変化させました。この文章では黒い顔をした類まれな飲み物の歴史について簡単に解説しましょう。

　珈琲は長い間、ハベシの国、すなわち今日のエチオピアで食材として知られていました。非常によく知られた巷説によればイェメンのカルディという名の羊飼いの少年がおりまして、ある日彼の山羊が珈琲の木になった赤い色の実を食べてしまったのだそうです。山羊たちはひどくご機嫌に、また攻撃的になって、さらに夜にはまったく眠ろうとしませんでした。かくしてカルディは珈琲のみの驚くべき効能に気が付いたのです。彼はその身を集め、神秘主義者の修道僧のもとへ持っていきました。ところが修道僧ははじめは蒙昧な羊番の話をまったく信じず、その実を火に投じてしまいました。炎の中で果肉の中の種が露わになりました。炎が種を炒め、私たちにとってはお馴染みのあの珈琲の香りが辺りに広がりました。驚くべき芳香がカルディと修道僧に天啓をもたらしました。この果実の種から素晴らしい匂いの飲み物が作られるだろう！

　今日、研究者たちはこの物語を信じていません。なぜなら17世紀のキリスト教徒の作家ナイロニがこの話をでっちあげた可能性が高いからです。しかし、少なくとも13世紀のアラブ人たちは珈琲を炒め、煮て飲んでいました。いずれにせよ、このようにして今日の珈琲に類似の飲料は誕生し、ヒジャーズ地方の修道僧たちは「この飲料は人間を覚醒させる」と考えて夜の勤行において使用しました。16世紀の初頭頃、アラブの国々では珈琲は広く知られた飲み物となりました。1517年、苛烈王セリム（1世）がエジプトのマムルーク朝を征服すると、珈琲豆は帝国にも紹介されました。

　珈琲のイスタンブルへの到来に関してはいくつかの異説があります。その一つによれば、1550年代にアレッポ出身のハーケムとダマスカス出身のシェムスという2人の商人が今日のエジプシャン・バザールにほど近い場所にイスタンブルで最初の「珈琲店」を開いたそうです。珈琲店が開店する以前、イスタンブルの人々はどのように交友関係を築いていたのでしょうか？　最新の研究によればこのテーマに関しては、モスクや祈祷所、教会や教堂、神秘主義教団の修道場のような宗教施設や、公衆浴場や床屋のような店舗、そしてメジリス（サロン）のような個人的な空間などが重要な役割を果たしていたようです。

　さらにこれらのほかに、キリスト教徒（その大半はギリシア人とアルメニア人から成っていました）とユダヤ教徒（イスタンブルにいる人々の大部分は15世紀後半以降にスペインから亡命してきました）は、酒場においても交流を持っていたのですが、ムスリムにとってのこの種の社交空間は非常に限られていました。それがゆえにこそ珈琲店はすぐさまイスタンブルの人々のお気に召し、イスタンブルのムスリム、つまりはトルコ人たちはすぐに珈琲店に慣れ親しみ、ここへ集い、珈琲とともに水煙草や煙管等々を喫み、見知らぬ人々と互いに知己を得て歓談を楽しむようになりました。徐々に珈琲店には噺家や影絵芝居師、手品師が集まり、客のためにさまざまな出し物を演じるようになりました。キリスト教徒の中には酒場の代わりに珈琲店へ行く者もいたそうです。イスタンブルの人々は珈琲店のおかげで以前よりも容易に交友関係を築き、歓談を楽しむようになりました。

　ところが珈琲に反対する人々もいました。ウラマー層は「この飲料は人間の知性を麻痺させる。葡萄酒と変わらない」と主張しましたし、政治家たちといえば「庶民が夜な夜な集まっては、無知蒙昧な出し物を眺め、さらには我らが皇帝陛下と崇高なる国家を批判している！」と論考に記し、珈琲店を閉鎖したがりました。16世紀、帝国政府は幾度かファトワーによって禁止しました。オスマン帝国の支配者たちは庶民社会における大きな変化に気が付いていたわけですが、結果としては彼らのこの種の反対はさほどの影響を及ぼしませんでした。同世紀末までに珈琲店はルーメリとアナトリアの都市や街に急速に広まりした。同業者組合は自分たちに属する珈琲店を所有しましたし、住民は自分の街区の珈琲店で隣人と歓談し、旅人たちは町の珈琲店でお互いに知り合ったのでした。徐々に宮廷の人々もこの黒い水面の「生命の水」を愛するようになり、特別な作法に則って楽しみ、多くの詩を捧げるようになりました。かくして珈琲店はイスタンブルの人々にとって新奇にして看過すべからざる社交的公共空間となったのです。

　その後、イスタンブルからヴェネツィアへ、ウィーンへ、17世紀にはロンドンへ、パリへと珈琲と珈琲店の文化は広まり、そこで思想家たちが議論することもあれば、そこから大革命がはじまることもあったのですが、これらについては別の機会にお話することとして、いまのところは以下のことだけを思い出しておいてもらいましょう、つまりあなた方日本人が世界でもっとも珈琲店を発展させたのだということを。なにせ日本の大正期のカフェーや昭和期歌声喫茶、そして現在のカラオケや漫画喫茶のような奇妙でいて愉快な珈琲店の兄弟たちはあなた方の国から登場したのですから。

第17課　動詞義務形

練習1）

1．Her sabah saat yedide köpeğim için kapıyı açmalıyım.
2．Siz kütüphanede sakin olmalısınız.
3．Şah İsmail satrançta Yavuz Sultan Selim'i yenmeliydi.

4．Biz başkaların mutsuzluğunu ihmal etmemeliyiz, onun tersine yardım etmeliyiz.

5．Milletvekili halkların temsilcisi olmalı, özel iktidarın destekçisi olmamalı.

6．Büyükada'ya arabayla girmemeliyiz.

7．Bu belgeye imza atmalı mıyım?

練習2）

1．Saz Türkiye'nin geleneksel çalgısıdır.

2．İstanbul'un en büyük camii Sultan Ahmet Camii'dir.

3．Türklerin en büyük önderi Atatürk'tür.

4．İstanbul'un nüfusu Yunanistan'dan daha çoktur.

5．Hocalar sevgi paradan daha önemlidir diye iddia ediyor.

6．Uzun zamandır biz Arnavutluk'u ziyaret etmek istiyorduk.

7．Bu üç haftadır savaş devam ediyor.

第18課　動詞命令形、願望形、提案形

練習1）

1．Yarına kadar iyice dinlen.

2．Tehlikeli mahallelere yaklaşma.

3．Aracımız kalkıyor, acele edin.

4．Lütfen çamaşır makinesini vurmayınız.

5．Sayın ziyaretçilerden ricamız var; müzemizde yüksek sesle konuşmayınız.

6．Önce bira içsene, sonra mezeler yesene, ondan sonra rahatlayacaksın.

練習2）

1．Haftaya bugün hava bulutlu olmasın!

2．Bu mektup size müjde olsun.

3．Allah vatanımıza muzaffer versin.

4．Yarın patrona borcum hakkında konuşmasın.

5．Masamıza kibrit getirsin, kültablası da unutmasın.

練習3）

1．Annem, kredi kartımla ödeyeyim.

2．Yarın bayramdır. Koyun keseyim.

3．Ey canım beraber çay içelim.

4．Beraber sınıfını arayalım.

5．Bugün öğle yemeğinde ne yiyeyim?

6．Gelecek hafta hava açık olsun!

練習4）

エダ　　　：見て、オイキュ、前に床屋だったところに新しいレストランが開店したみたい。あそこで何か食べていこっか？

オイキュ　：でもオズギュルを待たせたくないわ。

エダ　　　：いいじゃない、彼なら来世まであんたを待ってるに違いないわよ。お願い私のオイキュ、腹ペコで死んじゃいそうなの。

オイキュ　：あなたってすぐ死んじゃうわよね。……いいわ、さっさと座りましょう。でも私はすぐに席を立つからね。いいわね？

エダ　　　：オッケー、オッケー、すぐ行くってことで。……こんにちはお兄さん、2名です。予約とかしてないんですけど……。

給仕　　　：こんにちは、どうぞ、いらっしゃいませ、お嬢さん方。空いている席へお座りください。

エダ　　　：どうもありがとう、ギャルソンさん。オイキュ、席はあんたが選んで。

オイキュ　：……窓際にしましょう。あそこならちょっとは静かだろうから。

・・・・・・・・・・

エダ　　　：さて何を食べようかしら。オイキュちゃん、あんたは何食べる？

オイキュ　：ギョズレメでもいいし、ボレキでもいいわ。大した問題じゃないわ。もともとお腹減ってないし。

エダ	：ああ、大切なオイキュってばよしてよね、インスタントフードなんてお呼びじゃないわよ！
給仕	：お嬢さん、信じてください、うちにはインスタントフードは置いてませんから。全部、親方が丹精込めて調理してますよ。
オイキュ	：ほら聞いたでしょ。ギャルソンさん、私たちちょっと急ぎの用があるの。お勧めはあるかしら？
給仕	：それでしたらあなた方にはうちのマントゥをお勧めしますよ。
エダ	：私にはひよこ豆デュリュムも持ってきて。
オイキュ	：……。
給仕	：はい、ほかに何か飲まれますか？
オイキュ	：私はチャイをお願いします。友達には……。
エダ	：私の心がファンタを欲しがってるわ。
オイキュ	：彼女の心はファンタが欲しいんですって。
給仕	：はい、すぐにお持ちしますから少しお待ちを。
エダ	：ありがとう、ギャルソンのお兄さん。

（エダがカバンからスマートフォンを取り出した）

オイキュ	：エダ、何してるの？
エダ	：何してるって、メールしてるのよ。
オイキュ	：誰に？
エダ	：オズギュルに。1時間遅れるってね。はい、送信完了。
オイキュ	：やめてって！　あの人を待たせたくないって言ったでしょ！　せめて30分て書きなさいよね。
エダ	：30分だろうが1時間だろうが変わりないわよ。あら、ちょい待ち、返信が来た。オズギュルっちってばなんて返信が早いんでしょ！
オイキュ	：あの人はなんて？
エダ	：落ち着きなさいってば。ふむふむ、ふうううむ、あらまあ！
オイキュ	：電話をよこしなさい、あの人はなんて？
エダ	：「来世まで君を待つよ」ですって。

第19課　動詞中立形

練習1）

Hatice teklif eder.

Ben içerim.

Sen tutarsın.

O anlatır.

Biz ölür müyüz?

Siz bekletir misiniz?

Onlar açarlar mı?

Metehan kahvaltı yapmaz.

Ben açıklamam.

Sen hissetmezsin.

O değmez.

Biz kapatmayız.

Siz kalmazsınız.

Onlar tasarlamaz(lar).

練習2）

1．Türklerin çoğu kuzu eti severler.

2．Ben gece saat on birde uyurum, sabah yedide kalkarım.

3．Biraz daha yüksek sesle konuşur musunuz?

4．-Sen sigara içer misin? -Hayır, içmem.

5．İnsan sevgiyle doymaz.

6．Biz de gençken sık sık diskoya giderdik.

7．O yetmişli yıllarda saz çalardı, başka ozanlarla atışma yapardı.

8．Ben bundan sonra tekrar aynı yanlış yapmam.

9．-Sinemaya gideriz. -Seninle mi? Asla gitmem.

10．İşte şuraya imza atar mısınız?

11. Kapıyı açar mısın? Yoksa bu poşeti odama götürür müsün?
12. -Benim yerime rapor yazar mısınız? -Uyuyor musun, asla yazmam.
13. Sen bu sözlüğü alır mısın? Ben tavsiye etmem.
14. Garson bey, soframıza rakı şisesini getirir misiniz?

練習3）
1. Erkekler onu görür görmez aşık olurdular.
2. Meclis biter bitmez çok sayıda milletvekililer yurtdışına kaçtılar.
3. Param tüketir tüketmez arkadaşlar beni bıraktı.

第20課　動詞語根接尾辞1：可能接尾辞

練習1）
1. Ben bugünlerde erken kalkabiliyorum.
2. Ahmet evini alamadı ama arsasını satabildi, bir miktar parayı kazanabildi.
3. O gündem hakkında gelecek haftaki toplantıda tartışabileceğiz.
4. O yarınki maçta kazanamayacak.
5. Siz evden çıkamamışsınız.
6. Gemi zamanında kalkabilecek mi?
7. Şu anda okulmuzdaki helayı kullanamıyoruz.

練習2）
Ben manzaraya bakamam.
Sen onu göremezsin.
O kitaplar atamaz.
Biz anlaşamayız.
Siz beni unutamazsınız.
Onlar fotoğraf çekemezler.

練習3）
1. Ben Türkçe anlayabilirim.
2. Sen hemen eve dönebilirsin.
3. Halklar bu gemiyle ırmaktan geçebilirler.
4. Biz o suçluyu öldürebiliriz.
5. Siz bu odada kalabilirsiniz.
6. Japonlar domuz yiyebilirler, biz yiyemeyiz, zaten yemeyiz.
7. Siz üniversite kampüsünden çıkamazsınız ama kampüs içerisinde serbestçe, rahatça yaşayabilirsiniz.
8. Madem ki sözümüz hareketimizle çelişebilir, duygumuz hareketlerle, sözümüzle çelişebilir.
9. Biz Japonlar "l"yi "r" ile fark edemeyiz, ikisini belli şekilde telaffuz edemiyoruz.
10. O kadar mantıksız hikaye olabilir mi?
11. Garson bey, soframıza yemek listesini getirebilir misiniz ve mezeler de gösterebilir misiniz?
12. Yüzbaşı efendim, siper içerisinde akıllı telefonu kapatabilir misiniz?
13. Odam karanlık, lambayı açabilir misiniz?

第21課　動詞語根接尾辞2：受身接尾辞、使役接尾辞

練習1）
1. Ben okurlar tarafından unutuldum, bırakıldım.
2. Gelecek pazartesi sen yabancı ülkesine yollanacaksın.
3. Yarın biz azarlanacağız.
4. Eskiden siz millet tarafından çok sevilmişsiniz ama şimdi nefret ediliyorsunuz.
5. Ahmet kimin tarafından tabancayla vuruldu?
6. Mezkur fikirler Batılı filozoflar tarafından iddia edildi.
7. Türkiye teröristler taraf(lar)ından saldırılıyor.
8. Bu kapıdan girilmez.

9．Burada sigara içilmez.
10．Lise öğrencileri tarafından parktaki ağaçlara kurdele bağlandı.

練習2）
1．Hayalet gibi görünüyorsun.
2．Gemiden göle düştüm. Hemen yıkanırım.
3．Beş senedir bu evde nedense geçiniyoruz.

練習3）
1．Biz ona yeni planı teklif ettirecektik.
2．Küçük kardeşini korkutma!
3．O polis süpheliyi susturdu, sonra erlerine dövdürdü.
4．Çocuklukta annem bize çok kitaplar okuturdu.
5．Eve girir girmez baba oğluna su içirdi.
6．Şimdiki devlet yeni camii hangi şirkete yaptıracak?/inşa ettircek?

第22課　副動詞：副動詞、副動詞的表現

練習1）
1．Ben meyhanedeki milletle sohbet ederek Türkçe öğrendim.
2．Sizde ateş var. Bugün dışarıya çıkmadan odanızda kalın.
3．Bana inanmadan kime inanırsın?
4．Sen soruma hiç cevap vermeden, ricamı bir türlü kabul etmeden sadece talep edersin.
5．Bekar olup ilk defa sarhoş oldum.
6．Bayanlar ve baylar, bugün sizlerin samimi arkadaşınız olarak konuşmak istiyorum.
7．Canım yalnız kitâbeye bakmadan lütfen öne bakarak yürüyün, düşeceksin.
8．Japonlar müzik dinleyerek, içecek de içerek, hatta akıllı telefonu kullanarak bisiklete binebilirlermiş.
9．Annemiz kahvaltı yaparak televizyon heberleri seyreder, sonra bulaşık yıkayıp yine de televizyon önüne döner.
10．Bana "Seni seviyorum" demeden sokağa çıkamazsın.
11．Sana "Artık sevmiyorum, aşkımız çoktan bitmiş" diye itiraf edince sen ne kadar öfkeleneceksin, bilmiyorum.
12．Türkiye'de yağlı yemekler yemeden yaşayamayız.
13．İstanbul'da yokuşlara çıkmadan hiç bir yere gidilmez.
14．Bahar gelince çiçek açar, çiçek açınca bülbüller şarkı söyler, böylece aşk mevsimi başlar.

練習2）
1．Gürültü hiç durmadan gittikçe yükseldi.　騒音は全くやまず徐々に大きくなった。
2．Süpheli arkadaşının evine gidip onu bıçakladı.　容疑者は友人の家へ行って彼を刺した。
3．Polisi görünce hemen kaçtım.　私は警官を見たのですぐに逃げた。
4．Mustafa hemen emekli olup evinde roman yazmak istiyor.　ムスタファはすぐにも引退して家で小説を書きたがっている。
5．Ben sevgilimle görüşmeden ayrılmak istiyorum.　私は恋人と会わずに別れたい。
6．Ben şiir okuyarak onu düşünüyordum.　私は詩を読みながら彼を想っていた。
7．Ben ceple konuşarak araba sürüyordum.　私はケータイで話しながら車を運転していた。

練習3）
1．Gençken sen sabırsız bir aptaldın.
2．Çocukken sen hangi bölgedeydin?
3．Siz öğrenciyken/okuldayken hangi alanda en çok araştırdınız?
4．Yirmi üç yaşındayken müzik bırakıp iş kazandıktan sonra bu şehre geldim.
5．Telsiz de, Telefon da yokken Anadolu'daki köylüler düdükle uzaktakilerle iletişim kurdular.
6．Üsküdar'a giderken birdenbire yağmur yağdı.
7．Tam otobüse binecekken Ahmet beni aradı.
8．O ufak tefek hatalar yaparken bazen büyük başarı da getirir.

21

練習4）
1．Bizi ziyaret etmeye etmeye konağımızın adresini unutmuşsun.
2．Biz istemeye istemeye onun iddiasını kabul ettik.
3．Aşkını bile bile onu bıraktım.
4．Softalar Kuran-ı Kerim'i okuya okuya hepsini ezberleyip hâfız olur.
5．Toplum geliştikçe yapısı da karmaşık olur.

第23課　講読3：チャイの水面

訳

　ポケットをまさぐりながら遥々ベシクタシュまで歩いた。11月21日3時34分のことだ。天気は晴天、弱く冷たい北風が吹いていた。前方にスィナン・パシャ・モスクが見えた。前庭に葬式の参列者たちが集まっている。私はなんとなくモスクから逃れるように道を右へ曲がった。坂を上りながらもう一度ポケットを探ったものライターは見つからなかった。雑貨商店へ入ると番台には私と同じ年頃の男性が腰かけて、テレビを観ながら「こんにちはお客さん、いらっしゃい」と言った。

　「こんにちはご亭主、ライターをくれるかい？　マルテペもひと箱もらうよ」

　「いまマルテペは切らしてるんですよ。イキビンを差し上げましょうか、お客さん？」

　「いや俺には苦すぎるなあ。代わりにウィンストンにしてくれ。小銭がないからお釣りは取っといておくれ」

　「こりゃどうも、お客さん」

　金を払っていましも店を出そうとしたところ雑貨商店の店主が「お客さん、気をつけてな。新しい市長が『路上喫煙禁止』って書いた看板やらなにやらを街のあっちこっちに提げたり貼ったりしやがったんだ。見張りどもがお前さんに突っかかるかもしれない。公園へ行って、野外喫茶店で吸うといいよ。良い一日を！」

　「イスタンブルにだってまだ親切な人間は残っているもんさ」と思いながら、私はユルドゥズ宮殿へ向かって歩き続けた。

　ゲートから園内へ入るとすぐに小さな野外喫茶店が視界に飛び込んできた。今日の寒さを厭うたのか、はたまたアブデュルハミトの居城はイスタンブルっ子のお気に召さないからなのかは分からないけど、テーブルはがらがらだった。どの卓にも灰皿が置かれていた。若い店員が番台でテレビ画面に映るドラマを観ている。若者は私に気づくと微笑みを浮かべ、すぐさまテーブルまでやって来ると「こんにちは、いらっしゃい。何をお出ししましょうか、お客さん」と言った。

　「やあ、チャイを一杯頼むよ」

　私の世代のトルコ男の倣いで考えなしにチャイを注文してからすぐに後悔した。煙草を吸いたかったのであって、チャイを飲みたかったわけではない。チャイは私にはイキビンよりもなお苦く感じられるのだ。

　「濃く淹れましょうか？　それとも薄い方がお好みですか？」

　「どうでもいいさ、チャイはチャイなんだから」

　若者は私の冷淡な態度に気を悪くした様子もなく「ではすぐに持ってきます」と言って炉端へ戻っていった。チャイはすぐに運ばれてきて、若者はまた微笑み、テーブルから去っていった。熱々のチャイはテーブルに置かれるとすぐに冷えてしまった。私はチャイカップを摑んで、湯気の立つ水面を見つめた。チャイの水面には年寄りのしかめ面が浮かんでいた。

　ある夏、私たちは家族全員で──つまり母と父と私、それにイスケンデルで──アルナヴトキョイの内陸に建つ母方の祖父から継いだ古い避暑別荘で休暇を過ごした。私と年老いたイスケンデルが11歳のときのことだ。毎朝、2階の広々としたバルコニーで朝食を摂ると、私がイスケンデルを連れてボスフォラス海峡へ下りて行って気ままに泳ぐ一方、父と母はバルコニーでチャイを飲みながらときおり海辺をちらりと見ては息子と飼い犬に声を張り上げるのだった。「潮流に気をつけるのよ！」、「遠くへ行っちゃいかんぞ！」、「イスケンデルを船に近づけないで！」といった類の警告に、当然ながら私もイスケンデルも耳を貸さなかったのだけれど、父たちもまたさほど拘泥するでもなく、茶席へ、つまりは子供抜きの親し気な夫婦の会話へと戻っていくのが常だった。

　雨の日はといえば、私とイスケンデルは表へは行かずに別荘の、大半は暗く埃の積もった部屋を経めぐったものだ。そして小さな冒険に倦むとバルコニーへ出て行って父と母の茶席へ加わるのだ。両親は2人とも濃いチャイが好みだったので、私はチャイが好きになれなかった。私には彼らのチャイは苦すぎたからだ。私がしかめ面を浮かべてチャイを飲んでいると、父はいつも「チャイは悲しみに暮れる人には苦く、心晴れやかな人には甘く感じられるものなんだよ。小さな私のライオン君には悩みでもあるのかね？」と言って笑った。含蓄に富むこの言葉を、父はいったいどこから仕入れたのだろう？　本当に諺かもしれないと考えて調べたが見つけられなかったので、作家らしい想像力ででっちあげただけなのかもしれない。

　同じ年の夏の終わりごろのある日、雹が降った。私はイスケンデルと一緒に窓から夏雨ぶる美しいボスフォラスを飽きもせずに眺め続けた。宵の口、父がベシクタシュの事務所から帰ってきた。父の休暇はとうの昔に終わってい

て、彼は疲れ、少し苛立っていた。私は相も変わらずしかめ面でチャイを飲んでいたのだけれど、そんな私を見て父が言った。

「まったく。どうしてお前はチャイが好きじゃないんだ。本当にトルコ人なのかね、私の若獅子は？」

父はいつもの決まり文句の代わりに、まるでありがたい諺を愚者に授けるみたいな口調で付け加えた。

「この国ではチャイなしでは暮らしていけないぞ」

父は母からチャイを受け取ると私の傍に仁王立ちした。

「息子や、人間にとって一番大切な飲み物はなにかわかるかね？」

「水」

「大したもんだ！　たしかにその通りだ。疑いなく水だ。だがね、私たちはトルコ人だ。トルコ人にとってチャイより大切な飲みものは —— ないとは言えんが —— なかなか見つからんぞ。チャイが水より貴重なことだってあるんだから。考えてみたまえ、息子や、お前の小学校にチャイ係のお兄さんがいるだろう？　先生たちや来客のためにチャイ室でチャイを淹れて給仕してるはずだ。大学、会社、市役所、あるいは軍司令部、大画家のアトリエ、この国でチャイのない場所は見つからないよ。悲しいときも、楽しいときも、披露宴のときも、葬式のときも、割礼式のときも、食卓であれ、卓であれ、いついかなるときいかなる場所でもチャイが飲まれているんだ。トルコ人ってのはチャイと生き、チャイなしでは生きられないものなのさ。……だからお前もチャイを好きになりなさい、しかめ面してないで」

子供の頃 —— ときにはいまでも —— 私はひどく頑固だったから、居丈高な謂いが気に入らず言い返した。

「お父さん、それはイスケンデルに言いなよ。こいつもトルコで生まれ育ったんだから、トルコ犬でしょ。でもこいつときたら今日までただの一杯だってチャイを飲んでないじゃない。それに僕、もともとチャイよりコーラの方が好きなんだ」

すると母が笑って「あなたの負けよ。私たちのライオンちゃんは私のオウム君を言い負かしたみたいね！」と言った。父も肩をすくめると「なんて腕白なライオン君だ！」と言って笑った。

そのあと何を話したのかはもう思い出せない。おそらくは月並みの幸せな家族の会話が交わされたのだろう。

素晴らしい夏だった。

そう、本当に素晴らしい夏だったのだ。その夏の終わり、イスケンデルが死んだ。あいつが天国にいますように。冬になると母が病気になった。父は台所で不慣れな手つきでチャイを淹れてはベッドの母に持っていくようになった。決して欠かさず日に５杯だ。母は699杯のチャイを飲み、700杯目を飲んでいるときに亡くなった。神よ、母を安らかに眠らせたまえ。

春、売りに出す前に私は父と二人であの古い別荘を訪ねた。天気は快晴で日の光に満ちていた。私たちはバルコニーでチャイを飲んだ。ボスフォラス海峡からは潮が香っていた。汽笛に耳を傾けながらタンカーを数えたが、すぐにうんざりしてしまった。父のチャイは私にとっては重すぎた。沈黙に耐え切れず私は父に言った。

「父さん、チャイが濃すぎ。苦いよ。お母さんのはもっと薄かった」

父はいつもながらの私のしかめ面を一瞥し、なにかを堪えるようにチャイに砂糖を入れるとスプーンでかき混ぜた。そうして私の前にカップを置いて隣に座った。

「お前や、チャイの表面をご覧」

チャイの水面には私のしかめ面が映っていた。

「ジェムの魔法のカップの話を知ってるかい？」

知らないと答えると、父は話してくれた。古い伝説によると、ペルシア最古の王様ジャムシードの宝物庫には魔法のチャイカップがあったのだそうだ。このカップにチャイを注ぐとその水面に世界のあらゆる場所や真実が映ったのだという。そのため人々はこれを「世界を映す鏡」と呼んだのだとか。ジャムシードはこのカップを見ながら人々を治め、精霊たちの支配者となったのだそうな。あとから分かったことだが、ジャムシードの時代にお茶は存在しないし、そもそも「世界を映す鏡」は酒杯の名であっただけれど、父は子供のために"アダプテーション"をしてみせたわけだ。

「チャイの水面は真実を映すんだよ」　父は背中から私を抱きしめてチャイを覗き込んだ。

「息子やいまは何が見える？」

チャイの水面にはしかめ面が２つ、映っていて、２つとも涙まみれだった。

「いまは見えないみたい」

「お父さんもだよ、私のライオン君」

私たちはわんわん泣きながら抱き合った。チャイと涙のどちらが苦かったのかは思い出せない。あの夏以来、チャイはいつも苦いのだ。

第24課　動名詞１：動名詞一般形と動名詞活用形

練習１）

１．Fallara fazla inanmamak gerek.

２．-Sağlık için kahvaltı yapmak gerek mi? -Hayır, gereksiz/gerek yok. Fazla yememek önemlidir.

3. Üniversitede okumak bugünkü toplumsal yapıyı anlamak için yararlıdır.
4. Düşmanlara yağcılık etmek mantıksızdır, dostlara mütevazî olmak mantıklıdır.
5. Otobüsten inmeden önce düğme basmak lâzım.

練習2)
1. Sizin yarın emniyete gelmeniz ve kimliğinizi teslim etmeniz gerek.
2. Bizim anlamını anlamadan âyeti söylememiz câiz midir?
3. Yarınki bayramda bizim üste kalıp/kalmamız ve beklememiz gerek.
4. Bütün insanların doğru dürüst yaşamaları imkânsızdır.
5. Siyasal faaliyetçilerin sokakta bağırmaları mantıksız, onların seçim sonucunu kabul etmeleri gerek.
6. -Bizim burada yemek yememiz yasak mı? -Burası kütüphane ya, sizin yemek yemeniz de telefon etmeniz de yasak!

練習3)
1. (Senin) sigara bırakmana bakıp sevindim.
2. Böylece Mehmet yeni ofiste çalışmaya başladı.
3. (Sizin) ana dilinizi tamamen anlamanız yabancı dilini öğrenmenizden daha zor olabilir.
4. Beni hatırlamaman beni çooook rahatsız ederdi!
5. Siyasetle dini fark etmeye gereğimiz var etmemiz gerek.
6. Sizlere kelebeklerin nasıl uçmalarını izâh ederim.
7. Suudi Arabistan gayrimüslimlerin Mekke'ye girmesini yasaklar.
8. Müsaadenizle yavaş yavaş gitmemize izninizi diliyoruz.
9. Uluslararası ilişkilerini geliştirmemizle birlikte onu sorunsuz durumda tutmamız da önemlidir.
10. Bugünkü okurlar uzun hikayeli romanı okumalarından daha kısa öyküleri okumalarını tercih ederler.

第25課　動名詞2：動名詞を用いた諸表現

練習1)
1. Siz üniversitede sosyal bilimler araştırmak için çok kitap okuyorsunuz.
   あなたは大学で社会科学を研究するためにたくさんの書物を読んでいる。
2. Camilerin sakin olmasından dolayı ben orasını seviyorum.
   モスクは静かだから私はそこが好きなのだ。
3. Şehrin canlı ama gürültülü olmasından dolayı Ali taşraya taşındı.
   都市は活気はあるがうるさいのでアリは田舎へ越した。
4. Ahmet('in) koyun kesmesine rağmen etlerini komuşlarına ikrâm etmedi.
   アフメトは羊を屠ったにも拘わらずその肉を隣人に振る舞わなかった。
5. Türkiye'nin toprağı(nın) bereketli olmasına rağmen fakir ziraatçılarla doludur.
   トルコの大地は豊かであるにも拘わらず貧しい農業従事者で溢れている。

練習2)
1. Acele et, otobüs kaçırmak üzereyiz.
2. Türkiye gelişmektedir.
3. Ülkümüzü gerçekleştirmek için her zorluklara katlanmak zorundayız.
4. Yurtdışındaki vatandaşlarımız çok acı durumlarda yaşamak zorunda kalıyor.

練習3)
1. Ahmet (onun) dün bisiklete binmesini söyledi.
   アフメトは、昨日、自転車に乗ったと言った。
2. Siz geçen hafta (sizin) sigara içmemenizi söylediniz, değil mi?
   あなたは先週、煙草は吸いませんと言ってませんでしたっけ？
3. Türkler her zaman Türkiye'nin dünyanın en güzel ülkesi olmasını söylerler.
   トルコ人たちはいつも世界で最も素晴らしい国はトルコだと言う。
4. Annem Ayşe'nin güzel bir kız olmasını söylüyor.
   私の母はアイシェは素晴らしい娘だと言っている。
5. Ahmet bana bugün/o gün belediyeye gitmesini söyledi.
   アフメトは私に今日／その日は市役所に行くと告げた。

24

6．Baba kızına（onların）o gün birlikte sinemaya gitmelerini teklif ettikten sonra ortadan kayboldu.
父親は娘にあとで一緒に映画館へ行こうと提案したあとで失踪した。

7．Padişah askere（onun）hemen atını getirmesini emretti./Padişah askere（onun）hemen kendisinin atını getirmesini emretti.
スルタンは兵士にすぐに（自分の）馬を連れて来るよう命じた。

8．Ben hizmetçiye（onun）her pazartesi temizlemeye gelmesini istedim.
私は小間使いに毎週月曜日に掃除へ来てくれるよう求めた。

第 26 課　分詞

練習 1）

1．susan bir öğrentmen
2．cevap vermeyen bir öğrenci
3．ölmeyen kediler
4．önemli olmayan insanlar
5．değişen çağ
6．terk edilemeyen bir umut
7．bağlanan ip（ler）

練習 2）

1．Türkçe destanlarını iyi ezberleyen o hoca Amerikalıymış.
2．Bilgin olan babam memur olan benim emeklerimi hiç anlamaz.
3．Bugünlerde sokaklarda dolaşan itler her gece kavga ederek havlıyor.
4．İktidar tarafından zorlanan bilimsel araştırmalar, bilimsel katkıdan daha siyasal eser denebilir.
5．Osmanlılar güzel şiirler söyleyebilen şairleri bülbüllere benzetirdi.

練習 3）

1．ortaya çıkmış bir problem
2．iyice büyümüş domuzlar
3．parayı geri vermemiş bir imam
4．memlekete geri dönmüş bir kral
5．kapıyı kapatmış bir kapıcı
6．ev（in）e dönebilmiş aile
7．tamamlanmamış bir sözlük

練習 4）

1．Geçen ay güzel bir gelinim olmuş Songül Hanım benimle aynı fakülteden mezun olmuş tercüman.
2．Yeterince gelişmiş bir toplumda vatandaşlar iyice okumuş birey olarak davranmak istenilir.
3．Antakya'ya varmış/ulaşmış vahşi Haçlılar hemen şehri yağmaya başladı.
4．Modern Çağı'ndan beri eşsiz bir değer yargısı olmuş "insan hakkı" bazen insanlıktan ayrılarak çeşitli facialara neden oluyor.

練習 5）

1．esintiyle titreyecek menekşe
2．rüzgarla sallanacak bir salıncak
3．hemen çökecek bir hânedân
4．asla çözülmeyecek bir muamma
5．hemen toplanabilecek veriler
6．kolayca teyît edilemeyecek bir tanım

練習 6）

1．Batacak gemiye binecek insan yok ama hiç batmayacak gemi de yok.
2．Otelimizin resepsiyonu turlara rezervasyon yaptıracak abonemiz için 24 saat açıktır.
3．Yarın ilan edilecek yeni yasa hakkında ne dersin?
4．Osmanlı hekimler manevi hastalıklara tedavi olabilecek tedbirin müzik dinletmek olmasını bilirdiler.

練習 7）
1. hastaneye gelen
2. bana yardım eden
3. kabul etmeyenler
4. dün ölmüş kedi
5. eskiden bu odada oturmuşlar
6. yarın okula gelecekler
7. gelecekte gerçekleşecekler

練習 8）
1. Bu fani dünyada mutlu olan var, mutlu olmayan da var.
2. O romanı ilk zaman okumuşlar hikayesinden, kahramanlarından hayran olmuştu.
3. Onu gözümün önünde canlandıran amberin kokusuydu. Yani eski aşkıma aydınlatan balinanın salgısıydı.

第 27 課　形動詞 1：形動詞とその時制

練習 1）
1. benim sevdiğim vicdan
2. senin nefret ettiğin ahlaksızlık
3. onun yaptığı cihaz
4. bizim görüşemediğimiz hatip
5. sizin yaşayabildiğiniz eşya fiyatları
6. onların tüketmedikleri mal
7. Türk Dilleri'nin bağladığı bir dünya

練習 2）
1. Benim gezdiğim eski kale Doğu Anadolu'da.
2. Kütüphaneye geldim ama sizin söz ettiğiniz dergiyi bulamıyorum.
3. Tabii ki Japonların yedikleri yemeklerle Türklerin sevdikleri yemek ayrıdır.
4. Bizim en son konuştuğumuz konuyu hatırlıyor musunuz?
5. Bizim abonemize tanıtabildiğimiz apartmanların çoğu şehrin merkezinde.

練習 3）
1. Fatma'nın takacağı küpeler
2. Benim duracağım bir köşe
3. Senin yiyemeyeceğiniz yemekler
4. Onun şaşıracağı bir müjde
5. Bizim rastlayacağımız zorluklar
6. Sizin hürmet edeceğiniz bir çalışma
7. Onların saygı gösterecekleri bir araştırmacı

練習 4）
1. Bir gün kızımın okuyacağı mektubu dostuma gönderdim.
2. Bu olay bir gün kaleme alacağım hikayede önemli bir yer alacaktır.
3. Sizin uluslararası konferansta temas edeceğiniz adam ajan olabilir.

練習 5）
1. Onun yazmakta olduğu eserin hala adı da bile belli değil.
2. Uzmanlar sekizinci yüzyılda Göktürklerin yazmış oldukları taş yazıtlarında "Bökli" olarak bahsedilen devletin Kore Yarımadası'ndaki Goguryeo olmasını tahmin ederler.

練習 6）
1. Biz Ahmet'e bugün（bizim）kampüs kapısında buluşacağımızı söyledik.
2. İlk önce hoşuma gitmeyecek işleri asla yapmayacağımı size söyleyim.
3. Siyasetçiler Türkiye'nin yakın gelecekte gelişmiş ülkelere katılacağını iddia ederler.

4. Sevgilim sigara içtiğimden iğreniyor ama ben onunla beraber olduğumdan sinirleniyorum, bu yüzden sigara bırakamam.
5. Çağdaş gençlerin bile İbn Arabi'nin tasvir ettiği cennetin manzasından etkilendiklerini görünce insanın hayal gücünün ne güçlü olmasına hayran ediyorum.

練習7)
1. Sevgilim benim onu sevip sevmediğimi bilmek için şu balkondan atıldı.
2. Ben onun marifetli sanatçı olup olmadığını teyit etmek istiyorum, onun yakışıklı olup olmadığından ya da onda İngilizcesi olup olmadığından ilgilenmiyorum.
3. Biz ancak senin Türkçeyi konuşup konuşamadığını sormuyoruz, neler yapıp yapamadığını sorumuyoruz.
4. Kimin katılıp katılmayacaklarına göre gelecek haftaki partiyi planlayacağım.
5. On sene önce İstanbul'a geldim. O zamanlarda şehre alışıp alışamayacağımı çok endişe ediyordum.

第28課　形動詞2：形動詞の諸表現

練習1)
1. Ankara'da oturduğumuz zaman/oturduğumuzda sık sık arabayla Anadolu kasabalarını gezerdik.
2. Senin idarede olmadığında/olmadığın zaman Hasan karını ziyaret etti.
3. İtfaiye geldiği sırada evim benim bütün pul koleksiyonumla birlikte kül olmuştu.
4. İstanbul'a geldiğimden beri/bu yana hiç dinmeden öksürüyorum.
5. Sizi rahatsız etmeyeceğim için önce telefon ettikten sonra ofisinizi ziyaret edeceğim.
6. Patronu sevmediğim için ben işimi bırakıp dağ evine kapandım.
7. Yüzlerce yiğitlerin binlerce kere denedikleri halde onların hiç kimsesi korkunç canavarın bilmecesini çözemedi.
8. Şair bülbülün şarkı söylediği gibi güzel sesle şiir söyledi.
9. Aşçı başı misafirlere yemeğinin lezzetli olup olmadığını sordu.
10. Türk arkadaşım bana benim için Türkçe telaffuzların kolay olup olmadığını sordu.

練習2).
1. 私は母に今日は夕飯はいらないと伝えた。
2. 100年前のある知識人はその著作においてトルコ人がすでに十分に西欧化していると綴った。
3. 昔、先生はトルコ語が難解な言語ではないと言ったものだが、それは完全に間違いだった。
4. 私は弟にすぐに部屋から出ていくよう命じた。
5. 私は彼に自分の車を持っているかどうか尋ねた。
6. 私は友人に手伝ってくれるよう頼んだ。
7. ケマルは犠牲祭におばを訪ねなければならないが時間がないと言っている。
8. セルダルは私に猫を飼っているかどうか尋ねた。

第29課　想定の表現：仮定形と条件形

練習1)
1. Keşke yağmur yağsa.
2. Keşke bu dünyada savaş olmasa.
3. Keşke daha ciddi tavırla çalışsaydın.

練習2)
1. Eğer akıcı Türkçeyi konuşmak isterseniz en azında Türkiye'de yarım sene kalacağınızı tavsiye ederim.
2. Eğer tatil alabilirsem bu sene Amerika'ya seyahate çıkarım.
3. Alo Hasan ağabey, neredesin? Eeğer havalimanına gidiyorsanız/gitmekteysen hemen eve dönün.
4. Gelecek sene yüksek lisansına girebileceksem burs kazanarak İstanbul'da bir sene geçeceğim.
5. Eğer şimdi sözlerime inanamazsanız dostluğumuza son vermeliyiz.
6. Yolunda aç kalacaksan sefer tasındaki sandviçleri ye.
7. Eğer bir ay önce Rusların teklif ettikleri şartlara razı olduysak şirketimiz çökecekti.
8. Onun fotoğrafını çektiyseniz bana gösterir misiniz?
9. Eğer yönetici olmam gerekirse memnuniyetle kabul ederim.
10. Eğer bütün denetim sonuçlarını otoriteyle paylaşmalıysa gizmeliliğe yakalanacak Işadamları az olmayacaktır.

11. Eğer bu serinin en son cildini almışsan sonra alabilir miyim?

12. Eğer feribotte sigara içmek yasaklanmışsa neden herkes hala sigara içiyorlar?

練習3）

1. Çocuğum sağlıklıysa ondan başka hiç bir şey istemem.

2. Ben güzeliysem de sana ne?

3. Sende bozuk para varsa biraz alabilir miyim?

4. Dünyada hava yoksa hayvanların bir an bile yaşayamayacakları gibi sen yanımda değilsen ben hemen öleceğim.

5. Uygunsa yazın sizi yalımıza davet ederiz.

6. Eğer her millette ortak sağduyu varsa daha barış bir dünya gerçekleşebilmiş.

7. Bereketli doğal kaynaklar Türkiye'deyse ülkemiz daha da gelişebilecek.

第30課　講読4：「民族の調べ」、「母語への敬慕」

1．民族の調べ

　　昔のトルコ人が用いた韻律は音数律に則っていた。マフムード・カシュガリーの辞典に記載されたトルコ語詩は、いずれも音数律である。その後、チャガタイ語やオスマン語の詩歌は模倣によってイラン人からアラブ式韻律を取り入れ、トルキスタン（ここでは中央アジアを指す）ではナヴァーイー、アナトリアではアフメト・パシャがアラブ式韻律を発展させ、各宮廷もまたこのアラブ式韻律を重んじた。しかし、民衆はアラブ式韻律をほとんど解さず、民衆詩人たちは古い音数律に則って詩を詠み続けた。アフメト・ヤーセヴィー、ユヌス・エムレ・カイグスズのような神秘主義修道場で活動した詩人たちや、アーシュク・オメルやアーシュク・デルトリ、そしてカラジャオーランのような吟遊詩人たちがみな、音数律に忠実であり続けた所以である。

　　汎トルコ主義が勃興した時期にもアラブ式韻律と音数律は並び立って存在していたわけであるが、いうなれば前者は選良の、後者は庶民の詩歌の道具となっていたのである。汎トルコ主義が、（トルコにおけるトルコ語とオスマン語が並立するという）言語における二重性に終止符を打とうとするとき、詩の韻律におけるこの二重性にもまた無頓着ではいられなかった。とくに（アラビア語、ペルシア語由来の）複合語とアラブ式韻律は互いに切り離しがたく（オスマン語に取り入れられていたので）、（この）オスマン（語文学）の基礎についても（廃止するという）同様の判決を下すことが求められていた。そのため汎トルコ主義者たちは複合語とともにアラブ式韻律をも、我々の国民文学から追放する決断を下したのである。

　　純粋言語は、アラブ式韻律にはあまりそぐわなかったのとは対照的に、音数律と純粋言語の間には近縁な親和性を取り結んできた。宮廷によって軽視されていたにも拘らず、民衆は純粋トルコ語と音数律を、貴い2つの護符よろしくその美しい胸懐にひた隠していたのである。汎トルコ主義者たちが容易にそれらを見つけることができたのもこのためであった。

　　これらに付随して、（むしろ）音数律が幾人かの我が国の詩人たちにその道を踏み誤らせてしまった例もある。そうした者たちの一部はフランス人たちの音数律を模倣しようと試みたものの、その詩は民衆の嗜好には合わなかった。それというのも、我らが民衆は音数律のいくつかの形からのみ（詩の）歓びを感じ取るからである。我が国民の詩の調べとは、民衆によって用いられるかつ（それがゆえにこそ）重要な限定的かつ限定されたものだったのである。（たとえば）民衆的音数律は（フランス詩におけるアレクサンドラン）のような6・6音数律詩形を有せず、代わりに6・5音数律詩形のみを有する（といった具合である）。経験的に理解されることであろうが、トルコの民衆は後者の音数律をこそ好むのである。かくのごとき経験は、他民族の詩の調べが（我が民族の文学へ）取り込まれたことはないという（我が国の文化受容における）要諦を詳らかにすると同時に、我ら（トルコ人が）音数律を好む側に立っているという事実は、（これらの音数律が）他言語に属する音数律を模倣したものではないとする主張も、（汎トルコ主義者たちが）トルコ民衆に固有の音数律を（無理に）復活させたわけでもないということも、ともに証立てている。

　　音数律がその道を誤らせてしまった詩人たちの一部が、新たな音数律を作り出そうと試みたこともある。これらの者たちが無から作り出した音数律の大半もまた、民衆には好まれなかった。以上のことより理解されるように、国民の詩の調べとは民衆が古来より用い続けている詩の調べと、後代に（民衆によって）受用され得た調べに限られるものなのである。民衆の嗜好に合致しない詩の調べなどは、（たとえそれがアラブ式韻律ではないトルコ民族古来の）音数律であったとしても、国民の詩の調べには数えられ得ないのである。（括弧は訳者による）

（ズィヤ・ギョカルプ「国民の詩の調べ」『汎トルコ主義の神秘』1923より）

2．母語への敬愛

　　母語への敬愛の念は、まずそれを知って愛すること、次いでそれを正しく正確に使いこなすことから成る。（人は）この敬意がさらに高い段階へ到達すると、母語を外来語の伝染より守り、その（言語）構造内で涵養し、豊かにするべく努力するようになるのである。これこそが芸術家、知識人、そしてその手に筆を握ったあらゆる物書く人の使命である。言語の正しい運用に習熟していない者たちや、外来語を諸々の言語から引っ張って来ては捨てることのない

者たちが、母語への愛と敬意を語るのなどは失笑すべきである。

　話題を（母語への敬意という）この角度から説き起こすとすれば、一切の誇張を交えることなく以下のように述べられる。すなわち、我が国のディーワーン詩人（オスマン帝国の詩人たち）たちは、己の母語（＝トルコ語またはテュルク諸語）に対して真の愛と敬意を示さなかったと言えるだろう。高名な書き手たちはみな、トルコ語を我がものとして理解し用いるべき箇所において、アラビア語やペルシア語の大字引や大辞典より集め来る語彙を、それらの言語の（文法）規則ともども我らが言語へ投入してしまったからである。かくして（余人には）よく理解されず、また（実際に口に出して）話されることもない作り物めいた（オスマン語という）1つの言語が出現したのである。かくのごとき情勢にあってその対岸では、（トルコ語という我々の）母語は「衆生の言の葉」と見下げられるという状況に陥ったのである。この状況を憂いたアシュク・パシャ（1271-1330）は、

トルコ人どもの言葉を人みな顧みざりけり
トルコ人どもに人みな心遣いせざりけり

と詠んだとき、（母語への）愛というよりはむしろ憐憫の情を抱いていたことだろう。そして憂いはまことの愛とは見做せない。アシュク・パシャが自らの母語（であるトルコ語）を愛していたことに疑いはないし、それどころかその考えを大勢の民草に広めるべくトルコ語を用いることで、母語の持つ力を理解してもいたのであるが、ここで私が説明したいのは、それ（＝憐憫）にもまして嫉妬をこそ伴うような強い愛、いうなれば意識に深く根差す高度な敬意についてである。そう、真に欠けていたのはそれなのだ。15世紀に（ティムール朝の詩人）アリー・シール・ナヴァーイー以外のいかなる詩人も、思想家もそうした意識を持つには至らなかったのである。

　古人は「トルコ人」という単語を、どういうわけか「蒙昧、無作法、無礼、田舎者」のごとき意味に近づけようと努めると同時に、トルコ語をも低俗かつ未発達で不毛の言語と見做そうとする陥穽に陥らざるを得なかった。

　（16世紀のオスマン詩人）ベヤーニーが、自らが著した詩人列伝において、苛烈王セリムがペルシア語で詩を詠んだことについて語るため、どう述べているかをご覧あれ。曰く、「（陛下の作品の中には）高い志を抱くあまりか、トルコ語の詩を口にするほど落ちぶれまいとして、身の丈に合わぬペルシア語の詩やペルシア風の歌謡が散見される」。

　この謂いは、無意識から生れた（母語への）背信――背信という言葉はアラビア語ではそもそも中傷の意である――の痛ましき一例と言える。（ベヤーニーは）トルコ語の文人であるというのに、どうして母語に対してかような謂いをなすのか？　かくのごとき謂いを為しうる者に、そもそも母語への愛や敬意を期待できようか？　さらには、トルコ語を書く際に見られる不便さは、我が国の文人たちが、その母語についての知識をいかに多く奪われたのかを示してもいる。

　これらの者たちはトルコ語は愛してはいなかったようであるが、では彼ら自身が涵養したオスマン語の方を愛し、尊重していたのであろうか？　オスマン語を我がものとし、宝石職人のように加工したところを見ると、愛していたのは確かであろうが、尊重していたとまでは言えない。なぜならば細心の注意を払って彼らが用いたオスマン語の文章もまた、さまざまな誤謬に満ちていたからだ。

　ディーワーン文学の枠内にあって芸術家にとっての目的は（自らの）「技と才」を示すことであったから、（彼らは）筆耕された文章や言葉遊び、芸術を騙る浅芸、鎖のように長く連なる名詞句や複合名詞、形容詞等々に満ち満ちた、ひどく分かりにくい基準に拠ってその卓越性を競う羽目になった。

　（オスマン語においては）いかなる概念であろうとも、それをただ一語であるとか、あるいはそれを明快に言い表す精々、1つか2つの形容詞であるとかによって語るのは恥と見做すのである。たとえば、とある文章の中で以下のような表現に出くわすことがある。曰く、「幸多く位高き大法官にして聖法の適用を知悉する者である、（陛下によって）任命される諸卿」。これを読んだとき、単語や形容詞を手掛かりとして解せられるところであろうが、書き手は「裁判官たち」と述べたいだけなのである。しかし、（オスマン帝国の文人たちは）ただ単語を口にするだけというのは相応しくないと考えたのである。

　ディーワーン文学の領域におけるオスマン語の在り方とは（すべて）このようなものなのである。

　タンズィマート期には、オスマン語もさまざまな理由によって明快さを勝ち得ることになる。装飾的な作文や、「技と才」を示すことへの関心は変わらず続いたが、同時に「語りの明快さ」もまたはっきりと姿を現すのである。この時代、オスマン語とトルコ語の双方に誰よりも精通し、見事に使いこなしたのはムアッリム・ナジである。なぜなら彼は母語を愛し、言語感覚というべきものを意識していたからである。ナジの著作における言語についての知識と「美文能力」は誤ったものではない。その文体（形成）においては語彙も名詞句も正しく用いられているし、文章（の構造）は堅調である上、語り口も正確かつ粗雑なところがなく、その「美文調」はトルコ語に相応しいものとなっている。

　（しかし）母語を愛し重んじるという営みは、（1908年から1920年までの第2次）立憲政期に汎トルコ主義とトルコ語主義の潮流がはじまったときに（ようやく）人々の意識するところとなった。この潮流の熱狂の中で育った詩人たち、語り部、小説家、そして（そのほかの）文筆家たちは、彼らの母語に習熟した上で用いはじめ、その作品群の芸術的価値はともかくとしても、自分たちの時代の特性に従いながら清廉なトルコ語による最初期の作品を上梓したのである。

母語意識は、共和国期における言語改革によって真の意味と価値を獲得したのであるが、残念ながら述べておかねばならないのは、この母語意識がいまだ社会のすべての領域へ普及したわけではないとうことだ。いまだにオスマン語を無理やりに用いようと試みる者たちや、蒙昧と未熟ゆえに純粋トルコ語を（誤って用い）損なっている者たち、西欧より忍び込みつつある外来語を、到底理解しがたい頑迷な態度で用いている者たちが、（トルコ語を母語として愛し重んずるという）母語意識の普及を阻んでいるからである。（括弧は訳者による）
（アーギャーフ・スッル・レヴェンド「母語への敬愛」『テュルク言語』18 巻 195 号、pp.193-195 所収）